AF466119

CONSEIL D'ÉTAT

RECOURS COMME D'ABUS

CONTRE DEUX ORDONNANCES

DE

S. EM. LE CARDINAL MORLOT

ARCHEVÊQUE DE PARIS

EN DATE DU 16 AVRIL ET DU 15 MAI 1862

MÉMOIRE DE M. L'ABBÉ ROY

CURÉ DE NEUILLY

Paris. — Imprimerie de L. MARTINET, rue Mignon, 2

A SON EXCELLENCE

M. LE MINISTRE DES CULTES

MONSIEUR LE MINISTRE,

Je viens déférer au conseil d'État, comme abusives, deux ordonnances de Monseigneur l'archevêque de Paris. La première, en date du 16 avril dernier, a nommé M. Manoury mon premier vicaire, administrateur spirituel et temporel de la paroisse de Neuilly, dont je suis curé titulaire. Cette ordonnance, lue en chaire et transcrite sur les registres de la fabrique, est, à raison du considérant qui la précède, de nature à porter atteinte à mon honneur et à celui de ma famille. Elle a été suivie d'un arrêté pris par Votre Excellence, en date du 7 juin, à la sollicitation de l'autorité diocésaine, où la même diffamation se trouve reproduite, non plus par voie d'insinuation, comme dans le document lu en chaire, mais en termes clairs et formels. En effet, cet arrêté, qui a pour but le règlement de ma situation temporelle, et, en particulier, mon éviction du presbytère, est expressément motivé, à la requête de l'autorité ecclésiastique, sur l'imputation de *mauvaise conduite*, condition exigée par la loi de 1811 pour l'éloignement temporaire d'un curé. Mais une pareille imputation, quand elle est dénuée de preuves, a, dans le Code, une qualification qui n'échappera pas à l'attention de Votre Excellence.

La seconde ordonnance archiépiscopale est datée du 15 mai et déclare vacante la cure de Neuilly. Elle s'appuie sur des considérants fort détaillés, mais entachés, comme j'espère le montrer, d'erreurs palpables et d'omissions graves, le tout au grand préjudice de mon honneur et de mes droits.

Je supplie donc Votre Excellence de vouloir bien saisir le conseil d'État du pourvoi que je forme contre lesdites ordonnances, tant à raison des insinuations ou imputations qu'elles renferment l'une et l'autre, qu'à raison des entreprises contre mes droits temporels garantis par la loi civile, et ouvertement méconnus : 1° par l'ordonnance archiépiscopale du 16 avril et l'arrêté ministériel du 7 juin qui l'a visée ; 2° par l'ordonnance du 25 mai qui déclare vacante la cure de Neuilly.

A l'appui de cette requête, j'avais préparé un mémoire contenant l'exposé des faits qui m'ont lentement amené à la nécessité douloureuse de plaider contre une autorité que je respecte. Mais ce mémoire, dont je n'ai pas un mot à désavouer, ne paraîtra que si le besoin de ma défense rend cette publication absolument indispensable. Pour le présent, il m'a paru qu'il serait plus convenable de jeter un voile sur mes blessures, de n'accuser personne, de comprimer au fond de mon cœur la juste indignation qui en déborde, et j'ose espérer que mes juges me tiendront compte de l'extrême modération que je vais apporter dans les explications qui vont suivre.

I

Notions préliminaires.

Depuis l'année 1841 jusqu'en 1854, mon frère et sa famille ont vécu sous mon toit, du consentement de l'autorité diocésaine. En 1854, je fus nommé premier vicaire à Saint-Philippe du Roule. Ce fut l'occasion d'une séparation volontaire entre les deux époux. Un des vicaires généraux de monseigneur Sibour m'autorisa alors à garder près de moi mes neveux et leur mère. Ce respectable ecclésiastique avait élevé mon frère, et il nous connaît tous deux depuis plus de trente ans. Nommé curé de Neuilly en 1855, la famille dont je suis l'unique soutien m'accompagna dans cette nouvelle résidence.

Il est bon d'ajouter que ma belle-sœur a aujourd'hui quarante-six ans, une fille de dix-huit ans, un garçon de seize ans. Pour moi, j'ai soixante ans ; il y a trente-quatre ans que j'exerce à Paris le saint ministère, et durant plus de trente ans, c'est-à-dire jusqu'en 1859, je n'ai jamais reçu de mes supérieurs que des témoignages d'estime (voy. les pièces n°s 1, 2 et 3). C'est à ma vieillesse qu'étaient réservés les afflictions et les opprobres.

II

Ordre du 16 juin 1859. — Soumission.

Sur la fin du mois d'avril 1859, l'autorité diocésaine m'ordonna de renvoyer ma famille du presbytère. Cet ordre fut renouvelé le 16 juin, mais cette fois avec menace de retrait de pouvoirs, à défaut de soumission dans la quinzaine. Le 1er juillet 1859, ma famille avait quitté le presbytère.

Ma résistance a été bien courte et l'on en comprend naturellement les motifs. On la trouverait, je crois, plus excusable encore, si je disais que cet ordre avait été précédé d'une enquête faite à mon insu, et qui avait duré plus de trois mois ; si j'ajoutais que la procédure résultant de cette enquête ne m'a jamais été communiquée ; si je racontais enfin ce que je sais de la manière dont cette information a été faite et des circonstances qui l'ont précédée et accompagnée (voy. les pièces nos 4, 5, 6, 45, 46, 47, 48, 49 et 50). Ces détails sont consignés dans mon premier mémoire, avec pièces à l'appui, et seront au besoin mis en lumière. La réserve que je m'impose, quant à présent, affaiblit peut-être ma défense ; mais j'ai promis de m'arrêter sur la limite où la défense tendrait à prendre, malgré moi, par la force des choses, un caractère agressif contre des personnes que le conseil d'État ne connaît pas et dont il n'a pas à s'occuper.

Je me borne donc à constater mon obéissance à

l'ordre du 16 juin, dans le terme fixé par ledit ordre (voy. la pièce n° 8).

III

Défense du 8 août 1861.

Deux ans s'écoulèrent dans cette situation nouvelle. Durant ces deux années, je ne reçus de l'autorité diocésaine aucune communication relative aux rapports de parenté et de voisinage que j'entretenais avec ma famille. Mais le 8 août 1861, défense me fut faite de *recevoir chez moi ma belle-sœur, de la visiter chez elle, et d'avoir avec elle aucune relation en tout autre lieu, sous peine de suspense par le fait même* (voy. la pièce n° 9). Pareille défense ne m'avait jamais été faite ; l'assertion contraire, contenue dans l'acte du 8 août, est inexacte. J'en puis donner pour preuve l'étonnement où me jeta cette interdiction d'un droit si naturel, et qu'on me permette de le dire, d'un devoir si sacré. Je sollicitai aussitôt de Monseigneur une audience qui me fut refusée (voy. la pièce n° 10 où est énoncé le motif de ce refus ; c'est ma démission qu'on demande). Je conjurai Son Éminence de vouloir bien ordonner une contre-enquête (voy. les pièces produites par moi à l'appui de cette prière, à partir du n° 27 jusqu'au n° 44) (1) ; ma supplique fut rejetée (voy. la pièce n° 11).

(1) A la pièce n° 29, il y a une correction à faire. Au lieu des mots : *cinq cents communions*, il faut lire : QUINZE CENTS.

Mon embarras était extrême. Donner ma démission dans ces circonstances, ou rompre tout à coup des relations si anciennes et si légitimes, c'était me donner aux yeux du public l'air d'un coupable jugé et convaincu. Cette position n'est pas la mienne et un saint aurait eu peine à y souscrire, car en me diffamant par un excès d'humilité, j'aurais diffamé ma famille. Que l'on consulte le droit ecclésiastique, ou le droit civil, ou le droit naturel; que l'on examine toute ma vie d'aussi près qu'on voudra; qu'on regarde enfin mon âge et mes cheveux blancs, et l'âge de ma belle-sœur, on verra que ma situation était, à tous les points de vue, de celles qu'on peut croire, selon les termes canoniques, au-dessus du soupçon. Dans cette conviction, je ne crus pas devoir obéir, au pied de la lettre, aux défenses du 8 août; je vis ma famille beaucoup moins souvent, mais je la vis encore quelquefois, et par un sentiment que tout le monde approuvera, je l'espère, je ne voulus mettre à ces rapports aucune apparence de mystère. Je continuai néanmoins l'exercice de mes fonctions, doutant réellement que l'autorité diocésaine eût le droit d'attacher une peine aussi grave que la suspense à l'accomplissement d'un acte licite en lui-même, et qui m'était commandé par tant de convenances.

Une autre raison influa sur ma détermination, c'est l'impossibilité presque absolue de me soustraire aux rigueurs de l'autorité diocésaine, même en m'abstenant de recevoir ou de visiter ma belle-sœur. La défense du 8 août est générale, absolue; elle embrasse tous les lieux et n'excepte aucune espèce de relation. Je n'insiste pas sur ce point et sur les périls cachés qui en résultaient pour moi ; c'est assez de faire sentir que le péril était inévitable.

IV

Jugement du 6 février 1862.

Je fus traduit devant le tribunal de l'officialité, pour avoir enfreint les défenses du 8 août. Ce tribunal s'assembla deux fois. Dans sa première séance, tenue le 30 janvier, il reconnut que les défenses illimitées du 8 août étaient d'une observance difficile, et se dessaisissant en quelque sorte de l'affaire, il m'engagea à recourir par un acte de soumission à la seule justice de Son Éminence. Je rédigeai cet acte (voy. la pièce n° 13) sous les yeux de mes juges, et d'après leurs conseils ; mais il resta sans effet, et le tribunal, de nouveau convoqué, prononça, le 6 février, un jugement en vertu duquel j'ai été condamné à exécuter purement et simplement les défenses du 8 août. Ce jugement déclare, en outre, que pour avoir enfreint lesdites défenses, j'ai encouru la suspense *ipso facto* prévue par elles, et qu'ayant néanmoins continué à remplir des fonctions d'ordre sacré, je suis tombé dans l'irrégularité (voy. la pièce n° 14).

Je me suis incliné devant ce jugement ; je le crois pourtant susceptible d'appel sur tous les points, et j'en ai donné, dans le mémoire que je tiens en réserve, des raisons décisives. Mais l'ayant accepté en fait, et m'y étant soumis, je renonce provisoirement à le discuter. Il me suffit de bien constater que ce jugement, inconnu du public, porte uniquement sur l'infraction faite aux défenses du 8 août 1861. Aucun fait antérieur n'a été soumis à l'appréciation du tribunal.

V

Du 6 février au 16 avril.

Depuis le 6 février, je n'ai pas revu ma belle-sœur. Le 28 février, elle a quitté Neuilly avec ses enfants, non sans une longue hésitation que toutes les mères comprendront; l'autorité diocésaine avait fait de cet éloignement une condition de mon rétablissement dans mes fonctions, quoique cet éloignement, qui ressemblait à une condamnation, fût, par cette raison, bien difficile à obtenir d'une famille innocente.

Le lendemain du jugement, je m'étais rendu auprès de Monseigneur et j'avais signé à sa demande un nouvel acte de soumission, écrit sous la dictée de Son Éminence elle-même (voy. la pièce 15). J'adressai ensuite une supplique au Saint-Père, à l'effet d'être relevé des censures et de l'irrégularité; cette supplique fut rédigée par Monseigneur, qui voulut bien y joindre une apostille favorable. Le pardon arriva de Rome le 26 février, et l'application en fut d'abord différée jusqu'après le départ de ma famille, qui eut lieu le surlendemain, puis jusqu'au 5 mars, après la réunion du conseil.

Dans l'intervalle survint un incident qui servit de

motif à un second recours à Rome. Un des vicaires généraux du diocèse, celui-là même qui avait prononcé ma sentence comme président du tribunal de l'officialité, m'avait charitablement autorisé, selon l'usage, à porter l'étole dans l'église et à remplir certaines fonctions d'ordre sacré, en attendant ma réintégration. Confiant dans cette permission de l'*Alter ego* de Monseigneur, je donnai aux fidèles, le 2 mars, à la prière de mes vicaires, la bénédiction du Saint-Sacrement. On me déclara, pour ce fait, retombé dans l'irrégularité. Il fallut donc implorer de nouveau l'absolution du souverain pontife; mais, comme ma bonne foi n'était pas douteuse, Monseigneur fut le premier à la reconnaître dans la supplique qu'il rédigea pour moi, et à laquelle il daigna, encore cette fois, joindre une pressante apostille (voy. la pièce 18).

Le second pardon arriva de Rome le 2 avril, et ne me fut point appliqué, quoique j'eusse rempli avec humilité toutes les conditions qui m'avaient été imposées, et qu'on ne pût articuler contre moi aucun nouveau grief, même le plus léger. Au lieu de ce pardon que j'attendais, c'est un affront cruel qui m'était réservé.

VI

Ordonnance archiépiscopale du 16 avril.

Le mercredi 16 avril, je reçus ampliation d'une ordonnance, datée du même jour, portant institution de

M. l'abbé Manoury, mon premier vicaire, comme administrateur spirituel et temporel de ma paroisse. Quelque imprévue et affligeante que fût pour moi cette mesure, quelque injuste même qu'elle dût me paraître, je suis le premier à reconnaître que l'autorité diocésaine avait le droit de la prendre, en ce sens qu'elle agissait dans la limite de ses attributions, et ne m'ôtait point la liberté d'en appeler au tribunal supérieur du souverain pontife. Ce n'est donc pas sur le dispositif de cette ordonnance, c'est sur le considérant qui le précède que j'appelle l'attention du conseil d'État. Il est ainsi conçu : « *La » situation affligeante de la commune de Neuilly, par » suite de circonstances de notoriété publique, ne nous » permettant pas de laisser se prolonger un pareil état de » choses*, le saint nom de Dieu invoqué, etc. » (voy. la pièce n° 20).

Voilà les motifs qu'on donne à l'appui du châtiment déjà si douloureux qui m'est infligé : c'est *la situation affligeante* où se trouve *la paroisse de Neuilly*, situation affligeante qui résulte *de circonstances de notoriété publique*. Quelles sont donc *ces circonstances de notoriété publique?* Est-ce l'enquête? Si elle a été publique pour les autres, elle a été secrète pour moi. Est-ce le jugement de l'officialité? Le public peut savoir, en effet, qu'il y en a eu un; mais il n'en connaît ni le texte, ni la substance, et peut conjecturer ce qu'il voudra. Est-ce la longue présence de ma famille à Neuilly et son départ récemment exigé? Ces derniers faits sont encore plus notoires que les autres, et la conclusion à en tirer, c'est qu'il y avait là quelque crime sans doute bien prouvé et bien avéré, eu égard à la punition qui me frappe. Ces allusions vagues et effrayantes ne suffiraient-elles pas à ébranler les réputations les mieux établies? Ne constituent-elles pas une atteinte grave à l'honneur d'une famille? C'est ce que le conseil d'État aura à apprécier dans sa sagesse, quand il saura que cette ordonnance ainsi motivée a été transcrite sur les registres de la fabrique, et lue en chaire le Jeudi saint, et s'il veut bien rapprocher ce considérant un peu obscur du considérant très clair de l'arrêté ministériel du 7 juin, pris à la suite de cette ordonnance, il lui sera difficile de méconnaître le caractère de l'insinuation qu'elle renferme (voy. la pièce n° 26).

VII

Ordonnance du 15 mai.

Dans l'intervalle du 16 avril au 25 mai, mes plus notables paroissiens sollicitèrent de Monseigneur, par voie de pétition, mon rétablissement dans mes fonctions curiales. Cette pétition (voy. la pièce 21) est signée de seize conseillers municipaux sur dix-huit alors présents dans la commune, de tous les instituteurs et institutrices laïques de la paroisse, au nombre de vingt, de huit docteurs en médecine, et de plus de cent trente propriétaires ou habitants notables de la commune, presque tous pères de famille. J'adressai moi-même, le 23 mai, une humble supplique à Son Éminence, pour la prier de vouloir bien mettre un terme à mes épreuves (voy. la pièce 23). Monseigneur me répondit que ma démission seule pourrait mettre un terme à *cette triste affaire* (voy. la pièce 24). Je l'aurais donnée volontiers cette démission, et depuis longtemps, si mon honneur, celui de ma famille et celui de mon ministère m'eussent permis d'accéder à ce désir de mes supérieurs. Le même jour, 25 mai, il me fut signifié une ordonnance archiépiscopale, datée du 15, prononçant ma déposition, et déclarant vacante la cure de Neuilly (voy. la pièce n° 25).

Cette dernière ordonnance, que je crois devoir déférer au conseil d'État, s'appuie sur huit considérants que j'ai discutés en détail dans le mémoire réservé, lequel ne paraîtra que si ma justification l'exige. Pour le moment, je consens, par respect, à garder le silence sur les deux premiers considérants. Mais les considérants III IV et V renferment des omissions que je dois réparer et des énonciations qui, par leur enchaînement et par un certain vague de rédaction très regrettable dans un document de cette nature, pourraient aisément induire en erreur Son Excellence M. le ministre des cultes, et le conseil d'État, ce qui serait sans doute contraire aux intentions de l'autorité diocésaine. 1° *Omissions.* On reconnaît (considérant III) que l'état de choses que l'autorité a voulu détruire subsistait depuis longues années; mais on ne dit pas qu'il subsistait avec l'approbation des deux précédents archevêques; on ne dit pas que j'ai soixante ans et que ma belle-sœur a passé depuis six ans l'âge canonique. On ne dit pas, par conséquent, que cet état de choses, régulier dès l'origine, avait reçu du temps une sanction qui devait le rendre plus respectable. On rappelle la condition de ma belle-sœur, mariée et séparée de son mari ; mais on n'ajoute pas que cette circonstance était connue de l'autorité ecclésiastique et formellement ratifiée par elle (voy. la pièce n° 28).

2° *Énonciations à préciser*. Après avoir lu avec attention les considérants III, IV et V, contenant l'exposé des faits, il serait difficile de ne pas croire que la séparation exigée de moi en 1859 n'a été opérée qu'en 1862, *à la dernière extrémité*, et même après la censure, et que, par conséquent, ma belle-sœur a été *conservée et maintenue dans mon habitation*, pendant trois ans, avec une *persistance des plus regrettables*.

On a vu (chap. II et III) comment les faits se sont passés ; je les résume : 1° avant 1859, nul avertissement; 2° en avril 1859, ordre de séparation, réitéré en juin, et exécuté le 1er juillet de la même année ; 3° du 1er juillet 1859 au 8 août 1861, silence complet. Le 8 août 1861, défense d'avoir avec ma belle-sœur *aucune relation* en aucun lieu du monde, sous peine de suspense *ipso facto*. L'ordre du 16 juin 1859, qui avait pour objet la séparation, et qui avait reçu son effet le 1er juillet suivant, ne doit donc pas être confondu avec la défense du 8 août 1861, qui avait un autre objet. 4° La suspense prononcée le 6 février 1862 n'a donc point eu pour cause un refus de séparation, mais uniquement une infraction aux défenses qui m'interdisaient toute relation avec ma famille.

Je me tais sur le considérant VI ; mais je ne puis

m'empêcher de signaler à l'attention judicieuse du conseil d'État ces paroles du considérant VII : « *au point où le mal était arrivé, aucune amélioration ne pouvant être espérée ou prouvée* » ; paroles que je m'abstiens de qualifier, mais qui m'ont causé une vive douleur.

Quant au dernier considérant, il se rapporte *aux impressions du caractère le plus fâcheux* que ma conduite aurait produites dans le public, comme il est dit au IIIe considérant. Ce n'est pas à moi qu'il convient de répondre à une allégation si grave. Mes paroissiens y ont eux-mêmes répondu. Je m'en réfère aux attestations si nombreuses et si imposantes qu'on trouvera aux pièces justificatives.

Je crois avoir renfermé mes explications dans les bornes de la prudence, de la charité et du respect. Je m'en remets pour le surplus, avec une entière confiance, à la justice de l'Empereur et du conseil d'État.

A ces causes,

Et autres qui seront développées dans un mémoire ampliatif, déposé par M. Labordère, avocat au conseil d'État et à la cour de cassation, rue des Écoles, 70, où seront principalement discutés les points de droit qui militent en faveur de ma réclamation,

Il plaise à S. M. l'Empereur, en son conseil d'État, annuler pour cause d'abus les actes soumis à son examen, refuser son adhésion à l'ordonnance de déposition et la considérer comme non avenue.

PRODUCTIONS.

Quarante-huit pièces numérotées, comprenant notamment : le monitoire du 8 août 1861 (n° 9) ; le jugement de l'officialité du 6 février 1862 (n° 14) ; l'ordonnance qui établit un administrateur de la paroisse de Neuilly, du 16 avril 1862 (n° 20) ; l'ordonnance du 15 mai, qui déclare vacante la cure de Neuilly (n° 25), et l'arrêté ministériel du 7 juin (n° 26). Tous ces documents ont été imprimés pour la facilité de leur examen. L'imprimé en indique cinquante-deux, mais sur ce nombre quatre sont mentionnés pour mémoire.

Daignez agréer,

Monsieur le Ministre,

l'hommage du profond respect

avec lequel j'ai l'honneur d'être,

de Votre Excellence,

le très humble et très dévoué serviteur,

P. ROY,
curé de Neuilly.

Paris. — Imprimerie de L. MARTINET, rue Mignon, 2.

PIÈCES JUSTIFICATIVES

A L'APPUI DU MÉMOIRE DE M. L'ABBÉ ROY

CURÉ DE NEUILLY.

I.

Témoignages de l'autorité diocésaine à l'occasion de la promotion de M. l'abbé Roy à la cure de Neuilly.

1. Lettre de Mgr Sibour, archevêque de Paris, à Son Exc. M. Fortoul, ministre des cultes.
2. Lettre de Mgr l'évêque de Tripoli.
3. Lettre de M. l'abbé Tresvaux, chanoine et vicaire général.

II.

Documents relatifs à l'enquête faite à Neuilly l'an 1859, *à l'insu de M. le curé.*

4. Lettre de M. le curé de Neuilly à la sœur Gosselet.
5. Réponse de la sœur Gosselet.
6. Lettre de M. de Margerie, président de la Société de Saint-Vincent de Paul.
7. Lettre de M. ***, relative à la visite faite à mon frère par M. le promoteur (document réservé).

III.

Documents et actes relatifs à la procédure après l'enquête.

8. Lettre de M. l'abbé Buquet.
9. Monitoire.
10. Lettre de Mgr l'archevêque.
11. Lettre de M. l'abbé Véron.
12. Citation.
13. Acte de soumission.
14. Jugement.
15. Deuxième acte de soumission.
16. Première supplique au Saint-Père (mémoire).
17. Lettre de M. Langenieux.
18. Deuxième supplique au Saint-Père.
19. Lettre de M. Langenieux.
20. Ordonnance du 16 avril.
21. Pétition.
22. Lettre d'envoi.
23. Troisième acte de soumission.
24. Lettre de monseigneur.
25. Ordonnance de déposition.
26. Arrêté ministériel.

IV.

Documents produits à l'archevêché, fin août 1861, à l'appui d'une demande de contre-enquête.

27. Lettre collective.
28. Lettre de M. Lordereau.
29. Lettre de M. de Margerie.
30. Lettre de M. le juge de paix.
31. Lettre de M. Soyer.

32. Lettre de M. de Chambry.
33. Lettre de M. Azémard.
34. Lettre de M. Coipel.
35. Lettre de M. Levert.
36. Lettre de M. Pinel.
37. Lettre de M. Putel.
38. Lettres de MM. Semelaigne et Lemoine.
39. Lettre de M. Becquet.
40. Lettre de M. Legrand.
41. Lettre de M. Millot.
42. Lettre de M. Garneau.
43. Lettre de M. Decaux.
44. Lettre de Mme Brassier.

V.

Documents relatifs à l'abbé D...

45. Lettre de M. l'abbé D.
46. Lettre de M. Buquet, 20 mai 1859.
47. Lettre de M. Buquet, 2 juillet 1859.
48. Lettre de M. Boyer.
49. Lettre de M. Buquet, 25 mars 1860.
50. Lettre de M. Buquet, 6 avril 1860.

VI.

*Documents réservés relatifs à mes premiers diffamateurs, M. l'abbé *** et M. l'abbé ***.*

51. Lettre de M. le commissaire de police (en portefeuille).
52. Une lettre de M. ..., ancien gouverneur de l'île de la Réunion (en portefeuille).

I

Témoignages de l'autorité diocésaine, à l'occasion de la promotion de M. l'abbé Roy à la cure de Neuilly.

1.

Lettre de Mgr Sibour, archevêque de Paris, à Son Excellence M. Fortoul, ministre des cultes, en faveur de M. l'abbé Roy, deuxième vicaire de Saint-Germain des Prés, et actuellement curé de Neuilly.

Paris, le 24 avril 1854.

Monsieur le ministre,

J'ai pour M. l'abbé Roy, en faveur duquel Votre Excellence m'a fait l'honneur de m'écrire, une estime toute particulière, c'est un très bon prêtre que je n'oublie pas. L'intérêt que vous lui portez, monsieur le ministre, est pour moi un nouveau motif de songer à lui.

La paroisse de l'Assomption dont vous me parlez, ne sera pas de longtemps érigée. Vous savez que récemment j'ai voulu donner une marque de bienveillance en le nommant à un premier vicariat. Il a préféré rester à Saint-Germain des Près où il se trouve bien en qualité de deuxième vicaire. J'ai dû ne pas insister. Je trouverai, j'espère, une meilleure occasion de lui prouver mes sentiments. Seulement, il serait difficile que je pusse songer à le nommer curé, avant qu'il eût été premier vicaire, sans indisposer le clergé des paroisses. C'est la marche ordinaire suivie dans l'administration du diocèse de Paris. Nous ne nous en écartons que très rarement, et pour des cas exceptionnels qui ne peuvent éveiller en rien les susceptibilités de notre sainte et laborieuse milice.

Vous pouvez compter, monsieur le ministre, que je saisirai la première occasion de lui offrir quelque chose de plus important que le vicariat qu'il a refusé, pour le mettre sur la voie d'arriver à une cure. Les mérites de M. Roy et le haut intérêt que vous lui portez le demandent également.

Recevez, monsieur le ministre, l'assurance de ma haute considération et de mes sentiments les plus dévoués.

† M. D. AUGUSTE,
archevêque de Paris.

Pour copie conforme à l'original :

L'abbé ROY,
curé de Neuilly.

20 novembre 1861.

2.

Archevêché de Paris, 12 mai 1855.

Mon cher monsieur l'abbé,

J'ai le plaisir de vous annoncer que Mgr l'archevêque vient de vous nommer à la cure de Neuilly.......

Je me réjouis que Mgr ait pu ainsi récompenser votre zèle. Il vous en faudra déployer beaucoup dans le poste important qui vous est confié. Vous y remplirez, je n'en doute pas, les desseins de Dieu et les espérances de vos supérieurs.

Veuillez recevoir l'assurance de mon bien affectueux dévouement.

† LÉON,
évêque de Tripoli.

3.

Paris, 6 juin 1855.

Monsieur le curé,

Je n'ai pu assister à votre prise de possession, quoique vous eussiez bien voulu m'y inviter, mais je n'ai pas pris moins d'intérêt à votre nomination. Les bons sentiments qui vous animent et que je connais depuis longtemps me persuadent que vous serez à Neuilly *in resurrectionem multorum*. Je prie Dieu de tout mon cœur qu'il bénisse votre nouveau ministère et le rende des plus fructueux.

Vous serez désormais plus loin de moi que vous ne l'avez été jusqu'ici ; mais les longues preuves d'attachement que vous m'avez données, et parfois dans des circonstances qui avaient à mes yeux un mérite particulier, me font espérer que vous voudrez bien venir encore me voir quelquefois.

Recevez, avec mes vœux, l'assurance du sincère attachement que vous conserve,

Monsieur le curé,

Votre très dévoué serviteur,

TRESVAUX,

chanoine et vicaire général (1).

II

Documents relatifs à l'enquête faite à Neuilly, en 1859, à l'insu de M. le curé.

4.

A la sœur Gosselet, ex-supérieure de la communauté de Neuilly.

Paris, 8 février 1862.

Ma bonne et très chère sœur,

.... Permettez-moi de solliciter de votre esprit de justice et

(1) Au commencement du mois de juin, malgré son grand âge (quatre-vingts ans), et sa santé débile, le vénérable doyen du chapitre de Notre-Dame a bien voulu m'honorer de sa visite à Neuilly et des marques de la plus noble sympathie. Plusieurs autres membres distingués de cet illustre chapitre ont imité son exemple, et je les en remercie ici du plus profond de mon cœur.

d'impartialité un témoignage auquel j'attache le plus grand prix. Aujourd'hui surtout n'est-il pas vrai que quelques jours avant votre départ, à l'occasion d'une enquête que M. le promoteur du diocèse faisait contre moi et ma belle-sœur, M. l'abbé Véron vous a adressé les plus graves questions de la morale, et que, lasse de vous entendre dire : « NON, NON, MONSIEUR LE PROMOTEUR, VOUS ALLEZ PROVOQUER DU SCANDALE, » IL VOUS A TOURNÉ LE DOS SANS VOUS SALUER, ET S'EST RETIRÉ comme un manant ?

Veuillez recueillir vos souvenirs, et vous vous convaincrez que je ne fais que citer textuellement vos paroles dans une allée du jardin.

Mon témoignage a besoin d'être confirmé par le vôtre, autrement on me regardera comme un calomniateur.

Agréez, etc.

P. ROY,
curé de Neuilly.

5.

Réponse de la sœur Gosselet.

Annappes (Nord), 14 février 1862.

Monsieur le curé,

Oui, monsieur le curé, je me rappelle les paroles que je vous *ai citées*, à la suite de la visite de M. le promoteur, ELLES SONT TELLES QUE VOUS LES RAPPORTEZ, à l'exception de la dernière phrase qui ne fut point *achevée par moi*. Veuillez vous en souvenir.

J'ai donc, en répondant aux questions que m'a adressées l'archevêché, répondu comme il suit : « Je ne me rappelle pas de » m'être servi d'aucune qualification à l'endroit de M. le promo- » teur. »

Je serais fâchée que ma réponse pût vous être défavorable, mais la vérité est pour chacun de nous.

J'ai l'honneur, etc.

Sœur AUGUSTINE.

6.

Lettre de M. le président de la Société de Saint-Vincent de Paul.

Neuilly, 21 avril 1860.

Monsieur le curé,

Par la lettre que vous m'avez fait l'honneur de m'adresser hier, vous me demandez de vous écrire quelques lignes faisant connaître l'impression que m'a laissée la visite de M. le promoteur, à pareille époque de l'année dernière, à l'occasion de l'enquête dont il était chargé. Voici cette impression, ou plutôt voici les détails de la visite elle-même ; ils me sont restés présents comme s'ils étaient d'hier. M. le promoteur m'ayant invité à lui dire ce que je pensais de vous, je n'ai pas hésité à lui donner mon opinion en toute franchise et avec la chaleur d'un *ami de la vérité*, avant tout. J'ai ajouté que cette opinion ne s'était pas formée de prime abord, mais par degrés, après mûr examen de votre caractère, de votre tenue et de votre conduite, tant au dehors que dans votre intérieur ; enfin, j'ai dit que quiconque ferait ce que j'ai fait arriverait au même résultat, c'est-à-dire à reconnaître en vous un digne prêtre, travaillant uniquement pour la gloire de Dieu et le salut des âmes de ses paroissiens ; un prêtre qui, du matin au soir, ne s'occupe que d'une chose, le bien de son église, comme moyen d'arriver au bien spirituel de son troupeau. Quant à l'accusation spéciale dont vous étiez l'objet, j'ai dit bien haut que c'était une odieuse et absurde calomnie, et que, dans mon opinion, si la pureté résidait quelque part à Neuilly, c'était surtout dans l'âme simple et primitive, dans l'âme d'enfant de notre bon curé. — M. le promoteur m'interrompant : « Je vois bien, dit-il, que vous parlez comme un homme pré- » venu ; je n'ai pas besoin d'en entendre davantage, » je l'ai supplié de se rasseoir, lui représentant que j'avais droit d'être cru ou au moins écouté, en raison de mon ancienneté dans le pays, et de ma complète indépendance, et aussi en ma qualité de chrétien assidu aux offices et de paroissien admis à l'intimité de M. le curé; que je demandais à être mis en présence de ses détracteurs, me faisant fort de leur prouver qu'ils ne le connaissaient pas, n'ayant avec lui que des relations très rares et très distantes, et qu'ils n'étaient plus alors que les échos d'une aveugle malveillance. Enfin, pour donner à M. le promoteur une preuve irréfragable de ma parfaite sincérité, je lui ai offert de m'agenouiller devant lui prêtre et de lui déclarer, en confession, que je n'avais pas dit un mot dont ma conscience me fît le plus léger reproche. M. le promoteur ne s'est point rassis, et, sans tenir aucun compte de ce que je venais de lui dire, il m'a quitté. — Une enquête ainsi faite est-elle une enquête? Quant à l'impression qu'elle m'a laissée, elle n'a pas besoin d'être qualifiée, elle se qualifie d'elle-même.

Veuillez agréer, monsieur le curé, l'assurance de ma respectueuse estime, et de mon dévouement à toute épreuve.

Signé MARGERIE,
président de la conférence de Saint-Vincent de Paul.

7.

Lettre de M. X..., relative à la visite faite à mon frère par M. le promoteur. (Document réservé.) Pour mémoire.

III

Documents et actes relatifs à la procédure après l'enquête.

8.

Archevêché de Paris, 16 juin 1859.

Monsieur le curé,

Je suis chargé d'une mission pénible, mais que je dois remplir : c'est de vous communiquer de nouveau la décision prise relativement à votre belle-sœur. *Le premier délai qui avait été accordé était le mois de mai.* On n'a pas urgé ; mais on n'accorde plus que *jusqu'au 1er juillet*, sous peine de retrait de pouvoirs.

Pour moi, je vous engage, dans vos intérêts, à commencer cette séparation sans bruit : on ne pense pas qu'il en résulte rien de fâcheux pour vous, *il n'y aura plus rien à dire.*

La meilleure solution, à mon avis, *si elle est possible*, serait que le mari et la femme se réunissent de bon accord, avec des garanties mutuelles.

Veuillez recevoir, monsieur le curé, l'assurance de mes sentiments dévoués.

L. BUQUET, vicaire-général.

9.

MONITOIRE.

« Archevêché de Paris.

» Nous, vicaire général de Paris, archidiacre de Saint-
» Denis, agissant par délégation spéciale de Son Éminence
» monseigneur le cardinal archevêque de Paris ;

» Considérant que, *malgré des avertissements réitérés*,

» M. Roy, curé de Neuilly, continue d'avoir des relations » fréquentes avec madame Roy, sa belle-sœur;

» Considérant qu'*il en résulte un grave scandale pour » la paroisse de Neuilly et pour le diocèse;*

» Avons défendu et défendons par les présentes à M. Roy, » curé de la paroisse de Neuilly, *sous peine de suspense » encourue* PAR LE SEUL FAIT, et sous les autres peines de » droit, de recevoir chez lui madame Roy, sa belle-sœur, » de la visiter chez elle, et *d'avoir aucune relation avec » elle* DANS TOUT AUTRE LIEU.

» Fait à Paris, au palais archiépiscopal, le huit du mois » d'août mil huit cent soixante et un.

» *Signé* L. VÉRON, v. g. »

10.

Réponse de Son Eminence à une demande d'audience.

Paris, le 9 août 1861.

« Monsieur le curé,

» Si je vous voyais, *ce ne serait que pour vous engager » à donner votre démission de votre titre de curé de » Neuilly;* mais vous êtes loin d'y être disposé. En consé- » quence, une entrevue ne mènerait à rien; il est préférable » que les choses étant commencées suivent leur cours.

» M. le vicaire général promoteur est dans ses attribu- » tions et agit conformément *au droit.*

» Croyez, monsieur le curé, à mes sentiments du plus » sincère intérêt, et à tous les vœux de mon cœur.

» † F. N., card. archev. de Paris. »

11.

Lettre de M. Véron, en réponse à une demande de contre-enquête adressée à Monseigneur.

« Paris, le 13 août 1861.

» Monsieur le curé,

» Je suis chargé par Son Éminence de vous déclarer, en » réponse à la dernière lettre que vous lui avez adressée, » que l'*autorité diocésaine est suffisamment informée* » *quant à l'effet produit dans le public par vos relations* » *avec madame Roy, votre belle-sœur*. En conséquence, » l'intention formelle de l'autorité diocésaine est que vous » vous en teniez, *sans aucune explication*, à la défense qui » vous a été notifiée, *laquelle défense aura son plein* » *effet, en cas de désobéissance.*

» Agréez, monsieur le curé, l'assurance de mes senti- » ments RESPECTUEUX (1).

» P. VÉRON, v. g. »

12.

CITATION A COMPARAITRE DEVANT LE TRIBUNAL DE L'OFFICIALITÉ.

Archevêché de Paris, 24 janvier 1862.

Nous, Louis-Charles Buquet, official du diocèse de Paris, à la requête de M. le promoteur, citons M. Roy, curé de Neuilly, à comparaître, le jeudi 30 du présent mois, à deux heures de l'après-midi, par devant le tribunal de l'officialité, séant au palais archiépiscopal, pour répondre et s'entendre condamner, s'il y a lieu, sur

(1) On trouvera plus loin les pièces que je produisais à l'appui de ma demande de contre-enquête.

l'accusation portée contre lui, à savoir : d'avoir enfreint la défense qui lui a été faite et notifiée, le 8 août de l'année dernière.

Cette citation, par ordre de Son Éminence le cardinal archevêque, tiendra lieu des trois citations canoniques, et lui sera remise par M. l'abbé Lemée, secrétaire de l'archevêché.

Fait à Paris, le 24 février 1862.

L'official du diocèse,

L. BUQUET.

13.

ACTE DE SOUMISSION FAIT AU PRÉTOIRE PAR LE CONSEIL DE MES JUGES.

« Paris, ce 30 janvier 1862, au prétoire de l'officialité.

» Éminence,

» Profondément touché des sentiments sacerdotaux des » membres de l'officialité qui se sont montrés à mon égard, » *non sicut dominos, sed patres*, je ne saurais mieux faire » que de souscrire à leur conseil, en déclarant à Votre » Éminence que, franchement et loyalement, je me sou- » mets à toute décision émanant de votre autorité. Je m'en » rapporte également à Votre Grandeur pour adoucir autant » que possible les termes du monitoire du 8 août dernier.

» J'ai l'honneur d'être, etc. »

Pour toute réponse, je reçus, le 4 février, du greffier de l'officialité, avis que l'ordre était donné de continuer les poursuites, et deux jours après le tribunal, déçu comme moi dans ses justes espérances, rendit le jugement suivant :

14.

JUGEMENT DE L'OFFICIALITÉ.

» Au nom de la Sainte Trinité.

» Nous, Louis-Charles Buquet, vicaire général du diocèse » de Paris et spécialement délégué par Son Éminence le » cardinal archevêque,

» Vu la défense faite à M. Roy, curé de Neuilly, *de re-» cevoir chez lui madame Roy, sa belle-sœur, de la visiter » chez elle et d'avoir aucune relation avec elle dans tout » autre lieu*, défense qui lui a été intimée *sous peine de » suspense qui serait encourue par le seul fait de la dés-» obéissance*, le 8 août 1861 ;

» Entendu M. le promoteur dans le rapport qu'il nous a » fait *sur la conduite de M. Roy, depuis que la défense » lui a été intimée ;*

» Considérant que M. Roy est convaincu *par les déposi-» tions écrites de plusieurs témoins et par ses propres aveux,* » *d'avoir* reçu chez lui et d'avoir visité chez elle plusieurs » fois madame Roy, sa belle-sœur ;

» Considérant qu'il n'a allégué aucuns motifs *canoniques* » qui aient pu l'autoriser à enfreindre dans les circon-» stances où il l'a fait, la défense qui lui a été signifiée ;

» Considérant que, dans sa défense, il s'est servi d'*ex-» pressions irrespectueuses contre la mesure prise à son » égard*, et contre l'autorité *dans la personne de l'un de » MM. les vicaires généraux*, expressions que le tribunal » doit blâmer et qu'il blâme formellement ;

» *Par ces motifs et autres causes graves à ce nous mou-» vant* (1), *agissant en vertu des pouvoirs que le saint*

(1) Il ne faut pas s'arrêter à cette formule mystérieuse et inquiétante : *et autres causes graves à ce nous mouvant.* Il n'y a là-dessous aucun sous-

» *Concile de Trente donne à l'Ordinaire dans le chapitre I,*
» *sess.* 14e ;

» Le saint nom de Dieu invoqué,

» Nous déclarons et prononçons que M. Roy a encouru » la suspense, et qu'*ayant exercé des fonctions d'ordre* » *sacré, il est tombé dans l'irrégularité ;*

» Nous lui enjoignons, en conséquence, sous peine d'être » poursuivi ultérieurement selon la rigueur des saints » canons :

» 1° *De se soumettre purement et simplement* à la dé- » fense à lui notifiée le 8 août 1861, *laquelle est et de-* » *meure maintenue dans toutes ses dispositions ;*

» 2° De s'abstenir désormais de tout acte d'ordre sacré » et de tout office de curé, *jusqu'à ce qu'il ait obtenu d'être* » *absous des censures et relevé de l'irrégularité.*

» Ainsi fait et jugé au prétoire de l'officialité diocésaine » de Paris, le 6 février 1862.

» *Signé* Buquet, official diocésain. »

15.

Deuxième acte de soumission de M. le curé de Neuilly, acte dicté par Monseigneur lui-même au palais de l'archevêché, le vendredi 7 février 1862.

Justement frappé par le jugement rendu contre moi, le 6 de ce mois et *effrayé des conséquences qui en résulteraient inévitablement pour la religion, pour le corps auquel j'appartiens* et pour moi, je déclare dans les sentiments les plus sincères, qu'à dater de ce

entendu qui me concerne particulièrement, c'est une phrase de convention inscrite d'avance dans tous les jugements de l'officialité, comme elle l'était jadis dans certains actes des rois de France.

jour je me soumettrai exactement et rigoureusement aux prescriptions qui m'ont été faites, le 8 du mois d'août 1861, me soumettant à toutes les conditions qu'elles m'imposent.

Je regrette, je désavoue et retracte devant Dieu et devant mes supérieurs ecclésiastiques toute parole, toute démarche ou tout acte qui ont pu être et qui ont été contraires aux sentiments de respect et de soumission dont un prêtre doit toujours être animé.

P. Roy,
Curé de Neuilly.

16.

Première supplique adressée au Saint-Père, rédigée et apostillée par Son Éminence. (Mémoire.)

17.

6 mai 1862.

Monsieur le curé,

Je suis venu ce matin, en toute hâte, pour vous demander s'il est vrai, comme on nous l'a assuré hier, que vous ayez donné le salut dimanche, avant d'avoir été relevé de votre irrégularité. Je déplorerais ce nouvel embarras dont je ne vois pas comment vous pourriez sortir. Car Son Éminence est persuadée qu'elle ne peut pas vous relever de cette nouvelle faute, sans recourir encore à Rome.

Je veux espérer que le récit qui nous a été fait n'est pas conforme à la vérité.

Langenieux,
Promoteur.

18.

Deuxième supplique au Saint-Père, rédigée et apostillée par Son Eminence.

ARCHEVÊCHÉ DE PARIS.

Parisiis, die decimo mensis martii, anno 1862.

Beatissime Pater,

Ad pedes Sanctitatis Vestræ humillime procumbens infra scriptus presbyter Petrus Roy, ecclesiæ vulgo Neuilly in diœcesi Parisiensi parochus, quam maxima confusione et cordis amaritudine exponit Eminentissimum Cardinalem Archiepiscopum Parisiensem non potuisse sibi ipsi applicationem facere dispensationis a Sanctitate Vestra benigne concessa super irregularitate in quam misere incidit ex eo quod ab ordine et officio antea interdictus, pluries sacra peragere non extimuerat.

Precibus enim ad sanctam Sedem Apostolicam perlatis ut ab irregularitate solveretur, imo et *responso favorabili accepto*, sed nundum ad executionem demisso, pluries interim idem supplex orator in sacris vestibus et stola parochiali indutus coram populo ad sacra in ecclesia congregato apparuit, sacris officiis præfuit, imo et parochianos sic congregatos cum sanctissimo Sacramento *semel benedixit* EX FALSA CONSCIENTIA ET QUADAM BONA FIDE.

De iis omnibus gemens et dolens sicuti ex aliis quæ primo admisit contra regulas sacras, ordinis sui et muneris obligationes et debita, enixe et instantissimis precibus gratiam implorat paternamque indulgentiam, ita ut perinde valeat, non obstantibus supra dictis, facultas eadem quam tribuere dignata est Sanctitas Vestra, die 17ª februarii proxime elapsi Eminent^mo Card. Arch. Parisiensi.

Vere et sincere pœnitens et ad meliorem frugem nunc et pro sem-

per reversus veniam, misericordiam et apostolicam benedictionem implorat,

Beatissime Pater,
Sanctitatis Vestræ
humillimus, obsequentissimus et devotissimus
servus et filius, Petrus ROY.

Votis et precibus humillime implorat apostolicam indulgentiam, gratiam et misericordiam infra scriptus Card. Archiep. Parisiensis pro supplici presbytero parocho interdicto et in irregularitatem misere delapso, ut iterum dignetur Sanctitas Sua illi *veniam facere et benigne annuere ut ad absolutionem admittatur de qua ipsum non abusurum postea sperat et confidit.*

Pro se et pro grege sibi commisso benedictionem apostolicam implorat Sanctitatis Suæ humillimus et addictissimus filius servus et creatura F.-N.-M. card. Morlot, arch. Parisiensis.

Parisiis, 10 martii 1862.

19.

Lettre constatant que le document qui précède a été écrit par Monseigneur.

Archevêché de Paris, 24 mai 1862.

Monsieur le curé,

Auriez-vous la bonté de m'envoyer la minute écrite de la main de Son Eminence de la lettre que vous avez adressée au Saint-Père? Je crois que vous l'avez emportée par mégarde, car je ne l'ai pas retrouvée dans mon bureau.

Recevez, monsieur le curé, l'assurance de mes sentiments respectueux et dévoués en N.-S.

LANGENIEUX,
Chanoine honoraire promoteur.

20.

Ordonnance archiépiscopale du 16 avril 1862, portant nomination d'un administrateur de la paroisse.

« Nous, François-Nicolas-Madeleine Morlot, par la miséricorde divine, etc.

» *La situation affligeante de la commune de Neuilly, par suite de circonstances* DE NOTORIÉTÉ PUBLIQUE, NE NOUS PERMETTANT PAS *de laisser se prolonger un pareil état de choses,*

» LE SAINT NOM DE DIEU INVOQUÉ,

» Et notre conseil entendu,

» Nous avons ordonné et ordonnons ce qui suit :

» ART. 1er.

» M. l'abbé Manoury, premier vicaire à Neuilly, est nommé administrateur de cette paroisse pour y exercer, *à l'exclusion de tout autre*, à dater du 17 de ce mois, et autant de temps que nous le jugerons convenable, les fonctions de curé en tout ce qui concerne l'administration spirituelle et temporelle de la paroisse, avec les droits et avantages temporels que la loi civile attribue à l'ecclésiastique nommé par l'évêque pour remplacer un curé dans les cas prévus par elle.

» ART. 2.

» La présente ordonnance sera notifiée aujourd'hui, seize avril, au titulaire de la cure, au clergé de la paroisse et au conseil de fabrique de l'église de Neuilly, après quoi elle sera transcrite sur le registre des délibérations de la fabrique.

» Donné à Paris, etc. »

21.

Pétition adressée à Monseigneur avec les signatures des pétitionnaires.

A Son Éminence le cardinal Morlot, archevêque de Paris.

Neuilly, 25 avril 1862.

Les soussignés ont appris avec une douloureuse surprise que le 16 avril 1862, il avait été nommé un administrateur de la paroisse de Neuilly.

Dégagés de toute passion, mus seulement par les intérêts de la religion et de la morale, les soussignés pensent qu'il est de leur devoir d'éclairer Votre Eminence sur le véritable état des esprits dans la ville qu'ils habitent. Ils viennent donc lui déclarer, avec respect mais avec franchise, qu'on l'a trompée sur le compte de M. l'abbé Roy. On a affirmé à Votre Eminence que la situation de notre commune était devenue affligeante par suite de circonstances de notoriété publique, et qu'il était, par conséquent, devenu nécessaire de confier les fonctions curiales à un administrateur.

Les soussignés reconnaissent qu'il y a en effet, aujourd'hui, une situation irrégulière et profondément affligeante, mais cette situation ne saurait être imputée, sans injustice, au vénérable prêtre qui en est la victime, elle est l'ouvrage de ses calomniateurs.

Est-il besoin de rappeler ici les services sans nombre que M. l'abbé Roy a rendus à la paroisse? L'église restaurée et enrichie, beaucoup d'ordre et de régularité apportés dans les cérémonies religieuses, le concours croissant des fidèles ; la foi se manifestant par l'abondance des aumônes et la fréquentation plus assidue des sacrements, l'institution de nombreuses bonnes œuvres, enfin, pour couronner ces témoignages d'un zèle si véritablement apostolique, les sacrifices personnels de notre pasteur, et cette inépuisable charité que personne n'a jamais invoquée en vain. Tout cela est public et défie toute contradiction.

Quant à la vie privée de M. Roy, qui a servi de prétextes à des insinuations si perfides, un grand nombre d'entre les soussignés, en ont été témoins et opposent le démenti le plus formel à des dénonciations parties des sentiments les moins avouables du cœur humain, et mal dissimulées sous l'apparence d'un faux zèle. Jamais une âme honnête n'a été scandalisée des rapports que M. l'abbé Roy entretenait, depuis tant d'années, publiquement, sans mystère, à la parfaite connaissance de ses supérieurs avec sa famille dont il est le protecteur naturel et malheureusement le seul appui ; ses relations journalières avec ses paroissiens, ses amis, ses vicaires étaient, comme avec les siens, affectueuses, cordiales, et l'intérieur du presbytère présentait un esprit vraiment patriarcal.

C'est aujourd'hui seulement, quand ses cheveux blancs, sa longue carrière sacerdotale, ses vertus éprouvées auraient dû le mettre à l'abri de soupçons si odieux, c'est aujourd'hui que des gens qui ne se nomment pas, affichent des scrupules dont personne encore ne s'était avisé. Les soussignés n'ont pas à défendre, sous ce rapport, la conduite de M. le curé ; sa moralité n'est point sérieusement mise en doute même à l'archevêché.

Le grief principal, et l'on pourrait dire le seul, est dans le retard mis à la séparation pénible que Votre Eminence avait ordonnée. Cependant ce retard, on ne l'ignore pas, n'est point le fait de M. l'abbé Roy. Il ne s'explique que trop naturellement par la résistance d'une mère de famille qui, n'étant pas elle-même dans les liens de la discipline ecclésiastique, ne se croyait pas tenue d'obéir sans réflexion à une décision qui touchait de si près à son honneur et même à celui de sa fille.

Voilà ce qui a motivé les suspenses qui ont frappé notre cher et vénéré pasteur. Mais Rome dans sa souveraine sagesse, et sur votre recommandation paternelle, a tout pardonné, tout effacé.

Quelques-uns des soussignés, ayant eu l'honneur d'entretenir Votre Eminence à ce sujet, étaient, après cette audience, en droit d'espérer que l'autorité diocésaine, fidèle à ses propres conseils, ne se montrerait pas plus sévère que ne l'a été l'infaillible gardien des lois et de la discipline de l'Eglise.

Les détracteurs anonymes de M. l'abbé Roy ont, à la vérité, prétendu que sa réintégration était impossible ; les paroissiens eux-mêmes se sont chargés de mettre à néant cette allégation, par l'accueil sympathique et plein d'émotion qu'ils ont fait à leur vieux curé quêtant le denier de Saint-Pierre, humblement, sans étole, le jour de la fête des Rameaux. Il n'est que la malveillance qui ait pu chercher à dénaturer le caractère d'une si touchante démonstration.

En résumé, Monseigneur, rien n'est plus vrai, un grand scandale afflige la commune : c'est la position humiliante faite à un vieillard que tout le monde aimait à respecter.

La mesure qui le frappe est tellement rigoureuse que le public indifférent sera invinciblement conduit à supposer des motifs déshonorants pour lui. Ces motifs, le parti irréligieux les accepte déjà et les propage sans autre examen, non par suite d'aucune prévention personnelle, mais en haine du caractère ecclésiastique. Ce qui réjouit ce parti et avec lui les délateurs, inquiète au contraire, et contriste profondément les fidèles et toutes les âmes vraiment chrétiennes.

Le mal grandit et dans l'opinion des soussignés, il ne peut être réparé que par le prompt rétablissement de M. l'abbé Roy dans ses fonctions curiales.

Telle est la vérité que, dans leur conscience, les soussignés se croient obligés de faire connaître à Votre Eminence. C'est avec l'accent de la prière et la douce confiance qu'ils ont dans votre miséricorde, si elle était nécessaire, qu'ils attendent le résultat de leur respectueuse démarche.

Les soussignés prient Votre Eminence d'agréer l'expression de leur profonde vénération.

Liste des personnes qui ont signé la pétition ci-dessus :

CONSEILLERS MUNICIPAUX.

MM. Soyer, premier adjoint, doct. en médecine, propriétaire.
Pinel, docteur en médecine, chevalier de la Légion d'honneur.
Hautefeuille, chevalier de la Légion d'honneur, avocat à la Cour de cassation, propriétaire.
Millot, pharmacien, propriét.
Laflèche, propriétaire.
Hurel, propriétaire.
Boucher, propriétaire.
Julien, architecte, propriétaire.
Boucher, propriétaire.
Marcelle, architecte de la ville de Paris.
Roland, propriétaire.
Legrand, propriétaire.
Mailly, propriétaire.
Laurent Richard, propriétaire.
Blanché, ex-notaire.
Decaux, propriétaire.

N. B. Le conseil municipal se compose de vingt membres : un est mort, un autre est absent, et quinze ont signé conjointement avec le premier adjoint.

MARGUILLIERS.

MM. Petit, propriétaire.
Noblet, propriétaire.
Guillaume, propriétaire.
Hautefeuille, propriétaire.
Laflèche, propriétaire.
Gilet, propriétaire.

MM. les marguilliers ont déjà fait une pétition en particulier, laquelle a été signée par tous les membres.

MAITRES DE PENSION.

Internats et externats.

MM. Roblot.
Hautot.
Ricard.
Laguarrigue.
Berdoulat.
Dex-Borngne.
Fournier.
Nyon, ancien chef d'institution, chevalier de la Légion d'honneur.

MAITRESSES DE PENSION.

Internats et externats.

Mmes Biré.
Liétart.
Férand.
Bascans.
Wantzel.
Mlles Subert.
Bouvignes.
Rougieron.
Dorfeuil.
H. Lehmann.
E. Chazaud.
Mme Bouchiquet.

PROPRIÉTAIRES.

MM. de Margerie, propriétaire, président de la Société de Saint-Vincent de Paul.
Poulain, propriétaire.
Grandler, administrateur du

bureau de bienfaisance et de la caisse d'épargne, propriétaire.
Lainiel, propriétaire.
Mayer, propriétaire.
Julien, architecte, propriétaire.
Lecocq, propriétaire.
Parenteau, négociant.
Coipel, receveur municipal.
Delon.
Lefebvre.
Bigot.
Lacaume.
Vibert.
E. Vibert.
L. Vibert.
André Thierry.
Haverna.
Sonozez, rentier.

Mmes veuve Bégé, rentière.
Barbaroux, propriétaire.
Moutardier, rentière.

MM. de Chambry, chevalier de la Légion d'honneur, commandant de la garde nationale, receveur des contributions directes.
Gervais, ex-commandant de la garde nationale.
le Dr Putel, chevalier de la Légion d'honneur.
le docteur Semelaigne.
le docteur Lemoine.
le docteur Ferrand.
Garnaud, pharmacien.

Mmes Prost, propriétaire.
Plumier, propriétaire.
Leboucher, propriétaire.
Allavoine, rentière.
Veuve Willequez, propriétaire.

MM. Tourneaux, propriétaire.
Valtier, rentier.
Bonnefoy, propriétaire.
Chavignot, propriétaire.
Lerebours, propriétaire.
Crapelet, propriétaire.
Zachéroni, propriétaire.
Chapron, rentier.
Azémard, architecte, propriét.

Mmes veuve Perrin.
Charansonnet.
Veuve David.
Veuve Dutocq.
Chevalier.

MM. Dumuis.
Meunier.
Ledru, avocat.
Guillaume, ex-directeur des contributions indirectes.
Lecaudey, capitaine de la garde nationale.
Mathis, chevalier de la Légion d'honneur, sous-chef au ministère de la guerre.
Éclancher.
Séguin.
Camus, rentier.
Poitrey.
Collas.

Mmes Veuve Cubertier.
Veuve Jauvrin.

MM. Attlainet.
Donon.
Lévêque.
Giraud.
de la Loge.
L. Mégi.

Mme veuve Saulnier.

MM. Brunet fils.
Brunet père.
Cléry.
Tantin père.

Le Brun.
Cliquet.
G. Planchon.
Mmes veuve de la Bretonnière.
veuve Millot.
veuve Saint-Paul.
veuve Dardes.
Thorès.
MM. le docteur Piger.
F. Thimermann.
Touzelin.
Terray.
Quéruel.
Alexandre.
Born.
Deschamps.
Callet, ex-député.
Sénard.
Piot.

LE PARC DE NEUILLY.

M. Crocy, capitaine en retraite, chevalier de l'ordre impérial de la Légion d'honneur, chef surveillant du domaine de Neuilly.
Mme Crocy.
M. et Mme Carpentier, propriétaires.
Mme veuve Fontana, propriétaire.
M. Pilloy, propriétaire.
M. et Mme Doucet, propriétaires.
M. Lenordez, propriétaire.
Mme C. Lenordez, propriétaire.
M. et Mme Bourgeois, propriétaires.
M. et Me Atge, propriétaires.
Mme Atge Pottger, f. d'Arche.
M. Chapuzot, propriétaire.
M. et Mme Legros.
M. et Mme Dumoutier.
M. et Mme Reclus.
M. et Mme Chanton, propriétaires.
M. et Mme Leroux, propriétaires.
MM. F. Godin aîné, propriétaire.
Caudron, propriétaire.
Mme veuve Duquet, propriétaire.
Mme veuve Durand, propriétaire.
M. et Mme Dusautoy, propriétaires.
M. et Mme Louvet, propriétaires.
MM. Caudron, propriétaire.
Carnet, propriétaire.
Mme Carnet, propriétaire.
M. J.-M. Cournier, propriétaire.
M. et Mme Lhermiteau, propriétaire.
M. et Mme Spiquel, propriétaires.
M. et Mme Guyot.
M. Leboucher, propriétaire.
Mme Blo, f. Leboucher.
MM. Libert (Armand), propriétaire.
Tremblaire, propriétaire, inspecteur général de l'imprimerie et de la librairie.
M. et Mme de la Fresnet, propriét.
M. Charral, propriétaire.
M. et Mme Bézot aîné.
M. et Mme Pagny aîné.
M. et Mme Legevrin.
M. et Mme Legrains, propriétaires.
M. et Mme Desbrosses, propriétaires.
M. et Mme Bulteau, propriétaire.
M. le colonel la Borde, gouverneur du Luxembourg, commandeur de la Légion d'honneur, etc.
MM. J. Villeneuve.
F. Lemercier, propriétaire.
Saint-Salvy, propriétaire.
E. Chapron.
Magis, propriétaire.
Fontaine, propriétaire.
Mme C. Fontaine, propriétaire.
MM. F. Douchemont, propriétaire.
A. de Saissas.
Lindenberger.
Savine, propriétaire.

DÉCOMPOSITION DE LA LISTE DES SIGNATAIRES.

16 conseillers municipaux sur 18.
6 marguilliers sur 9. Tous avaient déjà signé une pétition à part, et aujourd'hui l'un des trois qui n'ont pas signé est attaché à la mairie en qualité d'employé.
1 colonel, commandeur de la Légion d'honneur, etc.
1 commandant de la garde nationale.
1 ex-commandant de la garde nationale.
8 membres de la Légion d'honneur.
8 docteurs en médecine.
2 pharmaciens.
2 receveurs des contributions.
20 maîtres et maîtresses de pension.

Les autres signataires sont, ou des propriétaires ou des rentiers les plus notables de la commune.

22.

Lettre accompagnant la pétition.

Paris, 18 mai 1862.

Éminence,

Les soussignés ont l'honneur de vous adresser la pétition ci-jointe : c'est une protestation contre les bruits calomnieux que l'on a répandus à dessein sur le compte de M. l'abbé Roy et qui ont amené sa suspense. Ont signé ladite pétition : le premier adjoint; quinze conseillers municipaux sur dix-huit (le conseil se compose de vingt membres, mais l'un est mort et l'autre absent); six membres du conseil de fabrique (ces derniers ont déjà remis à Votre Éminence une supplique particulière, votée et signée à l'unanimité); huit maîtres de pension; douze maîtresses de pension; huit docteurs en médecine; deux pharmaciens; cent cinquante propriétaires. Un plus grand nombre de signatures auraient pu être recueillies sans l'annonce de votre prochain départ pour Rome. Celles-ci suffiront, du moins les soussignés l'espèrent, pour prouver à Votre Éminence que l'immense majorité des habitants de Neuilly, le conseil municipal en tête, non-seulement estiment et honorent M. l'abbé Roy, mais encore pensent qu'il est de leur devoir de vous faire connaître la vérité. Puisse Votre Éminence accueillir favorablement cette dernière et respectueuse démarche, en faveur d'un vieillard justement vénéré et digne de toute sympathie !

Les soussignés prient Votre Éminence d'agréer l'expression de leurs sentiments les plus dévoués et les plus soumis.

Ont signé : Le docteur PINEL,
membre du conseil municipal.

Le docteur PUTEL,
ancien membre du conseil municipal.

23.

Troisième acte de soumission.

Paris, le 23 mai 1861.

« Éminence,

» Je me suis soumis, comme je le devais, avec respect et » en toute sincérité aux peines disciplinaires que vous m'a- » vez infligées. Mon humiliation est publique.

» Le 28 février dernier, ma famille a quitté Neuilly, con- » formément à vos ordres et je ne l'ai plus revue. Cepen- » dant, Monseigneur, je suis encore privé de toutes les » consolations du saint ministère. Oserai-je rappeler à Votre » Éminence que Rome, dans sa souveraine sagesse, a levé » les deux suspenses qui me frappaient? C'est plein de » confiance dans votre justice et votre miséricorde que j'at- » tendais l'effet de cette mesure, lorsque M. l'abbé Manoury, » mon premier vicaire, a été nommé administrateur de ma » paroisse. Qu'ai-je fait, Monseigneur, pour mériter ce châ- » timent encore plus grand que les autres? Tout recours à » votre miséricorde paternelle serait-il désormais inutile ? » J'ai vu les peines qui m'ont été imposées s'accroître avec

» ma soumission ; mes épreuves ne touchent-elles point à
» leur terme ?

» Une pétition en ma faveur, signée par deux cents
» personnes des plus élevées et des plus honorables de la
» commune a été remise le 17 courant entre les mains de
» Votre Éminence ; ne dois-je rien espérer d'une manifesta-
» tion aussi spontanée et aussi consolante pour moi ? Qui
» pourrait soutenir après cela que ma réintégration est
» notoirement impossible ?

» Si, comme prêtre, j'avais à mon insu manqué de nou-
» veau à mes devoirs et à la discipline de l'Église, je suis trop
» profondément pénétré de l'esprit de l'Évangile et de l'es-
» prit des saints canons pour ne pas aller de moi-même au-
» devant de l'expiation et incliner mes cheveux blancs devant
» le jugement de Votre Éminence. Je renouvelle donc ici
» les actes de soumission du 30 janvier et du 7 février, selon
» la lettre et selon l'esprit où ils m'ont été dictés.

» Dans ces dispositions, je vous supplie, Monseigneur, de
» daigner m'accorder une audience avant votre départ.

» J'ai l'honneur d'être, etc. »

24.

Réponse de Son Éminence à la lettre précédente.

« Paris, le 25 mai 1862.

« Monsieur le curé,

» Je viens de prendre connaissance de votre lettre du
» 23 de ce mois. Je ne vois qu'un moyen de terminer cette
» triste affaire de la manière la moins pénible pour tout le
» monde, ce serait que vous donnassiez de vous-même la
» démission de votre titre. Comme vous n'y paraissez nulle-

» ment disposé, les choses ne peuvent que suivre leur » cours.

» Croyez, monsieur le curé, à la sincérité de mes senti- » ments et des vœux dont mon cœur est rempli. Je porterai » à Rome les uns et les autres, étant au moment de partir » pour me rendre à l'appel du Saint-Père.

» † F.-N., cardinal archev. de Paris. »

25.

Ordonnance archiépiscopale datée du 15 mai, signifiée le 25, et portant déposition du curé de Neuilly.

« François-Nicolas-Madeleine Morlot, par la miséricorde » divine et la grâce du Saint-Siége apostolique, cardinal » prêtre de la sainte Église romaine, du titre des SS. Nérée » et Achillée, archevêque de Paris, grand aumônier de » l'Empereur,

» I. — Considérant qu'au nombre de nos attributions » épiscopales et des devoirs qui en sont inséparables, il » n'est rien de plus grave et de plus essentiel que d'assurer, » autant qu'il est en nous, *le bon gouvernement de chacune* » *des paroisses* de notre diocèse, et de veiller à ce que les » curés, à qui le soin des âmes est confié, se montrent, » dans l'exercice de leur saint ministère, *fidèles observa-* » *teurs des lois et de la discipline de l'Église*, évitant non- » seulement ce qui pourrait donner lieu à aucun reproche » sérieux, *mais encore tout ce qui ne répondrait pas suffi-* » *samment à l'idée qu'ils doivent donner de la dignité et* » *de l'excellence de leur mission parmi les peuples ;*

» II. — Considérant que, dans le cas contraire, et *lors-* » *que la présence et la conduite d'un ministre de la reli-*

» *gion*, exerçant dans une paroisse les fonctions pastorales, » *loin d'y être profitables, n'y répandent que des influences* » *préjudiciables à la cause dont il doit être le fidèle dé-* » *fenseur*, notre devoir, *après avoir tenté sans succès tous* » *les moyens soit de prévenir le mal, soit d'y mettre un* » *terme, est de recourir au seul remède qui puisse en ar-* » *rêter le cours, c'est-à-dire à la déposition régulière* » *du curé qui se trouverait malheureusement dans ce* » *cas;*

» III. — Considérant que la paroisse de Neuilly, cure » de première classe, dont M. Roy a été pourvu, il y a en- » viron sept ans, *a eu beaucoup à souffrir surtout dans le* » *cours des quatre dernières années, sous les rapports les* » *plus graves et aux divers points de vue indiqués ci-dessus* » *de la présence au presbytère de Neuilly et de la manière* » *d'être d'une personne, belle-sœur de M. le Curé, que* » *celui-ci avait antérieurement chez lui, lorsqu'il était* » *vicaire à Saint-Germain des Prés, qu'il a conservée et* » *maintenue dans son habitation à Neuilly, avec une per-* » *sistance des plus regrettables; ce qui, eu égard à la con-* » *dition de cette personne mariée, mais ne vivant plus* » *avec son mari, a produit dans le public des impres-* » *sions du caractère le plus fâcheux, qui ont rejailli sur la* » *personne du pasteur de la paroisse, au détriment tou-* » *jours croissant de sa propre considération et de son mi-* » *nistère;*

» IV. — Considérant que les *avertissements réitérés* » donnés à M. Roy, principalement depuis l'année 1859, » d'avoir à se séparer de la personne dont il s'agit, SONT » RESTÉS SANS EFFET, de même que les injonctions formelles » qui s'en sont suivies avec menace des censures ecclésias- » tiques, **JUSQU'A** *ce qu'enfin il a dû être et a été dé-*

» *claré suspens ab ordine et officio*, A LA DATE DU 6 FÉVRIER » *dernier* ;

» V. — Considérant que, à raison de ce qui précède et » de la peine de la censure dont M. Roy a été frappé, *les* » *embarras et les difficultés d'une situation, déjà si com-* » *promise, n'ont fait que s'aggraver, au scandale de la* » *paroisse et au détriment des plus respectables intérêts,* » *encore bien que, à la dernière extrémité, la belle-sœur* » *de M. Roy eût quitté le presbytère, mais pour s'établir* » *dans une maison faisant face à celle de M. le curé,* » *jusqu'à ce qu'elle fût venue, à une date récente, prendre* » *domicile à Paris ;*

» VI. — Considérant qu'une des conséquences dont cette » situation s'est trouvée singulièrement compliquée, a été » la nécessité de recourir à Rome une première fois le » 7 février, puis une seconde fois le 10 mars suivant, afin » d'obtenir des pouvoirs spéciaux à l'effet de relever l'ec- » clésiastique dont il s'agit, non pas de la suspense dont il » avait été frappé le 6 février 1862, ce pouvoir appartenant » à l'ordinaire, mais de la peine de l'irrégularité que les » clercs encourent, lorsqu'ils violent la suspense, ainsi que » cela est arrivé à M. Roy, peine dont l'absolution, » dans l'espèce, était réservée au souverain pontife, sans » que, par la faute dudit M. Roy, il eût été possible de lui » faire l'application de la grâce accordée une première, puis » une seconde fois par l'indulgence de N. S. P. le pape ; » d'où résultait inévitablement la prolongation indéfinie du » déplorable état des choses dans la paroisse de Neuilly, » M. Roy restant ainsi lié par l'irrégularité et privé dès lors » de toute fonction d'ordre et de juridiction ;

» VII. — Considérant que, *au point où le mal était* » *arrivé, aucune amélioration ne pouvait être espérée et*

» *prouvée*, il a été *d'absolue nécessité* pour nous de con-
» fier le gouvernement de la paroisse de Neuilly à un prêtre
» administrateur, afin de pourvoir ainsi aux besoins spiri-
» tuels de la population et d'*atténuer*, *autant que possible*,
» *les suites de cet ensemble de funestes circonstances*, ce
» que nous avons fait le 16 du mois dernier, par une ordon-
» nance transmise le lendemain 17 avril, à Son Excellence
» M. le ministre des cultes, notifiée le même jour au clergé
» de la paroisse et aux membres du conseil de fabrique,
» signifiée à M. Roy et *publiée en chaire par la lecture qui*
» *en a été faite aux fidèles assemblés dans l'église parois-*
» *siale ;*

» VIII. — Considérant que, dans de semblables conjonc-
» tures, et quelles qu'aient été et puissent être encore les
» dispositions de modération, de ménagement et de patience
» dont nous aurions voulu et voudrions ne pas nous départir,
» il nous est impossible de ne pas reconnaître que M. Roy
» ne saurait être réhabilité dans sa paroisse de Neuilly, et
» replacé désormais dans des conditions qui permissent
» d'attendre, pour la paroisse et pour la religion, aucun bien
» de sa présence, non plus que des fonctions ecclésiastiques
» dont il reprendrait l'exercice ;

» Vu les pièces et documents relatifs à toute cette affaire,

» *Le saint nom de Dieu invoqué* et notre conseil en-
» tendu :

» Avons ordonné et ordonnons ce qui suit :

» Art. 1er. — La cure de Neuilly est déclarée vacante par
» la déposition que nous faisons et prononçons de M. Pierre
» Roy, qui en était le titulaire depuis le 4 juin 1855.

» Art. 2. — M. l'abbé Manoury, nommé administrateur
» de ladite paroisse par notre ordonnance du 16 avril der-
» nier, conservera les fonctions que nous lui avons confé-

» rées jusqu'à l'installation du curé dont la nomination » sera faite ultérieurement par nous et soumise à l'agré» ment de l'empereur.

» Art. 3. — Notre présente ordonnance, ensemble les » documents, pièces de l'instruction de la procédure cano» nique, etc., seront transmis à Son Excellence M. le mi» nistre des cultes, afin que ladite ordonnance, après qu'elle » aura été soumise à l'agrément de l'empereur et sanction» née par décret impérial, porte son plein et entier effet.

» Donné à Paris, sous notre seing, le sceau de nos armes » et le contre-seing du secrétaire général de notre arche» vêché, l'an du Seigneur mil huit cent soixante-deux et le » quinzième jour du mois de mai.

» *Signé* F.-N. card. MORLOT, archevêque de Paris. »

26.

ADMINISTRATION DES CULTES.

ARRÊTÉ.

Le ministre secrétaire d'État au département de l'instruction publique et des cultes;

Vu la lettre en date du 17 avril 1862, par laquelle Son Éminence le cardinal archevêque de Paris demande qu'il soit fait application à M. Roy, curé de Neuilly, des dispositions du décret du 17 novembre 1811, concernant les curés éloignés temporairement de leurs paroisses pour cause de mauvaise conduite;

« Vu l'avis conforme de M. le sénateur préfet de la Seine, en date du 30 mars 1862;

» Vu les art. 1 et 2 du décret du 17 novembre 1811, 27 du

décret du 6 novembre 1813 et 27 de l'instruction ministérielle sur les payements des dépenses des cultes, en date du 1er avril 1823;

Arrête :

ARTICLE PREMIER.

Le procuré nommé par Son Éminence le cardinal archevêque de Paris pour remplacer M. Roy, curé de Neuilly (Seine), dans l'exercice de ses fonctions, percevra, à titre d'indemnité, pendant toute la durée du remplacement, à partir du 17 avril 1862, une somme égale aux deux tiers de ce traitement. Il aura, en outre, la jouissance du casuel et du presbytère de la paroisse de Neuilly.

ART. 2.

M. le sénateur préfet de la Seine est chargé de l'exécution du présent arrêté dans la délivrance des mandats du traitement.

Signé ROULAND.

Paris, le 7 juin 1862.

Pour ampliation :

Pour le conseiller d'État directeur général de l'administration des cultes empêché,

Le chef de la deuxième division,

Signé Victor HAMILLE.

Pour copie conforme :

Le secrétaire de l'archevêché,

Signé PETIT, *secrétaire*.

Paris, le 7 juin 1862.

IV

Documents produits à l'archevêché, fin août 1861, à l'appui d'une demande de contre-enquête.

27.

Lettre collective de quelques notables de Neuilly.

Neuilly, 28 août 1861.

Monseigneur,

Monsieur Roy, curé de Neuilly, est depuis quelque temps sous le coup d'indignes et infâmes calomnies, toutes les personnes honorables de la ville en sont profondément affligées et regrettent dans l'intérêt de la religion, qu'on ait écouté et accepté sans un contrôle sévère ces misérables dénonciations.

Des mesures graves tout à fait imméritées et qui blessent cruellement la dignité pieuse et résignée du prêtre, ainsi que les sentiments naturels de la famille, ont été prises à l'égard de M. Roy. Quelques amis de M. le curé de Neuilly qui honorent son caractère, connaissent sa piété exemplaire et sa charité inépuisable, qui savent tout le bien qu'il fait à la paroisse, ont cru pour éviter un plus grand scandale, en rendant hommage à la vérité, devoir éclairer l'autorité ecclésiastique supérieure, ils ont adressé à cet effet et spontanément à M. Roy des lettres qu'il a remises dans les mains d'un grand vicaire : dictées par un esprit de justice et de loyale impartialité, elles feront connaître à Votre Grandeur que sa religion a été surprise.

Nous venons prier Votre Éminence de jeter elle-même un coup d'œil sur ces lettres et de les comparer aux délations ténébreuses des ennemis de M. Roy. Nous vous demandons en grâce de mettre en balance la valeur des témoignages d'hommes estimables avec celle de gens qui agissent lâchement dans l'ombre et sous l'influence de sentiments haineux et égoïstes.

Nous sommes bien convaincus, Monseigneur, qu'après avoir examiné religieusement vous-même cette affaire, vous serez le premier à rendre justice à M. Roy, tout en calmant la conscience alarmée des fidèles.

Permettez-nous, Monseigneur, de vous dire que ces témoignages sont ceux du juge de paix, du premier adjoint, du commandant de la garde nationale et receveur des contributions directes, de plusieurs conseillers municipaux, d'un commissaire de police de Paris, du président de la Société de Saint-Vincent de Paul, du receveur des contributions indirectes, du receveur municipal, d'un architecte du gouvernement, de deux pharmaciens, de sept docteurs en médecine.

Veuillez agréer, Monseigneur, l'expression bien sentie de notre vénération et de notre profond respect.

1° Pinel, conseiller municipal, directeur de la maison de santé du château Saint-James.

2° Docteur Semelaigne.

3° A. Lemoine.

4° Levert, receveur des contributions indirectes.

5° Margerie, président de la Société de Saint-Vincent de Paul.

6° Coipel, receveur municipal.

7° Millot, pharmacien, conseiller municipal.

8° Garnau, pharmacien, conseiller municipal.

28.

Lettre de M. Lordereau, commissaire de police à Paris, ex-commissaire à Neuilly.

PRÉFECTURE DE POLICE.

VILLE DE PARIS. — 5e ARRONDISSEMENT.

Commissariat de police du quartier Saint-Victor.

Paris, 20 août 1861.

Monsieur le curé,

C'est avec un profond étonnement et la plus vive douleur que j'apprends les nouveaux ennuis qui vous sont suscités par la calomnie.

Je remplis donc mon devoir d'honnête homme, de bon chrétien et de loyal fonctionnaire, en faisant la déclaration suivante :

J'ai reçu, il y cinq ans, je crois, la visite (à mon commissariat de Neuilly) de M. l'abbé Buquet, attaché à l'archevêché ; il s'agissait de connaître la valeur des bruits qui circulaient, au sujet de madame votre belle-sœur.

Après une assez longue conversation, M. l'abbé Buquet fut de mon avis, en déclarant que vous ne deviez faire aucune concession aux calomnies qui cherchaient à vous atteindre.

Vous voudrez bien vous souvenir, monsieur le curé, des conseils que je me suis permis de vous donner, je voulais poursuivre vos calomniateurs, mais la charité chrétienne vous a fait un devoir de pardonner ; je vous dis alors : Vos ennemis sont abattus, mais non vaincus, attendez-vous à de nouvelles attaques.

Vous voyez, monsieur le curé, que j'avais raison, et que, quand la calomnie s'attache à un honnête homme, elle ne le quitte pas facilement.

J'ai été reçu, je m'en souviens avec plaisir, dans votre intérieur, j'y ai rencontré les gens les plus honorables de Neuilly, j'ai vu ce qui s'y passait et j'ai plaint les misérables qui vous attaquaient.

Pourquoi votre maison n'est-elle pas de verre? Ce serait votre meilleure justification.

Je fais des vœux, monsieur le curé, pour que la vérité arrive jusqu'à Mgr l'archevêque, et elle y arrivera, Dieu aidant.

Pourquoi ne faites-vous pas appel à M. de Margerie? Quand il aura parlé, qui oserait douter ?

Daignez agréer, monsieur le curé, l'assurance de mon profond respect et de mon entier dévouement.

Le commissaire de police,

Signé LORDEREAU.

16, rue Cuvier.

29.

Lettre de M. le Président de la Société de Saint-Vincent de Paul.

Je soussigné, propriétaire, âgé de soixante-dix ans, habitant la commune de Neuilly depuis plus de quarante ans, et y ayant toujours occupé une position indépendante, appelé aujourd'hui à donner mon opinion sur M. le curé de Neuilly, déclare la donner ici, en mon âme et conscience, et avec toute la véracité d'un bon chrétien.

Admis dans l'intimité de M. l'abbé Roy (il est bon de faire remarquer que je ne me suis jamais assis à la table de M. le curé, ni lui à la mienne, et que je ne suis point marguillier), presque dès son arrivée dans la paroisse, j'ai pu l'étudier de près, à loisir et avec suite, et j'ai reconnu, sans grand'peine, que, sous une écorce un peu rude quelquefois, on trouvait le cœur du bon pasteur tout pour ses brebis. Depuis six ans que je fais partie de son troupeau, je ne lui ai connu qu'une seule et unique pensée, le bien de nos âmes. Et aujourd'hui même, 15 août, notre église, pleine à chacune de nos six messes, et cinq cents communions, sont là pour prouver que les soins qu'il ne cesse de donner à la maison de Dieu ont produit les plus heureux résultats.

Quant à l'accusation que de mauvais paroissiens ont osé porter (sans articuler aucun fait) contre les mœurs de M. le curé, je réponds à ces calomniateurs qu'ils ne l'ont certainement jamais vu dans son intérieur, alors que madame sa belle-sœur habitait avec lui. S'ils eussent un instant observé sa tenue, son air, ses regards, ses façons, ses discours, ils n'y auraient vu que la candeur et la simplicité d'un petit enfant, ou la calme et sereine affection d'un bon père de famille, et se seraient tous d'abord écriés : *On nous a trompés, ce n'est pas là l'homme.*

Ils ne l'ont pas fait, et l'accusation, tout odieuse et tout absurde qu'elle est, subsiste. Quels sont les accusateurs, quel est leur nombre, leur valeur?

En attendant qu'ils se fassent connaître, donnons, sans citer de noms propres, une liste abrégée de ceux qui aiment, estiment et respectent M. le curé.

1° Tout son clergé (une exception peut-être); 2° tous les membres de la fabrique (une exception); 3° toutes les sœurs de charité; 4° tous les frères des écoles chrétiennes; 5° tous les membres de la Société de Saint-Vincent de Paul (une exception); 6° tous les médecins de la commune; 7° tous les maîtres et maîtresses de pension, etc., etc. Que les persécuteurs de M. le curé produisent leur liste : on comparera. J'ajouterai que, quand on tourmente le chef de la paroisse, on tourmente la paroisse tout entière ; on donne une pâture aux méchants, et on fait que les bons se demandent s'il ne serait pas temps, après six ans, de laisser le pauvre pasteur respirer et vaquer au soin de son troupeau.

Dernière réflexion. Ce n'est pas à M. l'abbé Roy que la calomnie a commencé à s'attaquer aux curés de Neuilly. Je me souviens très bien que, dans le cours de son exercice, le prédécesseur de M. le curé actuel, saint prêtre s'il en fut jamais, se vit plus d'une fois en butte aux dénonciations calomnieuses des mauvais paroissiens d'alors, et cet homme vénérable, obligé de descendre à se justifier, ne parvenait jamais, sans de grands efforts, à faire accorder plus de créance à la parole du curé qu'aux téméraires allégations de ses obscurs accusateurs.

Signé MARGERIE.

Président de la Société de Saint-Vincent de Paul.

A Neuilly, le 15 août 1861.

30.

Lettre de M. le juge de paix de Neuilly.

JUSTICE DE PAIX DU CANTON DE NEUILLY (SEINE).

Neuilly, 16 août 1861.

Monsieur le curé,

Vous m'avez fait hier soir l'honneur de m'adresser cette question, vous m'avez dit : « Suis-je un prêtre scandaleux? »

Je n'ai pas compris d'abord, vous vous êtes expliqué, et vous me demandez une réponse écrite.

Cette réponse sera courte et franche, la voici :

J'ai été nommé à la justice de paix de Neuilly par décret du 3 novembre 1859. J'ai été installé le 26 du même mois, et je n'habite ma résidence que depuis le 1er avril 1860.

J'ai dû vous faire, comme à tous les fonctionnaires, ma visite officielle, vous me l'avez rendue et vous avez eu l'obligeance de m'offrir votre concours, toutes les fois que j'en aurais besoin.

Renfermé dans mes fonctions, nos relations ont été peu fréquentes, monsieur le curé, mais je n'ai jamais entendu par personne rapporter un fait qui pût atteindre votre moralité.

Dans une affaire dont la publicité pouvait devenir un véritable scandable entre personnes vivant d'une manière peu régulière, je fis appel à votre charité chrétienne (il y avait des enfants, très innocents des méfaits que se reprochaient leurs parents, il ne fallait pas flétrir ces jeunes êtres et laisser une tache dans leur avenir), je réclamai votre secours, et je dus à votre chaleureuse intervention une transaction que sans vous je n'eusse pas obtenue.

Vous m'avez encore aidé, monsieur le curé, pour empêcher la résistance de la part d'héritiers à une apposition de scellés, ordonnée par M. le président du tribunal civil de la Seine; sans doute, j'aurais vaincu cette résistance, agissant par ordre et pouvant appeler la force publique, comme la loi m'en donne le droit. Eh bien! au milieu de vos devoirs pieux dans la maison mortuaire, vous êtes officieusement intervenu, et vous avez évité le scandale qu'auraient produit contre ces héritiers l'appel et la présence de la force armée ; je vous en renouvelle mes remercîments.

Je ne parle pas des actes de charité dont j'ai été le témoin ou dont j'ai eu connaissance : tout le monde sait que votre main est inépuisable.

Enfin, monsieur le curé, dans toutes les circonstances, j'ai reconnu à la fois en vous l'homme d'honneur, éminemment éclairé, ferme, juste, équitable, et le prêtre complétement digne de son ministère sacré.

Recevez, monsieur le curé, avec ce sincère témoignage, l'assurance de ma respectueuse considération.

Signé NOGENT-SAINT-LAURENT père,
juge de paix du canton de Neuilly (Seine).

31.

Lettre de M. Soyer, premier adjoint et docteur en médecine.

MAIRIE DE NEUILLY (SEINE),
CHEF-LIEU DE CANTON.

Neuilly, 16 août 1861.

Monsieur le curé,

Votre lettre m'étonne beaucoup et m'afflige profondément. Elle m'étonne, parce que je croyais que désormais vous étiez tranquille, et que vous étiez débarrassé à toujours de tous les ennuis qui vous avaient pendant longtemps rendu la vie si pénible; elle m'afflige, parce que je vois vos ennemis rouvrir une nouvelle campagne contre vous, et vos supérieurs accueillant encore les infamies colportées par de fausses dévotes, par des bonnes chassées de chez vous pour vol, ou encore par quelques hommes que vous avez dû chasser de l'église, à votre arrivée dans la commune, pour leur indigne conduite, et qui ne vous le pardonneront jamais. Un prêtre scandaleux! vous, monsieur le curé; mais ceux qui vous traitent ainsi ne sont donc jamais entrés dans l'église de Neuilly; ils ne veulent donc pas voir qu'en aucun temps, aucun curé de cette paroisse n'a attiré autant de monde dans son église, que jamais toutes les œuvres de piété, de charité n'ont été dans un état si florissant; qu'ils demandent aux malheureux du pays à qui ils doivent de n'avoir ni faim ni froid dans le plus rigoureux des hivers, et ils verront ce qu'il leur sera répondu.

Voilà vingt-cinq ans que je suis dans la commune, je puis me flatter d'être bien avec ce qu'il y a de plus honorable, et d'être en rapport journalier avec bien du monde; eh bien! monsieur le curé, jamais je n'ai entendu dire par personne rien qui puisse toucher à votre moralité, à votre honorabilité. Sans doute, dans un temps, d'infâmes propos ont été tenus, mais j'ai dû croire, et cela pour de bonnes raisons, que l'on en avait depuis longtemps reconnu l'indigne fausseté, et que l'on ne devait plus jamais revenir sur des choses que votre conduite, depuis six ans, dément de la manière la plus formelle. Reprenez donc courage, monsieur le curé, et soyez convaincu que, si la commune était appelée à répondre à la question que vous me faites, comme moi, elle dirait : non, monsieur le curé, vous n'êtes pas un prêtre scandaleux; mais vos ennemis sont bien lâches et bien infâmes, et vos supérieurs trop faciles à tromper. Quant à moi, monsieur le curé, vous me connaissez et savez que si vous étiez ce que l'on prétend, je ne vous serrerais pas cordialement la main comme je le fais aujourd'hui plus fort que jamais, en vous assurant de mon estime la plus sincère et de mon dévouement le plus entier.

Signé SOYER,
premier adjoint au maire de Neuilly.

32.

Lettre du commandant de la garde nationale et receveur des contributions directes.

GARDE NATIONALE DE LA SEINE.

8e SUBDIVISION. — 35e BATAILLON.

Neuilly, le 22 août 1861.

Monsieur le curé,

Je suis autant intéressé au maintien de l'ordre public et du respect à l'autorité que vous êtes vous-même obligé d'édifier et d'instruire vos paroissiens dans l'ordre religieux. Ces ordres se confondent et se soutiennent mutuellement, et c'est pour cette raison que je prends la liberté de vous écrire.

Des bruits fâcheux ont été répandus sur votre compte et ils sont parvenus jusqu'à moi. J'en ai été aussi surpris que peiné, aussi les ai-je repoussés avec indignation.

J'ai l'honneur de vous connaître depuis longtemps, monsieur le curé, et jamais je n'ai rien entendu qui ait pu atteindre votre réputation d'ecclésiastique zélé, bienfaisant et édifiant vos paroissiens par votre parole évangélique, par l'assiduité à vos saintes fonctions et par votre tolérance qui est à la hauteur de l'époque. C'est cette dernière vertu, je le crains, qui a probablement irrité ceux qui, oubliant la charité et l'amour du prochain que demande le vrai christianisme, ont osé calomnier leur pasteur.

Je ne veux pas faire porter plus d'attention qu'elles ne méritent à ces ignobles menées, mais j'estime trop votre caractère pour vous engager à prendre en considération la malveillance qui vous en veut

Vous pouvez bien penser, monsieur le curé, que c'est le culte de la justice et le mépris de la calomnie qui m'ont déterminé à vous adresser ce peu de lignes.

Veuillez agréer, monsieur le curé, avec l'assurance de mon profond dévouement, l'expression de mes respectueux sentiments.

Le commandant de la garde nationale,

Signé DE CHAMBRY.

33.

Lettre de M. Azémar, architecte.

Monsieur le curé,

J'ai appris avec la plus douloureuse surprise les calomnies malveillantes qui circulent, dans le but de vous atteindre jusque dans vos affections de famille, et en dénaturant leur saint et pur caractère. Il ne suffit pas de mépriser ces odieuses rumeurs; il convient, au contraire, de les repousser hautement. Tous les honnêtes gens qui, grâce à Dieu, sont en majorité, s'empresseront d'attester votre honorable et sainte vie. Cet éclatant témoignage fera bonne et prompte justice des détestables manœuvres pratiquées dans l'ombre par une poignée de misérables.

Veuillez agréer, monsieur le curé, l'assurance de ma respectueuse affection et de mes sentiments les plus dévoués.

Signé AZÉMAR.
pharmacien propriétaire.

Paris, 21 août 1861.

34.

Lettre de M. Coipel, receveur municipal.

Neuilly, le 23 août 1861.

Monsieur le curé,

J'ai l'honneur de répondre aux questions que vous m'adressez concernant mon opinion sur votre personne.

Depuis que j'ai l'honneur de vous connaître à la tête du clergé de la paroisse de Neuilly, je vous ai toujours considéré comme un digne ministre du Seigneur, bon pour tout le monde, généreux et charitable envers les malheureux; et si la calomnie de quelques personnes a cherché à vous nuire, soyez persuadé, monsieur le curé, que la plus grande majorité de vos paroissiens a toujours eu pour votre personne les meilleurs sentiments de vénération.

Depuis votre administration, l'église de Neuilly peut rivaliser par sa tenue parfaite, son ordre et ses cérémonies, avec la plupart des églises de Paris, et c'est à votre bonne direction, monsieur le curé, que nous devons tant de progrès.

Recevez, monsieur le curé, l'assurance de mes sentiments respectueux,

Signé COIPEL.
Receveur municipal.

35.

Lettre de M. Levert, receveur des contributions indirectes.

Neuilly, 22 août 1861.

Monsieur le curé,

C'est avec le plus grand étonnement et la plus profonde indignation que j'ai appris de votre propre bouche les propos que l'on tient, m'avez-vous dit sur votre compte au sujet de vous et de votre belle-sœur.

J'étais d'autant plus éloigné de penser que l'objet de votre visite était de venir me demander des renseignements sur ce que j'avais pu apprendre à ce sujet dans le public, ma position me mettant à même de voir beaucoup de monde.

Eh bien ! je puis vous certifier par écrit ce que je vous ai dit de vive voix, que je n'ai jamais entendu parler en mal de vous, sous quelque rapport que ce soit.

Il est bien regrettable que la calomnie se soit déversée sur vous à cause des tracasseries qu'elle vous occasionne dès à présent ; soyez persuadé que j'en suis vivement contrarié, et que j'espère qu'elle tournera à la honte et à la confusion de ceux qui ont cherché à la répandre dans le public.

Agréez les sentiments du plus profond respect avec lequel j'ai l'honneur d'être, monsieur le curé,

Votre très humble et obéissant serviteur,

Signé LEVERT,

Receveur particulier des contributions indirectes à Neuilly.

36.

Lettre de M. le docteur Pinel.

MAISON DE SANTÉ DU DOCTEUR C. PINEL NEVEU,

Chevalier de la Légion d'honneur.

Neuilly, 18 août 1861.

Monsieur le curé,

Je suis vraiment désolé d'apprendre que vous êtes de nouveau sous le coup d'indignes et misérables accusations, et que l'on va jusqu'à oser articuler que vous tenez une conduite scandaleuse dont les paroissiens de Neuilly seraient péniblement impressionnés.

Que quelques gens sans consistance morale ou d'une médiocre

valeur, dont les intérêts et l'amour-propre ont été froissés, ayant essayé, dans l'ombre et sous le manteau de la religion, de ternir votre réputation d'homme de bien, de prêtre pieux et charitable, cela peut se concevoir; mais que l'autorité ecclésiastique supérieure ait écouté ces odieuses dénonciations, et ait eu la faiblesse d'y croire, sans vouloir vous entendre, cela me paraît peu évangélique et tout à fait contraire à la justice divine et humaine. Pourrait-elle mettre un instant en balance ces ténébreuses et iniques délations, et l'assertion toute contraire d'hommes honorablement placés dans la société, profondément indignés de ces perfides et mensongères manœuvres?

Dans un esprit de concorde et d'humilité, vous avez obéi aux ordres de vos supérieurs, et vous avez fait taire les sentiments de la nature en éloignant du presbytère votre belle-sœur qui, depuis plus de quinze ans, abandonnée de son mari avec ses deux enfants, dirigeait l'intérieur de votre maison. Pleine de tendresse pour sa jeune famille, de dévouement et d'obligeance pour ceux qui l'approchaient, elle a su s'attirer l'estime et le respect de vos amis, et de tous ceux qui avaient l'honneur d'être reçus chez vous.

On trouve néanmoins que ce sacrifice n'est pas suffisant, et l'on veut vous interdire toute communication avec cette respectable mère de famille, et vous priver ainsi de voir son fils et sa fille dont vous êtes le tuteur naturel et le seul soutien.

Devez-vous courber la tête et subir encore cette intolérable injonction? Votre humilité et votre soumission toutes chrétiennes apaiseraient-elles les haines de vos méprisables calomniateurs? Vous laissera-t-on enfin jouir du repos et du calme si désirables à votre âge et dans l'état de santé où vous êtes? Osera-t-on aller plus loin, et voudra-t-on, pour obvier à de prétendus scandales, jeter la paroisse de Neuilly dans le désordre et la division, en alarmant les consciences des fidèles? A-t-on calculé toute la gravité et tout le mal qu'entraînerait une pareille mesure? A-t-on pensé que vous accepteriez en silence et sans protester une décision déshonorante et imméritée, et a-t-on pu croire que vos nombreux amis, tous ceux qui vous estiment et honorent votre caractère, qui connaissent votre dévouement et votre charité pour les pauvres, qui savent le bien que vous avez fait depuis six ans que vous dirigez l'église de cette commune, resteraient lâchement indifférents, et ne prendraient pas hautement votre défense avec le zèle et l'énergie qu'inspire une disgrâce non motivée ?

Quant à moi, monsieur le curé, qui ai pu apprécier les belles qualités de votre âme, la générosité de votre cœur, et qui ai été témoin de toute votre ardeur, de tout votre empressement dévoué à relever et à faire prospérer l'église de Neuilly, je me mets, comme toujours, à votre disposition, et suis prêt à rendre hommage à la vérité, en certifiant que votre conduite, loin d'être blâmable, ne mérite que des éloges.

Veuillez agréer, monsieur et cher curé, l'assurance de ma considération très distinguée et de mon affectueux dévouement.

Signé PINEL,
conseiller municipal.

37.

Lettre de M. le docteur Putel.

Très cher, très honorable et très excellent curé,

Après la conversation que je viens d'avoir avec vous, j'en suis à me demander si je suis bien éveillé ; c'est à croire que l'on rêve ! Comment, c'est vous que l'on oblige en quelque sorte à demander un certificat de bonne vie et mœurs ! C'est vous que l'on accuse d'être un sujet de scandale pour vos paroissiens ! C'est à ne pas croire, j'en suis encore tout ému, surpris et indigné !

Il connaissait profondément le cœur humain celui qui a dit : « Calomniez, calomniez, il en restera toujours quelque chose, » et c'est vous, mon bon ami, qui êtes en butte à ce venin des méchants, et l'autorité ecclésiastique abusée prête l'oreille à ces calomniateurs! cela dépasse toute prévision humaine.

J'ai besoin pour expliquer de pareilles anomalies de me rappeler que votre bon et vénérable prédécesseur, dont j'ai été longtemps le médecin, dont je suis et je serais toujours, je l'espère bien, l'ami intime, a, lui aussi, la pauvre et douce victime, trouvé des Judas Iscariote jusque dans la maison de Dieu; ils l'ont poursuivi de la même manière que vous en ce moment, jusqu'à ce qu'il succombât à la peine, jusqu'à ce que, miné sourdement par une lutte qui n'avait pas de fin, épuisé au moral et au physique, il résignât, avant l'âge de la retraite, des fonctions qu'il remplissait si dignement.

Vous le voyez, la méchanceté et l'injustice sont de tous les temps.

J'ignore quels sont vos persécuteurs, je ne les soupçonne même pas; mais, quels qu'ils soient, à quelque catégorie de la société qu'ils appartiennent, demandez à l'autorité dont vous relevez de les mettre en face de vos défenseurs et nous verrons alors si leur audace ira jusqu'à soutenir devant des hommes honorables, les mensonges qu'ils ont accumulés contre vous!

Devant Dieu et devant les hommes, voilà ce que je pense de vous; je vous demande pardon de vous le dire à vous-même et d'une façon aussi brutale en quelque sorte, mon excuse est dans les circonstances présentes.

J'ai l'honneur et le plaisir de vous connaître depuis que vous êtes à Neuilly, avant même (car c'est auprès du lit de votre prédécesseur que je vous vis pour la première fois). Depuis ce moment où je ne vous ai plus perdu de vue pour ainsi dire, je n'ai jamais entendu articuler contre vous un seul fait qui puisse incriminer en rien votre caractère et votre moralité.

Je vous sais juste et bon, généreux et secourable plus qu'aucun autre dans la commune; la tenue remarquable de votre église, l'affluence considérable des fidèles qui s'y pressent, prouvent que non-seulement vous êtes un bon prêtre, mais encore un bon administrateur. Mais à ces qualités vous joignez un grand défaut qui, pour moi médecin, tient plutôt à votre organisation physiologique qu'à votre caractère, vous dites trop vite et trop haut ce que vous pensez aussi bien à vos amis qu'à vos ennemis. Voilà, pardonnez-moi de vous le dire, votre principal et votre plus grand défaut. Quant à ce qui est de votre immoralité, je répondrai à cette sotte accusation par une déclaration que je fais ici dans toute la sincérité de mon cœur.

Je ne connais pas dans Neuilly *un seul homme* auquel je confierais plus volontiers ma femme et ma fille, si elle était en âge d'être soupçonnée.

Je vous en ai écrit bien long, mon bon curé, et cependant il me semble que je n'ai pas dit la millième partie du bien que je pense de vous.

En attendant que le mensonge soit confondu et que la vérité triomphe, je vous prie d'agréer l'expression de mes sentiments les plus respectueux en même temps les plus affectueux.

Signé Dr POTEL.

38.

Lettres de MM. les docteurs Semelaigne et Lemoine.

Très cher et très honorable curé,

J'ai suivi avec un douloureux étonnement toutes les phases de la guerre acharnée et injuste que l'on vous fait depuis plusieurs années. D'abominables calomnies, je le sais, en ont été l'origine. Que des hommes à passions basses, des dévots et des dévotes de mauvais aloi se soient entendus pour vous nuire, cela se conçoit : le mal, comme le bien, est dans les choses humaines ; mais que dans votre clergé vous ayez rencontré des ennemis, je vous avoue avec sincérité que j'ai plus de peine à le comprendre. Où donc, si ce n'est là, règnera l'esprit de charité et de concorde dont parle l'Écriture ? Malheur à qui scandalise, a dit Jésus-Christ. Vraiment, je tombe de mon haut, en apprenant que pareille accusation est dirigée à l'heure qu'il est contre vous. Le scandale, s'il y en a, est et sera l'œuvre de vos ennemis et non point la vôtre.

Serait-il possible que l'on ajoutât foi sans contrôle à la parole de quelques misérables (c'est le nom des calomniateurs) et que le témoignage de gens sans aveu et qui se cachent dans l'ombre, prévalût sur le nôtre donné au grand jour, aux yeux de l'autorité ecclésiastique? Non, cela ne peut pas être. Tout pouvoir, quel qu'il soit, se respecte et n'agit pas en aveugle; il n'y a pas de justice d'ailleurs sans débat contradictoire.

Qu'avez-vous fait en définitive, depuis que vous êtes au milieu de nous? Sous votre administration sage et éclairée, l'église de Neuilly a prospéré et prospère toujours : la paroisse vous doit ainsi une partie de son lustre et de sa richesse ; un grand nombre de malheureux vivent, à la connaissance de tout le monde, de vos largesses et de vos aumônes. Qu'exige-t-on de plus?

Ah! monsieur le curé, on vous reproche d'avoir gardé près de vous madame Roy, votre belle-sœur et d'avoir élevé sans doute les enfants de votre frère. Ce dernier les avait abandonnés, qu'importe? Prêtre, vous deviez être sans entrailles : pour quelques-uns, vous le savez, le prêtre ne doit point avoir de famille. Mais, grâce à Dieu, ces idées désespérantes ne sont pas celles de l'autorité ecclésiastique qui les rejette avec mépris comme antichrétiennes.

La distinction physique et les qualités de l'esprit chez madame Roy ont soulevé contre elle, d'un autre côté, des jalousies féminines. Il est difficile, il est vrai, de réunir à plus d'aménité plus de noblesse. Nature vulgaire, on n'aurait rien dit d'elle et elle eût vécu paisiblement sous votre toit, ainsi que cela se voit tous les jours, sans blesser la susceptibilité ombrageuse de personne.

Depuis quelques années des trames odieuses ont donc été ourdies contre vous, et parmi vos vicaires il s'en est trouvé, à certaine époque, d'assez indignes pour vous susciter toutes sortes de tribulations. Nous les avons connus ces modèles de vertu, ils ne méritaient certes guère le titre honorable qu'ils portaient. On les a crus cependant (tant la médisance, cette haine déguisée s'insinue partout avec habileté), puisqu'un sacrifice pénible a été imposé à votre cœur. Vous avez obéi; madame Roy a quitté le presbytère de Neuilly.

Aujourd'hui, vos ennemis s'aperçoivent, à ce qu'il paraît, que le sacrifice n'est point assez complet. Quoi! une injonction vous serait arrivée qui vous interdirait de voir madame votre belle-sœur partout où elle sera, et de quel droit, si haut qu'il soit placé? On ne sait donc pas que c'est vous qui l'avez élevée, que vous l'avez vue enfant avant qu'elle devînt la femme de votre frère et que ses enfants votre neveu et votre nièce ont grandi dans votre maison? Pour en venir là, quelle mine diabolique il a fallu creuser sous vos pieds! Troubler votre repos, empoisonner votre existence, quelle charité évangélique! Voilà donc le triste plaisir de ceux qui vous persécutent!.. Votre défaut, si c'est là un défaut, c'est de vous exprimer, en toute circonstance, avec une spontanéité trop pleine de franchise.

Mettez la main sur votre cœur, monsieur le curé, et comme votre conscience ne vous reproche rien, marchez résolûment dans la voie que vous vous êtes tracée et ne courbez point la tête en coupable : la conscience, un grand philosophe l'a dit, fait la moralité de nos actions.

Toutefois, après avoir fait une contre-enquête et vous avoir entendu, vous et vos défenseurs, l'autorité diocésaine enfin mieux renseignée reviendra, je n'en doute pas, sur les mesures sévères qu'elle a prises à votre égard. Le bien avec la justice, n'est-ce pas le but qui la guide toujours? Il est impossible par conséquent qu'on vous empêche de vous défendre par tous les moyens licites.

Veuillez agréer, monsieur le curé, avec l'expression de mes regrets les plus vifs sur la situation pénible qui vous est faite, l'assurance de mon entier dévouement.

Signé Dr SEMELAIGNE.

Neuilly, 21 août 1861.

Profondément reconnaissant de la bienveillance que veut bien me témoigner le vertueux curé de Neuilly, je saisis avec empressement l'occasion de rendre hommage à la vérité en adhérant de toutes les forces de mon cœur aux sentiments exprimés par l'honorable rédacteur de cette lettre.

Signé Dr Antoine LEMOINE.

Neuilly, 21 août 1861.

39.

Lettre de M. le docteur Becquet.

Neuilly, 23 août 1861.

Monsieur le curé,

J'ai su que vous êtes menacé par l'autorité diocésaine de peines disciplinaires graves, et cela, parce que vous seriez, paraîtrait-il, une occasion de *scandale* pour votre commune. Je ne puis qu'être surpris de la sévérité des termes de cette accusation, et je considère comme souverainement injuste et absolument contraire à la vérité la prétention d'élever à la hauteur d'un scandale public les propos malveillants de quelques personnes isolées.

Je vous autorise, monsieur le curé, à faire de ma lettre l'usage que vous voudrez, et je saisis cette occasion de vous renouveler l'assurance de ma considération la plus distinguée.

Signé Dr BECQUET.

40.

Lettre de M. le docteur A. Legrand.

Neuilly, 20 août 1861.

Monsieur le curé,

La question que vous m'avez fait l'honneur de me poser (si vous aviez été pour la commune un sujet de scandale) m'a jeté dans la plus étrange surprise. Depuis votre arrivée à Neuilly, je vous ai toujours connu pour un pasteur plein de zèle et de charité, vif, mais aimant à faire le bien et cherchant toutes les occasions de le faire; pour un administrateur habile, qui a cherché à tirer parti des ressources que renferme notre belle commune et qui ont été jusqu'à ce jour ou négligées ou exploitées au profit de l'égoïsme d'un petit nombre. Dans l'exercice de la profession médicale, en rapport avec toutes les classes de la commune, j'ai bien entendu émettre des insinuations malveillantes à votre égard, mais je n'ai pu obtenir l'articulation d'aucun fait précis et je les ai attribués sans peine à la jalousie et à la malveillance qui ne manquent jamais d'attaquer la vie privée des personnes les plus respectables, comme elles avaient attaqué déjà la conduite de votre vénérable prédécesseur. — J'ai vu, au contraire, avec bonheur, que par vos soins éclairés notre paroisse avait pris rang parmi les premières et les mieux administrées de Paris, et je forme les vœux les plus sincères pour que la calomnie, cessant de vous troubler dans votre repos, vous permette de consacrer votre temps à de nouvelles bonnes œuvres qui n'attendent que votre initiative pour prendre naissance dans notre ville de Neuilly.

Heureux de vous rendre ce témoignage, je suis avec respect, monsieur le curé, votre très humble serviteur,

Signé A. Legrand, docteur.

132, avenue de Neuilly.

41.

Lettre de M. Millot, pharmacien et conseiller municipal.

Neuilly, 19 août 1861.

Depuis que M. Roy est curé dans cette commune, l'église n'est pas assez vaste pour les fidèles qui s'y rendent d'après les invitations réitérées du pasteur. L'opinion de tous les gens sérieux et honnêtes est en faveur de M. Roy qui, par sa conduite exemplaire, sa justice et son impartialité, mérite les égards de ceux qui le connaissent.

Si des bruits absurdes, indignes et complétement ignorés de moi et de ma famille sont venus jusqu'aux oreilles de plusieurs personnes, ma conviction est que ces bruits sont le résultat de haines ou de jalousies personnelles qui ne doivent en rien ternir la réputation d'un prêtre respectable qui, par ses actes de charité, mérite l'estime et l'affection de ses paroissiens.

Je suis heureux de pouvoir signer ce que je pense à ce sujet, afin que justice soit rendue et que la paix de notre pasteur ne soit plus troublée par des cabales cachées et qui ne peuvent s'avouer au grand jour.

Signé MILLOT,
propriétaire, pharmacien, conseiller municipal,
162, avenue de Neuilly.

42.

Lettre de M. Garnaud, pharmacien.

Le plus proche voisin de l'église, j'ai eu souvent l'heureux privilége de voir M. le curé et de causer avec lui. Je professe pour M. Roy la plus haute estime. Sa piété sincère sans affectation, et son langage toujours édifiant et sans fiel, la franchise du caractère de M. le curé, son zèle à remplir ses devoirs de bon pasteur, le soin excessif qu'il a de son église, les notables améliorations qu'il a apportées dans les offices pour faciliter à chaque paroissien la pratique de ses devoirs religieux, ont dû rendre M. l'abbé Roy cher à toute la paroisse de Neuilly. En effet, je n'ai jamais entendu parler de M. le curé qu'avec beaucoup d'éloges; chacun se plaît à rendre justice à ses vertus; un seul désir qui perce toujours dans sa conversation, c'est de faire de l'église de Neuilly une église modèle, et de chaque paroissien un zélé serviteur de Dieu.

Voilà en peu de paroles tout le mal que j'ai à dire de ce digne homme.

Signé A. GARNAUD.

43.

Lettre de M. Decaux, conseiller municipal.

Monsieur le curé,

Vous m'avez parlé de bruits mensongers que l'on faisait courir sur vous en ce moment, de la peine que cela vous faisait et si j'avais eu connaissance de tout cela. Je puis vous dire, monsieur le curé, que je n'ai rien appris de pareil, que ce sont de pures calomnies dont on veut vous faire souffrir et qu'il faut en mépriser les auteurs. Quant à moi, je puis affirmer personnellement que vous remplissez vos fonctions avec dignité et le plus charitablement qu'il vous est possible. Croyez bien, monsieur le curé, que ces calomnies tomberont d'elles-mêmes et veuillez agréer la considération distinguée avec laquelle

J'ai l'honneur d'être un de vos paroissiens,

Signé DECAUX,
conseiller municipal de Neuilly.

28 août 1861.

44.

Lettre de madame Brassier directrice de la salle d'asile de Neuilly.

Neuilly, le 20 août 1861.

Monsieur le curé,

Mon respect et mon dévouement pour vous me font un devoir de revenir sur les étranges paroles que vous avez prononcées lors de cette petite visite que vous avez daigné me faire, visite qui m'avait comblée de joie ainsi que mes enfants et qui a été troublée par une aussi odieuse révélation. « Vous êtes, m'avez-vous dit, un sujet de scandale pour le pays. » On vous accuse de quoi, pourquoi et comment? J'ai beau interroger autour de moi, je ne trouve que des cœurs disposés à la reconnaissance et à l'affection.

Parmi les cinq cents familles que j'ai connues à Neuilly depuis que vous y exercez votre saint ministère, et dont quelques-unes sont des plus honorables, il n'en est pas qui aient refusé de rendre témoignage à votre charité et à votre bienfaisance, et, pour ne parler que de ces honnêtes commerçants, de ces pauvres ouvriers pleins de cœur, chaque fois que j'ai fait un appel à votre charité pour leurs misères morales ou physiques, il a été toujours entendu, et ils ont été secourus au delà de leurs vœux. Ce ne sont pas eux qui vous calomnient, non ce ne sont pas eux, de cela je réponds, car ils vous aiment. Qu'il y ait un calomniateur isolé, cela est possible; on en a trouvé pour Notre-Seigneur, mais que peut-il faire devant l'estime publique? Affliger votre cœur, blesser votre conscience de prêtre et vous infliger la torture de vous défendre? Heureusement que la vérité est d'essence divine et que généralement les hommes sont meilleurs qu'on ne les fait; ils sauront la trouver au besoin.

Monsieur le curé, je vous adresse les vœux de mes petits enfants, de leurs bons parents et les miens, et je puis vous affirmer que vous avez dans le monde des amis dévoués.

Veuillez agréer, monsieur le curé, l'expression de mon dévouement et de mon profond respect.

Signé F. Brassier,
Directrice de la salle d'asile de Neuilly.

V

Documents relatifs à l'abbé D...

45.

Neuilly, 23 juin 1858.

Monsieur l'abbé D.., a l'honneur de prévenir monsieur le curé que, pour lui être agréable, il dira la messe de mariage de demain, quoique ce soit la quatrième messe tardive qu'on lui impose exclusivement depuis le 10 courant.

Sa dignité lui fait un devoir d'observer que les affiches ne sont pas des raisons ; qu'au reste, l'autorité lui défend d'en avoir peur.

L'abbé D...,
docteur en théologie, deuxième vicaire.

46.

Archevêché de Paris, 20 mai 1859.

Monsieur le curé,

En sortant de la confirmation, j'ai demandé à M. D... son prône ; il m'a répondu qu'il n'était pas écrit, cependant qu'il m'enverrait copie de ce qu'il avait écrit.

J'ai cette copie que je n'ai pas eu le temps de lire ; j'en causerai avec vous, et j'appellerai ensuite M. D... (1).

Agréez, monsieur le curé,

Signé Buquet.

(1) Cette lettre est relative à une nouvelle diatribe de M. D... contre son curé et toute l'administration de la paroisse, dans son prône de la grand'messe.

47.

Archevêché de Paris, 2 juillet 1859.

Monsieur le curé,

Je ne puis comprendre, ni n'accepte la parole qui serait sortie de la bouche de M. D... (en présence de ses confrères) qu'il *y a environ cinq mois, l'autorité lui aurait fait un reproche de ne vous avoir pas traité de misérable.*

J'aurai une explication avec lui à ce sujet, mais j'ai voulu protester de suite contre une pareille allégation (1).

Veuillez agréer, etc.

Signé BUQUET,
vicaire général.

48.

Neuilly, 24 mars 1860.

Monsieur l'archidiacre,

J'ai l'honneur de vous informer que M. D..., deuxième vicaire à Neuilly, après bien des efforts inutiles pour m'engager à suivre son exemple d'insubordination envers M. le curé, en me disant *qu'avant d'obéir je devais voir si la chose était* juste..., vient de mettre le comble à ses insultes à mon égard, en me disant qu'avant tout, je devais *être prêtre et honnête homme*, et cela en revenant de dire la messe, et une autre fois m'insultant à peu près de la même manière au moment où j'allais monter au saint autel. Dieu m'aidant, je me suis contenu, mais serais-je aussi heureux une autre fois? C'est pourquoi je vous prie, monsieur l'archidiacre, de prendre note de ces faits et d'en informer Son Éminence.

J'ai l'honneur d'être, monsieur l'archidiacre, etc.

Ch. BOYER,
vicaire.

(1) Personne n'a jamais soupçonné M. Buquet d'avoir donné de pareils conseils. Il ne peut pas même y croire. Mais il n'était pas le seul à donner des ordres.

La lettre suivante a été écrite en réponse à une lettre de M. le curé dans laquelle étaient signalés l'insubordination persistante, les récents outrages de M. l'abbé D..., contre son curé et contre ses confrères qu'il insultait et provoquait sans cesse, même au moment de monter au saint autel ou lorsqu'ils venaient d'en descendre. M. D... était allé jusqu'à dire en pleine sacristie qu'*il pouvait en moins de vingt-quatre heures faire interdire son curé.* Voici ce que l'autorité fait répondre à de pareilles plaintes :

49.

Archevêché de Paris, 25 mars 1860.

Monsieur le curé,

J'ai vu D... après vous, et je lui ai fait les remontrances que j'ai cru devoir lui faire sur divers points signalés.

J'en ai fait part au conseil, mais *j'ai été chargé de nouveau de vous recommander de le laisser faire son prône à son tour.* Je ne puis croire qu'il en abuse contre vous. Au reste vous me tiendrez au courant.

Veuillez agréer, etc. L. BUQUET.

50.

Archevêché de Paris, 6 avril 1860.

Monsieur le curé,

... Comme j'ai eu l'honneur de vous le dire, *personne n'approuve les actes répréhensibles* de M. D..., Monseigneur moins que tout autre. MAIS SON ÉMINENCE M'A CHARGÉ DE VOUS RAPPELER ce que je vous avais dit de sa part, QUE SON INTENTION ÉTAIT QU'IL

REPRÎT SON TOUR DE PRÉDICATION. Je ne puis croire que M. D... s'en prévale contre vous.

Agréez, etc. L. BUQUET.

VI

Documents réservés, relatifs à mes premiers diffamateurs, M. l'abbé * et M. l'abbé ***.**

51.

Une lettre du commissaire de police (en portefeuille).

52.

Une lettre de M. X. C., ancien gouverneur de l'île de la Réunion (en portefeuille).

Paris. — Imprimerie de L. MARTINET, rue Mignon, 2.

CONSEIL D'ÉTAT

RECOURS COMME D'ABUS

CONTRE DEUX ORDONNANCES

DE

S. EM. LE CARDINAL MORLOT

ARCHEVÊQUE DE PARIS

EN DATE DU 16 AVRIL ET DU 15 MAI 1862

MÉMOIRE DÉTAILLÉ

DE M. L'ABBÉ ROY

CURÉ DE NEUILLY

Paris. — Imprimerie de L. MARTINET, rue Mignon, 2.

CONSEIL D'ÉTAT

RECOURS COMME D'ABUS

CONTRE DEUX ORDONNANCES

DE

S. EM. LE CARDINAL MORLOT

ARCHEVÊQUE DE PARIS

EN DATE DU 16 AVRIL ET DU 15 MAI 1862

MÉMOIRE DÉTAILLÉ

DE M. L'ABBÉ ROY

CURÉ DE NEUILLY

1862

Paris. — Imprimerie de L. Martinet, rue Mignon, 2

MÉMOIRE DE M. ROY

CURÉ DE NEUILLY

OBSERVATIONS PRÉLIMINAIRES.

> Feci judicium et justitiam, non tradas me calomniantibus me.
>
> (Ps. 118, v. 121.)
>
> J'ai gardé l'équité et la justice, ne me livrez pas à mes calomniateurs.

Ce mémoire, presque tout narratif, soulève de graves questions que je n'ai pu qu'effleurer. Mais avant de le soumettre à mes juges, je voudrais tâcher d'en éclaircir ici quelques-unes. Celles qu'il me paraît utile de dégager d'avance de toute obscurité se rapportent : 1° à la juridiction épiscopale ; 2° à la compétence du conseil d'État dans les pourvois comme d'abus intentés par un prêtre contre son évêque. On verra par là se préciser l'objet de ma requête, et l'on verra aussi que, dans les limites où je l'enferme, et dans la situation pénible et délicate qu'on m'a faite, j'exerce un droit sacré, sans manquer à aucun de mes devoirs.

J'ai souvent pris à partie, dans le cours de ce récit, M. le promoteur du diocèse, et qualifié assez sévèrement ses actes ; en avais-je le droit ? Examinons d'abord cette question ; elle nous aidera à en résoudre beaucoup d'autres.

« Le gouvernement de l'Église, dit M. l'évêque d'Her-

» mopolis, n'est pas confié à des anges, mais à des hommes » qui peuvent abuser de leur autorité, et mettre leurs pas» sions à la place de la justice; aussi la faiblesse, l'inno» cence opprimée a-t-elle toujours trouvé dans la société » chrétienne un refuge et des appuis; de là les appella» tions. » (*Des vrais principes de l'Église gallicane*, par M. Frayssinous.)

Ce langage est celui des conciles, des papes et de toute la tradition apostolique. C'est pourquoi les évêques, sentant qu'ils sont des hommes et non des anges, avaient autrefois institué près d'eux des tribunaux pour l'administration de la justice. Un de leurs délégués, qu'on appelait le promoteur, remplissait devant ces tribunaux l'office d'accusateur. Ces fonctions n'avaient rien d'arbitraire : la loi ecclésiastique et la loi civile elle-même en avaient réglé l'exercice. Il n'était pas permis au promoteur d'ordonner une enquête bruyante sur la conduite d'un clerc, jusque-là entouré de l'estime publique; encore moins lui était-il permis de la faire lui-même. Mais, en cas de délit public et manifeste, il pouvait requérir le juge d'ordonner une information. Pour les délits cachés, il avait le droit de les poursuivre; mais il ne devait les poursuivre que d'après les indices les plus légitimes, sur la déclaration d'un ou de plusieurs témoins non suspects, étant obligé de nommer ces témoins, s'il en était requis, et répondant personnellement des dommages et intérêts dus à l'accusé, quand l'accusation était trouvée fausse. On confondait alors le promoteur avec le dénonciateur dont il avait pris la place, et on le considérait moins comme magistrat que comme partie. Le tribunal ne pouvait, à peine d'abus, le dispenser de nommer le délateur, car, malgré le réquisitoire et le rôle de partie qu'y prenait le promoteur, la cour ecclésiastique supérieure, et, à son défaut, le parlement eût cassé un jugement rendu sur une dénonciation anonyme.

Ce n'est pas tout : il était défendu au promoteur d'assister à l'interrogatoire de l'accusé, au récollement et à la confrontation des témoins; sa présence eût fait annuler la procédure. Enfin le promoteur pouvait lui-même être condamné, non-seulement à des dommages et intérêts, mais à l'amende et aux frais, quand l'accusation intentée par lui contre un clerc était reconnue calomnieuse. On trouvera tous ces détails dans Chopin, Carondas, Papon et les vieux jurisconsultes et canonistes des XVIe, XVIIe et XVIIIe siècles. L'édit de 1695, relatif à ces matières, va plus loin : il rend le promoteur personnellement responsable des ordonnances des prélats et des jugements rendus par leurs officiaux, sur la réquisition dudit promoteur, toutes les fois qu'il y a dans ces actes apparence de calomnie (édit. de 1695, art. 43).

On voit par là de quelles garanties l'ancienne législation entourait l'accusé : l'action du promoteur sévèrement limitée; l'instruction judiciaire dévolue à d'autres qu'à lui ; sa seule présence suffisant à vicier l'interrogatoire des témoins; sa responsabilité prévue et définie, quand il accueillait à la légère des dénonciations calomnieuses; cette responsabilité s'étendant à tous les actes épiscopaux faits à sa diligence ; le droit pour l'accusé de le prendre à partie, quand il pouvait montrer dans ces actes une apparente calomnie. On pourra trouver gênantes de pareilles entraves, mises à l'exercice d'une fonction si utile en elle-même et si noble; dans l'ordre civil, le ministère public en est affranchi. Mais en y réfléchissant, on reconnaîtra la sagesse de cette législation toute spéciale. La dignité personnelle du prêtre est d'intérêt public, et elle serait bientôt avilie, s'il avait à se défendre contre toutes les accusations sans fondement auxquelles son état l'expose bien plus souvent que sa conduite. Il fallait donc prévenir, par des pénalités, les écarts d'un faux zèle, plus communs peut-être dans la sphère ecclésiastique que dans le monde, par la seule raison que le zèle véritable, éclairé, prudent, vertueux, y est, en général, plus honoré et mieux récompensé.

De ces anciennes règles particulières à la juridiction ecclésiastique, j'en invoque une seule pour mon compte, celle qui me permet de discuter certains actes de cette juridiction, comme si l'évêque y était absolument étranger, et qu'ils fussent l'œuvre exclusive du promoteur. Sans cela, je n'aurais pas la liberté dont j'ai besoin pour les discuter et en faire ressortir le caractère injuste et calomnieux. La règle que j'invoque concilie le respect qui est dû à l'autorité épiscopale, qui reste en dehors du débat, avec le respect qui est dû à la défense, et j'ai d'autant plus le droit d'en user que M. le promoteur s'est, pour sa part, dispensé de toute espèce de règle.

Depuis que les tribunaux ecclésiastiques n'ont plus en France d'existence extérieure, politique, légale, on les consulte rarement; mais le promoteur fonctionne toujours, et c'est à l'oreille de l'évêque qu'il remplit son office. Mais il est à remarquer que l'État ne reconnaît plus en lui un officier judiciaire, et qu'il n'intervient pas dans son institution, comme il intervient dans celle des évêques, des archidiacres et des curés de première classe. Il en résulte que ce fonctionnaire ecclésiastique n'agissant plus sous le regard d'un tribunal instruit, respecté, permanent, et n'ayant presque jamais à craindre de contradiction publique, a peu à peu perdu de vue la nature et les limites de ses attributions. Placé auprès d'un juge que l'Église a investi, en certains cas, d'un pouvoir discrétionnaire, il oublie volontiers, lui aussi, les prescriptions légales et les formes de la juridiction contentieuse, et s'imagine qu'il participe de ce pouvoir discrétionnaire, qui est, par sa nature, incommunicable, et n'appartient qu'à l'évêque. M. Véron, par exemple, a, dans l'affaire qui me concerne, cumulé des fonctions que la loi civile, dans son domaine, et la loi ecclésiastique, dans le sien, ont soigneusement séparées; il a d'abord cumulé les fonctions d'accusateur avec celles de juge d'instruction; puis l'instruction faite, il a repris son rôle d'accusateur, et s'est fait ensuite juge de l'accusation, puisqu'il siégeait, comme archidiacre, dans le conseil où ont été rendues contre moi les ordonnances archiépiscopales du 16 avril et du 15 mai. Ainsi, dans ma cause, on verra le même personnage à la fois juge et partie. Il ordonne l'enquête, fait l'enquête et s'arme de l'enquête contre l'accusé, en l'absence de l'accusé, qui ignore toute la procédure, et est condamné sans avoir été entendu. Mais ce qu'il y a de plus étrange, c'est la manière dont l'enquête a été faite.

Le principe de justice le plus élémentaire est qu'il faut arriver à la constatation de la vérité de la manière la plus sûre, afin que la vérité seule agisse dans l'âme du juge et enlève à sa décision, autant qu'il est possible, toute apparence d'arbitraire. Le juge instructeur cite les témoins et leur fait prêter serment; leurs dépositions sont écrites, non par ce magistrat, mais par un greffier, lues au déposant, puis signées, le tout à peine de nullité. Quand le juge instructeur a fait son rapport, ce document devient la base d'une espèce d'instruction nouvelle. On examine si toutes les formalités prescrites dans la recherche des preuves ont été observées; on compare les témoignages; on en étudie la valeur; on a soin d'écarter ceux contre lesquels on pourrait exciper d'un moyen de nullité. Puis vient le jugement avec publicité où les mêmes précautions sont prises et même de nouvelles : communication préalable aux parties des pièces à charge et à décharge ; discussion contradictoire des preuves en présence de l'accusé ; serment des témoins ; confrontation des témoins entre eux ou avec l'accusé, à la demande de l'accusé. Défense d'appuyer le jugement sur aucun fait qui n'aurait pas passé par ces épreuves.

J'ignore jusqu'à quel point le droit canon permet au juge ecclésiastique de s'affranchir de ces formalités ou du moins de formalités analogues, lorsqu'il y va de l'honneur d'un prêtre et de toute son existence spirituelle et temporelle. Mais je lisais hier dans l'*Histoire ecclésiastique* de Fleury le fait suivant : « Deux évêques d'Espagne (c'est l'historien qui » parle), Janvier de Malaca et Etienne d'une autre église, » se plaignirent au pape saint Grégoire d'avoir été *déposés* » et chassés de leur siége par injustice et par violence. Il » envoya sur les lieux le défenseur Jean pour juger ces deux » affaires, comme délégué du saint-siége, et lui donna deux » capitulaires ou mémoires instructifs, dont le premier » porte : *s'il n'y a aucun crime prouvé contre l'évêque* » *Janvier, il doit être rétabli dans son siége;* et celui qui » a été ordonné à sa place, étant privé de tout ministère » ecclésiastique, lui sera livré pour le tenir en prison ou » nous l'envoyer. Les évêques qui ont eu part à son ordi- » nation seront privés pour six mois de la communion du » corps et du sang de Notre Seigneur, et feront pénitence » dans un monastère..... Quant à l'évêque Etienne, *il faut* » *premièrement examiner si le jugement a été rendu dans* » *les formes ; si les témoins ont été différents des accusa-* » *teurs; s'ils ont déposé en sa présence et avec serment;* » *si l'on a écrit le procès; s'il a eu la liberté de se défendre.*

» *Il faut examiner les personnes des accusateurs et des* » *témoins : leur vie, leur condition, leur réputation;* si ce » ne sont point des gens de néant, ou des ennemis de l'ac- » cusé; *s'ils ont parlé par ouï-dire, ou de science cer-* » *taine; si l'on a prononcé la sentence en présence des* » *parties. Que si quelques-uns des chefs d'accusation n'ont* » *pas été prononcés, il faut examiner si ce sont les plus* » *légers ou les plus griefs.* Le reste est semblable à ce qui » regarde Janvier. *Mais ces règles de procédure sont re-* » *marquables.* » (Fleury, *Hist. eccl.*, t. VIII, liv. 36, p. 230, 231. Paris, 1727.)

Oui, ces règles de procédure sont remarquables, et on les a observées depuis les temps apostoliques jusqu'à la fin du XVIIIe siècle, non-seulement à l'égard des évêques, mais à l'égard des simples prêtres, suivant l'expresse recommandation des conciles, car la dignité sacerdotale, si vénérable dans la personne de l'évêque, ne saurait être méprisable dans la personne du plus humble curé, qui la possède tout entière, et le pasteur de la plus obscure paroisse n'est pas, d'après les canons, moins respectable et moins inviolable dans sa sphère que le pasteur diocésain dans la sienne.

Cependant, qu'on veuille bien le remarquer, je ne conteste pas à Mgr l'archevêque de Paris le droit absolu de juger un prêtre, même sans l'avoir entendu, et sur le simple rapport du promoteur ou de tout autre délégué de Son Éminence. Mais plus on étendra en ce sens le pouvoir épiscopal, plus on concevra la nécessité de tracer au promoteur, qui n'est qu'un simple délégué, des règles sûres et étroitement obligatoires dans la recherche de la vérité. Or, quelles règles M. Véron a-t-il suivies dans son enquête? Dépourvu par nos lois de tout caractère public, et n'ayant pas le droit de citer personne à comparaître, M. l'accusateur, faisant office de juge d'instruction, s'est transporté lui-même près des témoins qu'il lui a plu d'interroger. A-t-il exigé d'eux un serment? En avait-il le droit? Avait-il un greffier? A-t-il fait signer les dépositions? Ce que je sais de l'enquête qu'il a faite, ce qu'on en lira dans ce mémoire, tend à prouver qu'il n'a observé, non-seulement aucune des formalités de la loi civile, ni aucune de celles qui sont prescrites par les canons et rappelées par le pape saint Grégoire, dans le passage qu'on vient de lire, mais encore aucune de celles qui sont prescrites par le droit naturel, la bienséance, l'honnêteté publique, et ces sentiments d'équité qui suppléent même au silence des lois. Je veux bien, néanmoins, qu'un évêque se contente d'une information ainsi faite, et qu'elle lui suffise pour prononcer sur le sort d'un prêtre, mais dans la sphère purement ecclésiastique. Cela est grave assurément; mais enfin l'évêque n'a pas de compte à rendre au pouvoir civil de l'usage qu'il croit devoir faire, sous sa responsabilité, de son pouvoir spirituel.

Mais quand, au lieu de se borner à suspendre un curé de ses fonctions ministérielles, sans en donner les motifs, il invoque publiquement, à l'appui de cette mesure, on ne sait quelle *situation affligeante* et *quelles circonstances de notoriété publique*, et que ces phrases vagues qui n'articulent rien et font tout supposer, sont de nature à nuire à la considération du prêtre, non-seulement comme prêtre, mais comme homme privé, et même à la considération d'une famille; quand, allant plus loin, et à l'aide de la même phraséologie qui semble pleine de réticences calculées, et n'est pleine que d'allégations inexactes, il déclare une cure vacante, dépose un curé de son titre, qui est une propriété reconnue par la loi civile, la question est de savoir si ces faits ne constituent pas un empiétement sur les droits de l'État, gardien de l'honneur de tous les citoyens et de toutes les positions laborieusement et légitimement acquises, et dignement gardées. En d'autres termes, je demande si l'État doit, pour ce qui le regarde, considérer et traiter comme *coupables* des ecclésiastiques frappés à la fois dans leur honneur et leurs moyens d'existence, par des jugements discrétionnaires, rendus au mépris de toutes les formalités qui protégent en France l'honneur et la besace du dernier mendiant.

S'il en était ainsi, on ne voit pas pourquoi le législateur aurait créé et institué des curés particulièrement inamovibles, car cette institution ne signifierait rien ; autant aurait valu dire dans la loi : Article premier : les curés de première classe seront inamovibles, s'il plaît aux évêques qu'ils le soient. Article deux : un jugement de l'évêque selon la formule *ex informatâ consciencià*, transmis au ministre des cultes, suffira à entraîner la déposition d'un curé inamovible. Si telle eût été la pensée du législateur, il n'avait pas besoin de faire une loi pour le dire ; on ne fait pas des lois purement négatives. La loi n'est intervenue que pour assurer au moins à un certain nombre de prêtres des garanties contre l'arbitraire et l'erreur toujours présumable des jugements discrétionnaires, en tant qu'ils pouvaient avoir effet sur la réputation et la position temporelle de ces prêtres. Je ne prends pas au pied de la lettre les articles organiques du concordat ; je ne crois pas que l'État ait voulu, comme on le prétend, se faire interprète des canons et juge souverain des décisions épiscopales, en matière de discipline. Non ! il laisse l'Église libre dans son domaine et à l'évêque le droit de juger seul et à huis clos, si bon lui semble, sans témoins, sans contradiction, les prêtres qui, en entrant dans les ordres, ont librement accepté cette juridiction. On peut donc, sans le concours de l'État, et par des raisons qui échappent à son appréciation, suspendre et interdire un curé *à divinis;* mais quand il s'agit de le déposer et de déclarer la cure vacante, on ne le peut pas faire sans le consentement de l'Empereur. « Pour avoir son autorité » propre dans les choses de la religion, l'Église, dit » M. l'évêque d'Hermopolis, n'est pas indépendante dans » les choses temporelles; on ne saurait contester au prince » le droit de s'opposer à toute usurpation, à tout abus qui » porterait la puissance spirituelle hors de ses limites. » (*Des vrais principes de l'Eglise gallicane*, p. 175.)

Quelles règles l'État doit-il suivre pour faire fléchir à la prière, et non sur la simple ordonnance de l'évêque, la loi d'inamovibilité? Puisque l'État n'est pas juge des canons, interprète des canons, et appréciateur compétent des faits purement ecclésiastiques; puisque l'évêque lui-même ne reconnaîtrait pas la légitimité d'une censure qui lui serait infligée par l'État ou les tribunaux de l'État, relativement à un acte de son pouvoir spirituel, il s'ensuit que l'État ne doit juger les questions mixtes que par leur côté temporel, où il est à son tour le juge le plus compétent. Et quand, sans l'avoir consulté, un évêque déclare, par ordonnance, une cure vacante, il semble que l'État peut lui dire : Tout ce que vous avez fait dans l'ordre spirituel est sans doute parfait; mais la cure que vous proclamez vacante ne l'est point, et le curé que j'ai agréé est encore à mes yeux le vrai curé. Vos raisons d'agir sont excellentes; mais elles ne sont pas les miennes, et je ne puis déroger à une loi que pour des raisons de ma compétence. En avez-vous? Nous les examinerons. Que reprochez-vous à ce curé? Si c'est un délit, j'en demande la preuve, non pas telle qu'elle a pu vous sembler suffisante, mais telle que je l'exigerais pour congédier, non un curé inamovible, mais le dernier de mes commis, dont aucune loi n'a proclamé l'inamovibilité. Si c'est le scandale, j'ai encore besoin d'examiner, à mon point de vue, si ce scandale est véritable, et s'il est l'ouvrage du curé ou l'ouvrage de ses ennemis. Je conviens avec vous qu'il est d'intérêt public de déposséder un prêtre indigne ; mais donnez-moi la preuve juridique que celui-ci est indigne en effet. Quel est le délit ? Où sont les témoins ? Ont-ils prêté serment ? L'accusé les connaît-il ? A-t-il pu se défendre ? Il est aussi, j'en conviendrai, d'intérêt public qu'un curé ne donne jamais juste prise à la calomnie ; mais avant de sacrifier ce prêtre calomnié, prouvez-moi qu'il a donné juste prise à la calomnie.

Je ne suis pas jurisconsulte et je parle, en l'absence de mon avocat, à des hommes profondément instruits qui me redresseront si je m'abuse ; mais enfin, pour ce qui me touche et dans toute semblable question, voilà, ce me semble, le véritable rôle de l'État, s'il prétend maintenir dans son esprit, sans empiétement ni exagération d'aucune sorte, la loi qu'il a faite. Il ne peut pas accorder à un curé inamovible moins de garanties qu'à un officier, à un magistrat, ou à tout autre fonctionnaire inamovible ; que dis-je, moins de garanties qu'au plus obscur des citoyens dans la moindre question qui intéresse un peu sérieusement son honneur, sa fortune ou ses moyens d'existence. Je comprends, je le répète, qu'il laisse à l'évêque le droit de porter à l'extrême les rigueurs de la discipline ecclésiastique contre un curé qui a eu le malheur d'encourir sa disgrâce ; dans ces limites, c'est une question à débattre entre ce curé, son évêque et le souverain pontife.

L'État y reste étranger, et il doit d'autant plus y rester étranger que la décision épiscopale est susceptible d'appel On ne comprendrait pas qu'il s'empressât de prêter son concours à l'exécution, non pas provisoire, mais définitive, d'un jugement ecclésiastique que l'autorité suprême de l'Église peut infirmer demain. L'État n'est que juge temporel, et quand l'autorité diocésaine veut qu'il retire sa protection à un curé, il ne peut pas se départir des règles de droit commun qu'il s'est imposées, en cette matière, à l'égard des autres citoyens. En un mot, il ne peut pas, sans abdiquer, enregistrer purement et simplement les ordonnances de l'évêque.

Ce mémoire prouvera, je l'espère, jusqu'à la dernière évidence, que ma conduite est, au point de vue civil, et même au point de vue ecclésiastique, si l'État en était juge, à l'abri de toute censure méritée; que la procédure suivie contre moi ne serait admise en France par aucune espèce de tribunal régulier; que je suis pur de toute faute, grave ou légère, soit envers les lois morales, soit envers mes supérieurs, soit envers qui que ce soit au monde.

Je déclare, en outre, que je n'ai saisi le conseil d'État que de la question temporelle, et en vue de prévenir une décision contraire à mes droits, décision déjà sollicitée de l'Empereur par l'autorité diocésaine elle-même. Pendant que je préparais mon pourvoi à Rome, l'autorité diocésaine a obtenu de Son Excellence M. le ministre des cultes un arrêté en date du 17 juin, tendant à m'évincer du presbytère, en vertu d'une loi de 1811. Cet arrêté, rendu à la diligence de M. le promoteur, non-seulement préjudicie à mes droits, mais porte atteinte à ma considération, puisqu'il est expressément basé, aux termes de ladite loi, sur le fait allégué *de mauvaise conduite.*

Sans vouloir impliquer en rien Son Excellence M. le ministre des cultes dans ce déplorable débat, je proteste avec énergie contre l'imputation injurieuse contenue dans son arrêté du 7 juin; rien dans la cause ne peut la justifier; mais cet incident montre une fois de plus dans quelle voie dangereuse s'engagerait l'État, s'il ratifiait, les yeux fermés, des décisions prises par une autorité respectable sans doute, et très respectable, mais d'autant plus sujette à se tromper, en matière de qualifications légales et juridiques, qu'elle s'affranchit dans ses jugements de toutes les règles universellement adoptées par les juges séculiers dans tous les pays civilisés, et je ne crains pas de le dire, dans l'Église universelle, par tous les tribunaux ecclésiastiques.

Si, dans la précipitation du travail et sous l'émotion de certains souvenirs et de certains actes, je m'étais parfois écarté de la modération qu'il faut savoir apporter dans une juste défense, je prie mes juges de vouloir bien me le pardonner, en considération du fond si douloureux et si criant des choses elles-mêmes. J'en demande aussi très humblement pardon à Son Éminence, dont j'apprécie autant que personne les vertus et les droites intentions, mais qui, dans cette malheureuse affaire, a été certainement égarée par ses propres conseillers, et surtout par l'un d'eux.

MÉMOIRE

Après de longues persécutions sans dignité et sans excuse, suivies d'une procédure peut-être sans exemple dans les fastes de l'église, j'ai été, le 6 février 1862, déclaré suspens de mes fonctions spirituelles de curé de Neuilly; le 16 avril suivant, M. l'abbé Manoury, mon premier vicaire, a été nommé et institué administrateur spirituel et temporel de ma paroisse; enfin une ordonnance archiépiscopale, datée du 15 mai dernier, a, au mépris des saints canons et de la loi civile, déclaré vacante la cure de Neuilly.

Le simple exposé des faits qui ont servi de prétexte à ces persécutions et à la mesure qui les couronne, suffira à mettre en évidence l'illégalité fondamentale de cette mesure, contre laquelle je proteste au nom de la vérité, de la morale et du droit. Mais avant de me pourvoir auprès de Son Excellence M. le ministre des cultes, à l'effet de saisir le conseil d'État de l'appel que j'entends former, et forme expressément par le présent mémoire, contre l'ordonnance archiépiscopale du 15 mai dernier, avant de donner ainsi à certains actes de l'administration diocésaine une publicité dont elle n'aura peut-être pas à se louer, je me suis demandé s'il ne serait pas plus sacerdotal et plus chrétien de boire le calice et de me taire. Je dois donner dès à présent les raisons qui m'ont déterminé à passer outre, puis j'entrerai immédiatement dans le récit des faits.

I

Cas de conscience.

La soumission aux supérieurs est une règle sage, et il faut savoir la respecter, même quand elle blesse : cela est bon, cela est noble et doux, et je l'ai moi-même souvent conseillé à d'autres. Mais je ne suis pas ici le seul accusé. Il y a, dans l'espèce, une femme, une mère, dont l'honneur est compromis ; des enfants dont Dieu m'a fait le protecteur et que je livrerais par mon silence à des douleurs qu'ils peuvent à peine comprendre aujourd'hui. Le sacrifice de ma propre réputation, au lieu d'être un acte de vertu, serait un crime, s'il devait compromettre injustement la réputation d'autrui. La loi divine interdit le faux témoignage, et tout le monde sait qu'il est des cas où le silence devient un témoignage, et le plus accablant de tous.

Le plus grand coupable, d'ailleurs, en cette affaire, s'il y avait un coupable, n'est pas un simple particulier ; c'est moi, prêtre, ayant charge d'âmes, et sexagénaire ; la faute qu'on a l'air de m'imputer ne saurait être, vu les circonstances, un égarement passager ; il faut, pour la rendre vraisemblable, incriminer toute ma vie depuis vingt ans. J'en rougis, mais non pas de honte. Je me sens, Dieu merci ! tellement au-dessus de l'âme véreuse qui a pu accueillir ce soupçon, que je me tairais volontiers par mépris pour elle et par respect pour l'autorité abusée, s'il n'y allait que de ma personne, de mes intérêts, de mes droits, de mon orgueil et même de mon cœur. Mais un prêtre séculier n'est pas un moine vivant entre quatre murs ; les peines qu'on lui inflige, quand elles sont publiques, produisent de tout autres effets que celles dont le retentissement ne sort pas du cloître. Que les évêques y prennent garde ; le monde est là : il ne suffit pas de briser un curé, même incommode ; cela est facile ; un curé n'est qu'un roseau, surtout en France ; mais quand on l'a brisé, tout n'est pas fini, tout commence.

Ceux qui n'ont aperçu de loin, au bout de tout cela, qu'une place à prendre ou à donner, n'ont pas su ce qu'ils faisaient. Ils ont bien vu, avec l'œil de la chair, qu'un vicaire peut prendre l'étole et remplir au chœur la stalle du curé ; mais ils n'ont pas mesuré la place que le curé occupe, dans l'ordre moral, au sein de sa paroisse. Ils ont pensé, du moins, que le scandale qu'ils allaient faire ne tournerait que contre moi, que je donnerais ma démission et qu'on n'en parlerait plus. Les méchants ont la vue courte, et le mal qu'ils font dépasse toujours leur attente. C'est contre le clergé que le scandale a tourné.

Je ne puis donc pas souscrire à ma déposition et m'enfuir comme un coupable. Je ne dois pas laisser plus longtemps flétrir en ma personne, ou à propos de moi, la vieillesse et le sacerdoce. Il ne m'est pas permis d'assister silencieux à cet ébranlement de la foi, de la charité, du respect, dans les âmes que j'avais mission de sauver. Comme cela serait édifiant ! De peur de déplaire à quelqu'un, j'irais, par une démission muette, confirmer dans l'erreur ceux qu'on a si légèrement conduits sur la pente de l'erreur ! Je n'ai lu nulle part dans l'Écriture de semblables conseils. Dieu ne commande à personne le faux témoignage par abstention, le mensonge par prétérition, la dissimulation par courtoisie ; il est la vérité et la justice mêmes, et malheur à ceux qui l'oublient! Je me défendrai donc; je montrerai, clair comme le jour, que la religion de Son Éminence a été trompée, et comment, et par qui.

Si quelqu'un des officiers de la juridiction diocésaine n'a rien à gagner à cette discussion, l'autorité épiscopale, je l'espère, n'y perdra rien. Le pis qu'on en puisse dire ou penser, c'est qu'elle n'est pas infaillible : tout le monde le sait, et elle n'a pas non plus la prétention de l'être. Le cas de conscience que j'examine se résume dans le dilemme que voici : lequel des deux est le plus lamentable pour l'Église, la foi et les mœurs, ou de faire croire au public qu'un curé sans reproche a manqué à tous ses devoirs, ou de prouver que ce curé est innocent et qu'on a surpris la bonne foi de son évêque? Posée en ces termes, la question ne laisse aucun doute dans mon esprit : il est bien évident que l'erreur d'un évêque, quoique très réelle, a, dans l'espèce, mille fois moins de gravité que la faute imputée au dernier de ses prêtres, et que dénoncer cette erreur, ce ne sera pas scandaliser l'Église, mais plutôt la consoler. Je m'en rapporte à tous les théologiens, à commencer par Monseigneur lui-même.

II

Les faits.

C'est en 1828 que j'ai reçu les ordres : il y a, par conséquent, trente-quatre ans que j'exerce, dans le diocèse de Paris, le saint ministère, sans avoir encouru jusqu'en ces derniers temps un reproche de mes supérieurs. Depuis le jour de mon ordination jusqu'en 1855, j'ai été employé sans interruption, non dans les villages, loin des regards de l'autorité, mais dans les paroisses de la ville métropolitaine, et chacun de mes déplacements, très rares d'ailleurs, a été une récompense. De Saint-Louis d'Antin, où j'ai rempli près de neuf ans les fonctions vicariales, Mgr de Quélen m'envoya, en qualité de deuxième vicaire, dans la paroisse de Saint-Paul, alors gouvernée par l'abbé Roy, mon parent et tuteur, une des lumières de ce diocèse. Après la mort de M. Roy, le vertueux prélat, qui avait été son ami, devina ma douleur et me fit passer dans la paroisse de Saint-Germain des Prés. J'y ai occupé, durant quatorze ans, le même poste que j'avais à Saint-Paul, estimé de tous mes collègues, estimé de mes supérieurs, estimé, j'ose le dire, des trois martyrs qui ont précédé sur ce siége S. Em. le cardinal Morlot. L'un d'eux, Mgr Sibour, m'en a donné des preuves touchantes; je ne parle pas d'une lettre que je conserve dans mes modestes archives, et qu'on lira aux *Pièces justificatives* (1); mais voici qui est plus clair que toutes les paroles : c'est ce même prélat, si pieux et si vigilant, qui m'a nommé, en 1854, premier vicaire à Saint-Philippe du Roule, et promu, l'année suivante, à la cure de Neuilly. On voit que je ne cache point mes traces; je les indique à ceux qui voudront les suivre.

Quelques mots maintenant de mon entourage; ce n'est pas sans chagrin que j'aborde ces détails : il y a, dans chaque famille, des secrets douloureux où le public n'a pas le droit de pénétrer; mais quand un procès vous est fait dans l'ombre, et qu'à la suite d'un jugement occulte, une décision épiscopale, lue en chaire, tend à substituer à la

(1) Voy. la pièce 1 et les pièces 2 et 3.

pure vérité des mensonges déshonora [illegible] faut bien quoi qu'il en coûte, remettre les choses à leur place.

Un de mes frères, le plus jeune, s'est marié le 26 octobre 1841 ; j'étais alors vicaire à Saint-Germain des Prés. A partir du jour du mariage jusqu'au 1er juillet 1854, c'est-à-dire pendant treize ans, les deux époux ont vécu ensemble sous mon toit, du consentement de mes supérieurs. Des raisons graves avaient rendu cet arrangement nécessaire. Sans être riche, je possède une aisance qui manque à mon frère, et je m'estimais heureux de pouvoir l'en faire jouir. Il m'eût été, d'ailleurs, impossible de lui assurer loin de moi, et surtout d'assurer à son ménage, ce modique bien-être que je devais, pourtant, m'efforcer de lui procurer. Le tenter seulement m'eût fait accuser d'imprudence. On sent que je touche ici à la blessure ; mais j'y toucherai légèrement ; je n'irai pas, pour ma défense, accuser ce frère que j'ai tant aimé, que j'aime encore, et qui, de son côté, malgré les inqualifiables démarches faites auprès de lui par M. le promoteur du diocèse, ne m'a jamais adressé et ne m'adresse aucun reproche. Tout ce qu'il m'est permis de dire ici, c'est qu'il avait grand besoin d'un père, et que je l'ai été pour lui comme pour sa femme et ses enfants, dans toute la noblesse du terme et avec le plus profond sentiment des devoirs que ce titre impose. Si ce ménage a été troublé, s'il ne s'est pas dissous dès les premières années, c'est grâce au respect que les époux avaient pour moi, et à la juste autorité de mon âge et de mon caractère. Je n'avance rien dont je n'aie entre les mains d'irrécusables preuves, et qui n'ait eu, d'ailleurs, des témoins respectables, prêts à en déposer. Mes supérieurs d'aujourd'hui ne sauraient entièrement l'ignorer, puisque j'aperçois parmi eux M. l'abbé Buquet, vicaire général, qui a élevé mon pauvre frère, et qui nous connaît l'un et l'autre depuis près de trente ans.

Au mois de juillet 1854, ayant été, comme je l'ai dit, nommé premier vicaire à Saint-Philippe du Roule, mon infortuné frère refusa de me suivre avec les siens dans cette nouvelle paroisse. La frivolité des motifs sur lesquels il appuyait son refus, et leur étrange nature, suffiraient amplement à éclaircir, si je les révélais, le problème psychologique que je me contente d'indiquer. Ni mes raisons ni mes prières ne purent vaincre sa résistance. Dans mon embarras, je me rendis à l'archevêché et pris conseil de M. Buquet lui-même, déjà vicaire général. Tout fut pesé, l'intérêt des époux, l'intérêt des enfants, les convenances domestiques, les convenances sociales et, avant tout, les convenances de mon état, que M. Buquet, on l'avouera, n'était pas homme à oublier. Si je partais seul, la séparation des époux n'en était pas moins inévitable, et ma vertueuse belle-sœur allait se trouver seule et délaissée, avec deux enfants à élever. Comme elle touchait à la quarantaine, qui est l'âge où les canons permettent même à l'étrangère l'habitation du presbytère, il parut plus convenable à tous égards, plus décent et plus charitable, qu'elle m'accompagnât. « Allez, me dit M. le vicaire général, et » emmenez avec vous la femme et les enfants. » Ce furent ses propres paroles.

Il y avait environ un an que la famille de mon frère, séparée de son chef, habitait près de moi, et cette situation était, comme on le voit, connue de l'autorité et parfaitement régulière. Elle ne souleva donc pas la moindre objection, elle ne fut pas même l'objet d'une remarque, lorsque je fus élevé, au mois de mai 1855, aux fonctions curiales, dans la commune de Neuilly. C'est là que m'attendaient les épreuves. Mais avant d'ouvrir ce chapitre, qu'il me soit permis de jeter encore un coup d'œil sur ce foyer aujourd'hui presque désert, sur cette vie à la fois si tranquille et si laborieuse, à laquelle tant de consolations semblaient promises, et qu'on a remplie de tant d'amertume.

On le sait à Neuilly : ma maison était toujours ouverte, mon clergé admis à ma table et dans mon intimité. Quantité de pères de famille, parmi les plus instruits et les plus respectables, m'honoraient de leurs visites et me sont restés fidèles. Qu'on parle à qui l'on voudra de mon caractère, tout le monde m'accusera de l'avoir trop vif, trop ouvert, trop franc, pour mieux dire, ce qui m'a nui souvent, ce que je me reproche, mais ce qui n'est pas d'un homme qui a quelque chose à redouter, et quelqu'un au monde à flatter. Nul ne m'a encore accusé d'avoir négligé une heure les devoirs de ma charge, l'assiduité aux offices, la décence des cérémonies religieuses, la prière, les saintes joies qu'on goûte dans la maison de Dieu, quand on y porte une âme tranquille, et le soin des malades et des pauvres. Il ne m'appartient pas de me glorifier comme saint Paul de ce que j'ai pu faire (1); Dieu, après tout, ne me demandera compte que de ce qu'il m'a donné. On trouvera sans peine, même au fond des campagnes, des prêtres plus éclairés que moi, plus éloquents, plus patients, ayant mille vertus que j'admire et que j'envie; mais pour la pureté des mœurs je ne crains la comparaison avec personne, et il n'y a aucun orgueil à le dire, car c'est exactement comme si je disais : J'ai la foi et je montais tous les jours à l'autel.

(1) IIe ép. aux Cor., ch. 11.

III

Mes premières tribulations.

C'est une étrange accusation que celle qu'on a fait planer sur moi; elle ne repose ni sur un fait, ni sur un geste, ni sur une parole, ni sur un écrit quelconque émané de moi, et ayant de près ou de loin une apparence criminelle. Le délit est absent et l'on en chercherait en vain la trace. Nul ne vient dire : J'ai vu de mes yeux telle action ou entendu de mes oreilles tel mot suspect. Non ! Dieu merci, rien d'approchant n'est à ma charge. Mes ennemis se bornent à dire qu'il court un bruit fâcheux sur mon compte, et cela n'est que trop vrai, puisque ce sont eux qui le font courir; mais leur voix était sans écho, et sur 10 000 paroissiens vous n'en trouverez pas 100, peut-être pas 50 qui l'aient accueilli avant le jour néfaste de ma condamnation.

Quels sont donc les auteurs et semeurs de ces bruits dont on me rend victime? J'en connais trois, et j'ai honte de le dire, ce sont des prêtres. Mais quels prêtres, grand Dieu ! M. *** était déjà, lors de mon installation, vicaire à Neuilly. Après la retraite de M. l'abbé Deleau, mon très honoré prédécesseur, il chercha à le remplacer et se fit présenter à l'évêché comme l'élu de la paroisse (1). Ma promotion trompa sa convoitise et me fit de lui à mon insu un ennemi mortel. Je demandai, mais pour des motifs d'une autre nature, son changement, ce qui mit le comble à sa

(1) C'est M. le maire de Neuilly, encore en fonctions aujourd'hui, qui fit cette présentation.

haine. Il alla me dénoncer chez le commissaire de police, comme un ennemi de l'empereur, s'imaginant qu'une accusation de ce genre le disposerait à prêter une oreille complaisante à d'autres inculpations qu'il tenait en réserve, et qu'on m'épargnera le dégoût de reproduire (1). Une enquête eut lieu sur tous les faits et tourna à sa confusion. Le résultat en ayant été, à ma prière, communiqué à l'archevêché, M. Buquet, vicaire général, accourut, et après une discrète information, m'ordonna de mépriser l'injure et de ne rien changer à ma manière de vivre. Je me refusai donc, malgré les instances du magistrat civil, à saisir le parquet de cette affaire. Il me répugnait d'envoyer un confrère sur les bancs de la police correctionnelle; je me bornai à demander son prompt éloignement, et on le plaça en qualité de second vicaire dans une succursale.

Après la mort de monseigneur Sibour, M. l'abbé Véron, prêtre du diocèse du Mans, âgé d'environ quarante ans, fut nommé promoteur. J'ai déjà fait connaître dans les *Observations préliminaires*, en quoi consistent ces redoutables fonctions. On sait que les ecclésiastiques, peuvent être condamnés, sans débat, sur le rapport de cet officier épis-

(1) J'ai entre les mains copie de la dénonciation. Je ne crois pas devoir la transcrire, même aux *Pièces justificatives*; mais je la tiens à la disposition de qui de droit. Elle est écrite et signée par M. le commissaire de police. On m'assure que M. le maire de Neuilly est allé, à mon insu, à l'archevêché même, continuer l'œuvre commencée auprès de la police par son protégé, M. l'abbé ***. Cela m'étonnerait de la part d'un homme dont j'ai plus d'une fois été l'hôte et qui a été le mien, et à qui j'ai eu le bonheur de rendre, à sa prière, de légers services domestiques. Mais si le fait était vrai, il sera prouvé bientôt que le conseil municipal de Neuilly n'avait point autorisé M. le maire a parler en son nom ou au nom de la commune, et que les démarches qu'il a pu faire à l'archevêché ont juste le degré d'importance qu'il convient d'attacher, non à ses fonctions, mais à son mérite et à son caractère personnels.

copal ; ils dépendent d'un pouvoir discrétionnaire ; leur position, leur honneur, toute leur existence y est attachée. On voit par là quelles qualités exige un tel office. Il y faut, outre la science canonique, un sens droit, une prudence consommée, une conscience à l'abri de toutes les faiblesses, et de plus une longue et parfaite connaissance du personnel diocésain. M. Véron avait-il cette connaissance des hommes? Non. Avait-il du moins cette conscience délicate, et cette prudence, et cette sagacité et ce savoir? C'est à l'œuvre qu'on va le juger.

Peu de mois après son élévation au siége de Paris, je sollicitai de Son Éminence le remplacement d'un de mes vicaires. Je n'alléguais point contre M.*** des rumeurs vagues, mais des fautes notoires, graves, habituelles, qui l'avaient déjà fait expulser d'un autre diocèse, et qu'on ne peut plus contester aujourd'hui, puisqu'il a disparu, sans doute par les mêmes raisons, du diocèse de Paris. M. le promoteur Véron, saisi de ma plainte, fit traîner plus de six mois une enquête qui ne demandait qu'une heure, tant le mal était flagrant, les preuves abondantes (1). Cette enquête l'amena à Neuilly, et l'étendue et la beauté de ma paroisse, qu'il ne connaissait pas, parurent faire sur lui une impression profonde. Je n'en veux rien conclure ; seulement, à quelque temps de-là, M.***, mon premier diffamateur, naguère en disgrâce, fut élevé à une cure qui touche à la mienne. M.*** prit envers moi et ses confrères des airs arrogants qu'on ne lui avait pas encore vus, et si je ne me plains pas de ce qu'il a pu dire, c'est que

(1) J'ai également en portefeuille une pièce très grave contre M. *** et signée par un fonctionnaire éminent. Je ne crois pas devoir la publier. Mais j'en ai autrefois donné copie à l'archevêché, et je tiens l'original à la disposition de qui de droit.

ce qu'il a pu dire partait de trop bas pour m'atteindre : sa seule présence m'affligeait plus que ses propos, car on me le laissa, malgré mes remontrances, jusqu'au mois de mars 1858. Sa conduite en était alors venue au point qu'il fallut se résoudre à l'éloigner; on le remplaça donc de guerre lasse, mais comment, cela est significatif.

Il y avait à Paris, depuis peu d'années, un jeune ecclésiastique nommé D...; il avait moins voyagé que M.***; mais, dans la seule position qu'il eût occupée en notre diocèse, il s'était déjà signalé à l'attention bienveillante de M. le promoteur, en calomniant, à dire d'expert, un prêtre édifiant, son supérieur immédiat, une des gloires de la chaire. Tel est l'homme qu'on choisit pour successeur à M.***, en lui donnant de vive voix et même par écrit des instructions tout à fait dignes de ses antécédents. Il entra dans ma paroisse, comme les renards de Samson dans le champ des Philistins, pour tout incendier; il y vint en ennemi, résolu à ne tenir aucun compte de mon autorité, et à donner même au pied de l'autel le spectacle de l'insubordination. Mon clergé, composé de cinq ou six membres, m'était étroitement uni; M. D.... se sépara de ses confrères et ne communiqua qu'avec M.***, devenu mon voisin, et avec les amis de M.***. et de M.***. La sacristie a plus d'une fois tressailli des paroles grossières qui lui échappaient tantôt contre ses collègues, tantôt contre son curé, et ce qu'il y a de plus inconcevable, c'est qu'il se vantait d'agir ainsi par ordre supérieur (1). Je me plaignis en vain, on ne m'écouta pas; on laissa comme à dessein le mal s'accroître, et quand la mauvaise semence

(1) Voy. les pièces 45, 46, 47, etc.

eut levé, M. le promoteur sortit de son repos et commença une enquête. Mais, chose singulière, ce n'est pas sur M. D..., c'est sur moi qu'il fit cette enquête, et la manière dont il la fit passe toute créance.

C'est à contre-cœur, on peut m'en croire, que j'ai entr'ouvert ces voiles que j'aimerais à épaissir, puisqu'ils cachent les plaies de la corporation vénérable à laquelle j'appartiens. Mais j'ai mon honneur à défendre, et l'on me force à montrer la source impure d'où sont sorties les calomnies qui servent aujourd'hui, non pas d'excuse, mais de prétexte à ma ruine. Que la responsabilité en retombe sur M. Véron! Ces tristes révélations pourront d'ailleurs être utiles à d'autres qu'à moi-même. Elles mettent à nu la situation faite au clergé de Paris par la discipline actuelle, bien opposée, je le montrerai ailleurs, à la tradition apostolique. Le pouvoir discrétionnaire de l'évêque, qui, par sa nature même, ne devrait se déployer que dans des cas exceptionnels, est mis perpétuellement en action, au grand préjudice de la justice, de la charité, du bon ordre et de la dignité du sacerdoce. Il en résulte que des prêtres véritablement scandaleux, comme M.*** sont maintenus dans leur office, contre toute prudence, tandis que des prêtres vertueux tombent en peu de temps sous la calomnie. Cela est inévitable dans un vaste diocèse, où un évêque surchargé d'occupations fort diverses, ne pouvant tout voir et tout faire par lui-même, est obligé de s'en rapporter à des agents qui n'ont ni son cœur pastoral, ni ses lumières. Le sort des prêtres de Paris, j'ignore ce qui se passe ailleurs, est à la merci des promoteurs et vicaires généraux, dépositaires fortuits mais irresponsables d'un pouvoir qui est lui-même irresponsable. Il n'est pas un seul d'entre nous dont l'honneur soit en sûreté.

Telle est la situation douloureuse et, je ne crains pas de le dire, avilissante, faite au clergé diocésain. Elle exige et prochainement un remède. Quand Israël avait des juges, il demanda des rois, et Dieu écouta sa prière; le clergé de Paris a des rois, il demande des juges, et Dieu l'écoutera.

Venons à l'enquête.

IV

L'enquête.

Cette prétendue enquête, commencée en janvier 1859, a duré plus de quatre mois, et je n'en ai eu personnellement connaissance que par l'émotion qu'elle a causée et les rumeurs qui m'en sont revenues. Pour une information rapide et purement sommaire, on comprend ce silence à l'égard d'un prévenu; quelquefois la prudence le conseille, quelquefois aussi le respect. S'il ne se fût agi, par exemple, que de constater l'opinion bonne ou mauvaise que mes paroissiens avaient de moi, c'était chose facile en moins d'une semaine; il y a, dans chaque commune, surtout pour un curé, une espèce de jury naturel dont le verdict, sagement consulté, est presque toujours infaillible. Il y a d'abord le clergé, les marguilliers, le conseil municipal, le juge de paix; il y a aussi les membres des corporations et des confréries religieuses; puis les instituteurs et institutrices laïques qui, en rapport continuel avec l'église et avec les familles, ont tant d'intérêt à avoir un pasteur exemplaire; il y a enfin les notables. Les visiter tous est inutile; mais, pour ce qui me concerne, les eût-on visités tous, sans m'en instruire, je n'aurais eu, on le verra plus tard, qu'à me louer de cette épreuve. On n'a rien fait de pareil. Quel était donc le but de cette enquête? Au milieu des ténèbres dont elle s'est enveloppée, il est facile de le saisir.

Au lieu de s'informer discrètement de ma réputation, on a, dès le début, donné à l'enquête l'apparence d'une poursuite. En d'autres termes, on a questionné les gens sur les secrets de mon foyer, sur la pureté de ma vie intérieure, et M. le promoteur, en questionnant, a feint de me croire coupable; je dis qu'il l'a feint, car s'il avait eu, dès l'origine, un seul fait à ma charge, et, pour l'établir, un seul témoin digne de foi, toute la peine qu'il a prise était superflue; il avait de quoi me faire condamner; moi seul, en pareil cas, j'aurais pu avoir intérêt à réclamer l'enquête, soit pour prouver la fausseté de ce fait, soit pour faire apprécier la moralité de ce témoin. J'ai donc le droit de dire que ce premier témoin manquait, et cependant il est certain que M. le promoteur agissait et parlait comme si ce témoin eût existé. Or, quand une enquête prend une pareille tournure, il est étrange que le prêtre qui en est l'objet n'en ait pas été averti, et qu'on ne l'ait pas mis en demeure ou d'avouer sa faute ou de confondre ses dénonciateurs. Non-seulement je n'ai pas été averti de la poursuite, mais je n'ai reçu auparavant aucun reproche, aucun avis, même officieux, touchant la régularité de ma conduite. La justice l'eût exigé, et par-dessus tout la charité. Une enquête qui n'est pas, dans le commencement, mieux motivée, et qui prend néanmoins un tel caractère, est une véritable injure que tout prêtre et tout homme de bien ressentira. Plus elle dure, plus elle est inique, puisqu'elle donne à supposer à ceux qu'on interroge que vous êtes au moins gravement suspect, qu'elle mine votre crédit, et tend à déshonorer votre ministère. Pendant que vous dormez, l'autorité elle-même s'en va, à votre insu, de porte en porte, dire aux gens de se méfier de vous. Cela s'est-il jamais vu? Est-ce permis? Est-ce tolérable? C'est pourtant le moins qu'ait fait M. le promoteur. N'ayant à m'opposer ni une action, ni une parole, ni un écrit, ni un témoin honorable, il allait çà et là interrogeant qui bon lui semblait, même les gens qui ne me connaissaient pas, sûr d'éveiller dans certains esprits, par la nature même de ses questions, des soupçons odieux que la durée de l'enquête ferait grandir, et qui n'auraient pourtant d'autre fondement que l'enquête elle-même et sa durée. Chacune de ses visites, chacun de ses pas créait un scandale, et à défaut de faits, à défaut de témoins, c'est ce scandale, habilement fomenté par lui-même, qu'il se réservait à la fin d'invoquer contre moi. J'ai peine à me persuader que ce soit pour pareille fin que le pouvoir discrétionnaire a été donné aux évêques. Il me semble, au contraire, qu'il est principalement destiné à prévenir ce mal, non à le faire et à l'étendre. Un procès en forme, un débat public et contradictoire auraient mille fois moins d'inconvénients. L'innocence, du moins, y plaiderait sa cause; on n'oserait pas l'étouffer en plein jour, comme on le fait dans l'ombre.

De toutes les personnes qui m'ont approché à un titre quelconque, et qui, par conséquent, pouvaient donner sur moi des renseignements utiles, il n'en est que trois seulement de qui je puisse dire avec certitude qu'elles ont été interrogées. L'une est madame la supérieure des sœurs de Charité de ma paroisse; l'autre est M. de Margerie, président de notre conférence de Saint-Vincent de Paul; la dernière..., je ne veux pas la nommer encore; mais un peu de patience, on la connaîtra dans un moment. Ce qui s'est passé entre M. Véron et les deux premiers témoins suffit à éclairer toute la procédure; ce qui s'est passé chez le troisième y jette un jour à faire rentrer sous terre M. le promoteur.

Au mois de... 1859, M. l'abbé Véron s'en va trouver la sœur Gosselet, alors supérieure de la communauté de Neuilly, sainte femme, l'amie et la confidente des pauvres de ma paroisse, que l'amour des pauvres avait souvent, et depuis longtemps, mise en rapport avec ma belle-sœur et avec moi. Comme elle était sur le point de changer de résidence, son témoignage, toujours si respectable, n'en devenait que plus sûr, n'ayant à ménager désormais que la seule vérité, et non des personnes qu'elle allait quitter pour jamais. M. le promoteur la prend à part et lui adresse sur mon compte des questions qui la font rougir; mais elle voit devant elle le représentant de l'archevêque; ce représentant de l'archevêque l'interroge, au nom de l'autorité épiscopale, sur des faits moraux qu'elle était, certes, en état d'apprécier avec autant de délicatesse et plus de sûreté que lui, et à toutes ses questions, elle répond : « Non! non! non! Vous allez faire du scandale, monsieur le promoteur. » Ame candide! Au lieu de réjouir M. l'abbé Véron, ces généreuses dénégations ne font que l'irriter; il accuse la sœur d'aveuglement, et, comme elle continue à me défendre, il lui tourne le dos et s'en va; il s'en va, sans même la saluer. J'ai entre les mains le témoignage de la sœur Gosselet (1).

J'ai aussi entre les mains le témoignage de M. de Margerie, et je vais, pour ce qui le concerne, laisser la parole à cet homme vénérable. M. de Margerie a maintenant soixante-douze ans, et il y a plus de quarante ans qu'il habite Neuilly. Dans la situation qu'on m'a faite, il ne m'appartient plus de louer personne; je me bornerai donc à dire que ce témoin

(1) Voy. les pièces 4 et 5.

tient par sa naissance, son éducation, sa fortune, à l'élite des habitants de la commune; par sa piété et ses lumières à l'élite des fidèles; par son inépuisable charité au peuple qu'il voit de près, visite, écoute, instruit et soulage tous les jours. Nul n'était donc mieux placé que lui pour émettre dans une pareille affaire, et à tous les points de vue, un jugement de quelque autorité. On va le voir fin avril, après quatre mois de bruyantes démarches, alors qu'on peut croire que la moisson du scandale a mûri et qu'il n'y a plus qu'à récolter. Or, voici en quels termes M. de Margerie raconte la visite de M. le promoteur et l'impression qui lui en est restée.

« Neuilly, 21 avril 1861.

» Monsieur le curé, par la lettre que vous m'avez fait
» l'honneur de m'adresser hier, vous me demandez de vous
» écrire quelques lignes faisant connaître l'impression que
» m'a laissée la visite de M. le promoteur, à pareille époque
» de l'année dernière, à l'occasion de l'enquête dont il était
» chargé. Voici cette impression ou plutôt voici les détails
» de la visite elle-même; ils me sont restés présents comme
» s'ils étaient d'hier. M. le promoteur m'ayant invité à lui
» dire ce que je pensais de vous, je n'ai pas hésité à lui
» donner mon opinion en toute franchise et avec la chaleur
» d'un ami de la vérité avant tout. J'ai ajouté que cette
» opinion ne s'était pas formée de prime abord, mais par
» degrés, après mûr examen de votre caractère, de votre
» tenue et de votre conduite, tant au dehors que dans votre
» intérieur. Enfin j'ai dit que quiconque ferait ce que j'ai
» fait, arriverait au même résultat, c'est-à-dire à recon-
» naître en vous un digne prêtre, travaillant uniquement
» pour la gloire de Dieu et le salut des âmes de ses parois-

« siens, un prêtre qui, du matin au soir, ne s'occupe que » d'une chose, ne rêve qu'à une chose, le bien de son église » comme moyen d'arriver au bien spirituel de son trou- » peau. Quant à l'accusation spéciale dont vous étiez l'ob- » jet, j'ai dit bien haut que c'était une odieuse et absurde » calomnie, et que, dans mon opinion, si la pureté résidait » quelque part à Neuilly, c'était surtout dans l'âme simple » et primitive, dans l'âme d'enfant de notre bon curé. — » M. le promoteur m'interrompant : Je vois bien, dit-il, que » vous parlez comme un homme prévenu, je n'ai pas besoin » d'en entendre davantage.—Je l'ai supplié de se rasseoir, » lui représentant que j'avais le droit d'être cru ou au » moins écouté, en raison de mon ancienneté dans le pays » et de ma complète indépendance, et aussi en ma qualité » de chrétien assidu aux offices et de paroissien admis à l'in- » timité de M. le curé ; que je demandais à être mis en pré- » sence de ses détracteurs, me faisant fort de leur prouver » qu'ils ne le connaissaient pas, n'ayant avec lui que des » relations très rares et très distantes, et qu'ils n'étaient » plus alors que les échos d'une aveugle malveillance ; enfin » pour donner à M. le promoteur une preuve irréfragable » de ma parfaite sincérité, je lui ai offert de m'agenouiller » devant lui, prêtre, et de lui déclarer en confession que je » n'avais pas dit un mot dont ma conscience me fît le plus » léger reproche. M. le promoteur ne s'est point rassis, et » sans tenir aucun compte de ce que je venais de lui dire, » il m'a quitté — Une enquête ainsi faite est-elle une en- » quête ? Quant à l'impression qu'elle m'a laissée, elle n'a » pas besoin d'être qualifiée ; elle se qualifie d'elle-même.

» Veuillez agréer, etc »

On voit par cet échantillon quel esprit a dirigé cette procédure. « Vous ferez du scandale, monsieur le promoteur », dit un témoin. « Une enquête ainsi faite est-elle une en» quête » ? dit un autre témoin. Cela résume tout, explique tout, et il semble qu'il n'y ait plus rien à dire après ces deux témoignages. Si l'on soutient qu'ils ne prouvent pas complétement mon innocence, je l'accorde, car pour un curé comme pour un évêque, la complète innocence n'est pas un fait susceptible de démonstration ; elle n'est connue que de Dieu ; mais en revanche on m'accordera que ces témoignages prouvent clairement une chose, la passion de l'inquisiteur. Cette passion est telle qu'elle ne sait pas se déguiser ; elle va jusqu'à l'oubli des plus vulgaires convenances. Aussitôt qu'une voix s'élève en ma faveur, M. Véron se bouche les oreilles, se récrie, s'en va, ne connaît plus rien, ni le respect qu'il doit à une femme, à une sainte religieuse qui l'avertit du mal qu'il est en train de faire, ni le respect qu'il doit à un vieillard béni des pauvres, qui offre de se mettre à genoux devant lui pour confirmer en confession la sincérité de ses paroles. Il réserve apparemment sa politesse aux calomniateurs, et quiconque m'accusera sans preuve, ni confession, ni serment, aura sa confiance.

En entrant chez la sœur Gosselet et chez M. de Margerie, M. Véron croyait sans doute entrer chez des ennemis du curé ou chez quelques-unes de ces faibles créatures à qui l'on fait, avec un peu d'adresse, penser et dire ce qu'on veut, et non chez des chrétiens véritables. Mais il s'est trompé de porte ; on l'a mal renseigné, et à peine a-t-il reconnu son erreur, il s'enfuit. Où va-t-il ? On dirait, à l'entendre, que sa conviction était déjà formée au moment où il est entré, et qu'il avait en main les preuves de ma culpabilité ; mais c'est une illusion qu'il veut produire. S'il avait en main ces preuves, pourquoi continuer l'enquête ? Pourquoi venir interroger d'honnêtes gens, lorsqu'on est d'avance résolu à ne pas les croire, s'ils parlent selon leur conscience, au lieu de parler selon l'accusation? Que signifie ce simulacre de justice? Si votre conviction est formée, monsieur le promoteur, et solidement fondée, c'est assez; au nom de Dieu, arrêtez-vous; arrêtez-vous dans l'intérêt de la pudeur et pour l'honneur même de votre ordre.

Rien ne l'arrête; où va-t-il? J'ose à peine le dire, et si je n'avais derrière moi de bons et irrécusables témoins, je serais le premier à refuser d'y croire. Il s'en va chez une personne assurément très en état de connaître la vérité, et qui est pourtant la seule au monde qu'il ne dût pas interroger : il va chez mon frère. On lui a dit que c'était un homme aigri par son isolement volontaire, aisé à émouvoir, et, en toute matière et en tout temps, d'un jugement peu sûr. Sur quoi vient-il le questionner? On le devine. Comment s'y prendra-t-il? Voilà le point. Il remarque d'abord, en entrant chez lui, et lui fait remarquer la modestie de son appartement, comparée au luxe qui, dit-il, règne à Neuilly; il lui parle, à ce propos, des toilettes de madame Roy, et d'insinuation en insinuation, de perfidie en perfidie, voyant qu'on ne le comprend pas, il en vient à demander, mais en propres termes, à mon frère, s'il est sûr que ses enfants..... Ah! monsieur le promoteur, taisez-vous! N'avez-vous ni père ni mère, et tous les sentiments naturels vous sont-ils inconnus? Il est un délit domestique que la loi civile peut atteindre, mais qu'elle ne poursuit que sur la plainte de la partie outragée. Ce délit domestique aurait beau être, en quelque sorte, public, le juge séculier l'ignore, si la partie lésée l'ignore elle-même ou feint de l'ignorer. Il ne va pas, d'une main brutale, déchirer le bandeau sacré qui couvre les yeux d'un père, même quand la femme est certainement déchue. Il y a, d'ailleurs, sous cette question, un mystère naturel dont le législateur défend absolument de remuer les voiles. Et vous, monsieur le promoteur, qui ne savez rien, car si vous aviez su quelque chose, cette visite eût été encore plus coupable, puisqu'elle eût été inutile; vous qui n'avez pas d'arme loyale contre votre victime, c'est là, c'est chez un frère que vous allez tenter d'en forger une qui ne l'est pas. Vous, prêtre, agissant au nom de l'évêque, vous essayez, par tous les moyens, de suggérer à un père des doutes sur la légitimité de ses enfants. Mais, tout le monde vous l'apprendra, monsieur : c'est un crime que vous avez commis là. M. Véron ne s'en doutait pas. Armer un frère contre un frère, un mari contre sa femme, un père contre ses enfants, qu'est-ce que cela? Son cœur ne lui a rien dit, sa conscience non plus. J'ignore ce qui l'aveuglait : il a même oublié ses propres périls, car les passions injustes qu'il cherchait à allumer contre moi auraient bien pu, à l'instant même, se tourner contre lui. Heureusement mon frère a été calme; de tels soupçons n'ont pas approché de son cœur, et malgré la malice des méchants, ce n'est pas là, il le sait bien, ce qui doit troubler son sommeil.

A ces trois faits, j'en puis ajouter deux autres également certains, également déplorables. Premier fait : un ecclésiastique éminent, que je nommerai au besoin, a été interrogé par M. le promoteur, et M. le promoteur n'a pas craint de dire à l'archevêché que ce témoignage, d'un si grand poids, m'était contraire. L'illustre ecclésiastique dont il s'agit donne à cette assertion un démenti formel. Second fait : M. le docteur Soyer, premier adjoint du maire de Neuilly, avait été signalé à M. Véron comme un témoin à entendre, et M. Véron l'a en effet mis sur sa liste comme un témoin en ma faveur, mais sans l'avoir interrogé. Je demande s'il est permis de porter à la décharge d'un accusé des témoins qu'on n'a pas entendus. Si, par hasard, il est permis de préjuger les témoignages favorables, et de les mentionner *grosso modo* dans une procédure, rien n'a empêché M. le promoteur de préjuger, avec la même sagacité, les témoignages contraires, et de les mentionner, en beaucoup plus grand nombre, dans son dossier. Avec un pareil système d'instruction judiciaire, et devant un juge discrétionnaire ainsi informé, on peut sauver et perdre qui l'on veut ; on fera, à son gré, du coupable un innocent et de l'innocent un coupable.

Je ne sais rien de plus de cette prétendue enquête ; mais en voilà assez pour la juger. On y voit le parti pris de me diffamer, l'oubli prémédité des égards dus à mon ministère et à mon âge, sinon à mon humble personne ; des témoignages négligés, des témoignages suggérés, des témoignages supposés ; le mépris des règles les plus élémentaires de la justice et même du droit naturel. Une imprudence aveugle y est mêlée à une astuce consommée, et les irrégularités de forme y disparaissent sous les énormités du fonds. On fait durer plus de quatre mois cette dérision judiciaire, sans m'en dire mot, et pendant ce temps, comme si ce n'était pas assez des diffamations et des scandales du dehors, on encourage le scandale et la diffamation au sein même du sanctuaire. Six mois avant que commençât l'enquête, le 22 juillet 1858, M. D... m'écrivait, à propos de mes justes remontrances : « l'autorité me défend d'en avoir » peur (1) ». Au début de l'enquête, cela est remarquable, en janvier 1859, la même autorité l'engageait à me traiter

(1) Voy. la pièce 45.

tout haut de « misérable », et à la fin de l'enquête, lui reprochait de n'avoir pas encore ajouté cet excès à tant d'autres. C'est ce que M. D... me déclara, en pleine sacristie, dans un moment d'emportement. Il est vrai que M. Buquet désavoua M. D... (1); mais ce n'est pas M. Buquet qui donnait de pareils ordres ; c'est M. Véron, promoteur de scandale, et non de justice, et s'il le niait, on prouverait à M. Véron qu'il a donné plus tard, par écrit, à ce même M. D..., qui l'a acceptée, une mission encore plus honteuse, celle d'espion. Oui, un vicaire général de Paris a enjoint à un vicaire de paroisse de surveiller et de lui dénoncer les démarches de son curé, et la lettre que M. Véron a osé écrire à ce sujet, M. D... a osé la montrer à des gens qui en ont rougi, et qui en déposeront, si besoin est.

Ces dernières circonstances, où M. le promoteur n'apparaît que derrière le rideau, ont précédé l'enquête, accompagné l'enquête, et quoique étrangères à l'enquête elle-même, achèvent de l'éclairer.

V

Décision épiscopale.

Au commencement du mois de mai, consacré à célébrer les louanges de la Mère de Dieu, je reçus de l'archevêché l'ordre de congédier ma famille. J'appris ainsi officielle-

(1) Voy. la pièce 47.

ment que j'étais accusé en apprenant que j'étais déjà condamné. La procédure sur laquelle on m'avait jugé sans m'entendre ne me fut point communiquée. A l'heure qu'il est, je ne la connais point.

Cette décision m'émut profondément. Elle me parut avoir quelque chose d'outrageant, surtout après l'enquête, et je me demandai avec angoisse si j'étais, en conscience, obligé d'accepter ce nouvel affront. Chacun sait que la vie en famille n'est pas interdite aux clercs séculiers. Les conciles (1) ne chassent du presbytère que les femmes étrangères; mais ils y laissent entrer la mère et les sœurs, la tante et les nièces, reconnaissant par cette distinction et la fragilité et la dignité de l'homme dans le prêtre. Or, une belle-sœur n'est pas une étrangère; elle peut résider avec son époux dans la maison curiale, et veuve ou délaissée, a droit d'y chercher asile. Ni les canons ni la morale n'ordonnent au prêtre de lui fermer sa porte. Il doit protection à ses neveux; faudrait-il, pour les recueillir, qu'il les séparât de leur mère? La législation ecclésiastique a plus d'entrailles que cela. Il recueille la famille. Je n'avais pas fait autre chose, et ma conduite, sous ce rapport, était entièrement conforme aux lois de l'Église.

On me dira que c'est à l'évêque qu'il appartient d'autoriser la réunion d'un prêtre avec ses parents, même avec sa propre mère. Je le veux, et de ce côté-là encore, ma conduite était irréprochable ; elle avait reçu depuis vingt ans l'approbation de deux évêques, et la mesure tardive dont j'étais l'objet atteignait peut-être leur administration autant que moi-même.

(1) Entre autres, le premier concile œcuménique de Nicée et le troisième concile de Carthage, dont la doctrine est reçue par toute l'Église.

Il est en cette délicate matière un autre principe de droit, inconnu sans doute comme tant d'autres à M. le promoteur : quand une de ces sociétés domestiques est régulièrement formée, l'évêque a moins de pouvoir pour la rompre qu'il n'en avait auparavant pour l'empêcher. Plus elle a duré, plus elle est digne de respect. Il faut alors, pour entreprendre de la dissoudre, prouver qu'elle a perdu le caractère charitable et moral qu'elle annonçait à l'origine et qu'elle a gardé si longtemps, puisqu'on l'a laissé vivre. Quand on ne peut faire cette preuve, on n'a aucun motif légitime de prendre à l'égard d'un prêtre vivant en famille, aucune mesure ayant l'apparence d'un blâme. Voilà le principe. Vous auriez beau dire qu'on accuse ce prêtre ; c'est un malheur pour lui ; mais si on l'accuse sans preuve, et que vous l'en punissiez, ce sera un malheur de plus et dont tout le monde souffrira. Ces accusations sont-elles si rares ? Croit-on, pour ce qui me concerne, que monseigneur Affre et monseigneur Sibour n'aient pas prévu qu'il en viendrait ? On n'entend que cela dans l'Église depuis dix-huit cents ans, ici à propos d'une nièce, là à propos d'une cousine et même d'une sœur. Parlerai-je des étrangères ? La calomnie avec elles a plus beau jeu. Qui ménagerait-elle ? Elle n'épargne pas l'entière solitude et les saints qui y vivent. Si l'on s'en rapportait à ces voix de l'abîme, et que pour les forcer à se taire, on résolût d'abattre quiconque elles désignent, nul d'entre nous ne resterait debout. Heureusement il est d'usage qu'on soutienne l'honnête homme en butte à ces persécutions ; la prudence le conseille, la justice et la charité l'ordonnent, et l'on est étonné d'avoir à apprendre ces choses à un magistrat ecclésiastique.

J'aurais compris jusqu'à un certain point que M. le promoteur conseillât à Son Éminence, à l'égard de ces sociétés domestiques, une mesure radicale applicable à la fois à tous les prêtres de ce diocèse. Cela eût étonné tout le monde, mais n'eût offensé personne ; prise envers moi seul et dans les circonstances qu'on connaît, cette mesure ressemblait à une répression, et comme cette répression était, à mes yeux, imméritée et, si j'ose le dire, irréfléchie, j'attendis.

N'ayant manqué à aucun de mes devoirs, je me rappelai, pour me réconforter dans cette épreuve, les devoirs de l'autorité elle-même et j'en conçus quelque espérance.

Je me rappelai que, dans la primitive Église, alors que l'évêque, étranger aux affaires du siècle, vivait tout près de son troupeau et connaissait toutes ses brebis, il ne condamnait jamais un clerc sans un débat contradictoire ; il le mettait en présence de ses accusateurs, écoutait sa défense et prenait ensuite l'avis des juges assesseurs. Les formes judiciaires peuvent changer, mais non les principes de justice. Les cours ecclésiastiques du moyen âge n'étaient pas présidées par l'évêque ; mais n'offraient-elles pas aux accusés toutes les garanties qui leur sont dues ? Les laïques, désertant le plaid seigneurial, accouraient en foule à leur barre où ils trouvaient, avec la science, les précautions tutélaires, les formalités, les règles qui protégent contre l'erreur et le justiciable et le juge lui-même. De ce que les officialités n'ont plus en France d'existence légale, il ne serait pas raisonnable d'en conclure que les évêques sont dispensés de suivre, dans leurs jugements, les lois et traditions de l'Église universelle. Le concile de Trente, qui leur donne en matière de discipline un pouvoir si étendu, a eu soin de leur rappeler qu'ils doivent être « des pasteurs et non des persécuteurs ». Ce saint concile les avertit, en maint endroit, qu'aucun d'eux n'est personnellement infaillible, et ne doit agir comme s'il l'était. Il suppose même que l'on pourra les traduire à leur tour en justice, soit pour leur doctrine, soit pour leurs mœurs, et le cas échéant, il veut qu'on pèse les témoignages des accusateurs, et qu'on s'assure d'abord s'ils sont eux-mêmes gens de bien. Cela voudrait-il dire, par hasard, que, dans le procès de leurs inférieurs, les évêques prêteront l'oreille au premier venu? Je ne pus que rejeter loin de moi cette induction absurde. Évidemment le concile de Trente n'a point aboli l'ancienne discipline et les anciens canons, particulièrement ceux de Carthage et ceux de Constantinople concernant le jugement des clercs; encore moins a-t-il aboli le Nouveau Testament et le précepte de l'apôtre, qui dit formellement : « veuillez ne recevoir aucune accusation contre un prêtre, » si elle n'est appuyée de deux ou trois témoins. » (Saint-Paul, 1re épître à Timothée, chap. v.)

Ces réflexions me rassuraient, car où sont les témoins qui m'accusent? Qui sont-ils? Il ne suffit pas que M. le promoteur prétende les connaître; j'ai le droit de les connaître aussi et de les discuter. Pourquoi ne se montrent-ils pas? Il me semblait que l'autorité, avant de me frapper, aurait dû, dans son propre intérêt, les y contraindre. Auraient-ils peur de moi? Suis-je par hasard une puissance à faire trembler, je ne dis pas un homme, mais un enfant sûr de sa conscience? Plus j'y pensais, plus il m'était impossible d'admettre que l'autorité diocésaine consentît à maintenir une décision si grave, prise après une semblable enquête, sur la parole de témoins qui ne se nommaient pas ou qu'on n'osait pas nommer. Ce n'est pas de ces témoins-là que demande saint Paul. Comment les écouterait-on à l'archevêché? La police elle même les méprise.

Je crus donc devoir par respect pour mes saintes fonctions, par respect aussi pour moi-même et non pas pour moi seul, différer l'exécution de cet ordre ; mais le 16 juin M. l'archidiacre Buquet m'écrivit que je devais avoir obéi avant le 1er juillet, « sous peine de retrait de pouvoirs ». Devant une telle menace, je m'inclinai (1).

Il fut donc loué une maison dans le voisinage du presbytère, et le 1er juillet 1859 ma famille y était installée.

VI

Le monitoire.

Mon obéissance, au lieu d'apaiser mes ennemis, augmenta leur fureur. Celle de M. D.... éclata un dimanche jusque dans la chaire, où la parabole du bon pasteur se changea sur ses lèvres en une diatribe contre moi. Que ne dit-il pas ailleurs ? On sut tout et on souffrit tout. Vous chercheriez en vain une excuse à ces procédés administratifs ; imaginez, si bon vous semble, que je suis le dernier des pécheurs, et que l'autorité croit sur mon compte tout ce qu'elle cherche à faire entendre ; j'y consens et j'en

(1) Deux raisons m'y déterminèrent : d'une part, j'avais demandé un jugement contradictoire, et on me le promettait, à condition que je me soumisse d'abord au jugement discrétionnaire déjà porté par Son Eminence; d'autre part, M. Buquet me disait, dans sa lettre du 16 juin : « Je vous en» gage, dans vos intérêts, à opérer cette séparation sans bruit ; on ne pense » pas qu'il en résulte rien de fâcheux pour vous ; *il n'y aura plus rien à » dire.* » Ces juges qu'on m'avait promis, on me les a refusés ; ce repos qu'on m'annonçait, on ne me l'a pas accordé. (Voy. la pièce 8.)

appelle à tous les évêques, à tous les prêtres et à tous les chrétiens : est-ce là une pénitence? Non, puisque tout cela est contraire à l'ordre, à la charité, à la raison et d'un exemple détestable. Mais on avait en certain lieu conçu la pensée de m'obliger, par ces persécutions, à renoncer à ma cure. Cette enquête insidieuse, cette séparation après enquête, ce déni de juges, ces sermons impies, ce venin tiré de l'Evangile, cet espionnage organisé, la sainte hiérarchie renversée, tout tendait à ce but secret. Dans l'impatience d'y arriver plus vite, M. l'abbé Véron lança contre moi, le 8 aout 1861, le monitoire suivant :

« **Archevêché de Paris.**

» Nous, vicaire général de Paris, archidiacre de Saint-
» Denis, agissant par délégation spéciale de Son Éminence
» monseigneur le cardinal archevêque de Paris ;

» Considérant que, *malgré des avertissements réitérés*,
» M. Roy, curé de Neuilly, continue d'avoir des relations
» fréquentes avec madame Roy, sa belle-sœur ;

» Considérant qu'*il en résulte un grave scandale pour*
» *la paroisse de Neuilly et pour le diocèse ;*

» Avons défendu et défendons par les présentes à M. Roy,
» curé de la paroisse de Neuilly, *sous peine de suspense*
» *encourue* PAR LE SEUL FAIT, et sous les autres peines de
» droit, de recevoir chez lui madame Roy, sa belle-sœur,
» de la visiter chez elle, et *d'avoir aucune relation avec*
» *elle* DANS TOUT AUTRE LIEU.

» Fait à Paris, au palais archiépiscopal, le huit du mois
» d'août mil huit cent soixante et un.

» *Signé* L. VÉRON, v. g. »

On est heureux de ne pas trouver la signature de Monseigneur sur un tel document; mais ne portât-il pas celle de M. Véron, on devinerait qu'il est son ouvrage. Dès le début, en effet, j'y relève un mensonge. De ces *avertissements réitérés* dont parle le *monitoire*, je n'en ai pas reçu un seul, ni de la bouche de Son Éminence, ni de la bouche de M. Véron, ni par parole, ni par écrit, et je défie qu'on prouve le contraire. Quant au *grave scandale*, je le nie; ma paroisse n'a été scandalisée que par mes calomniateurs et par M. Véron lui-même, et ma réputation a survécu, malgré eux, à tout ce qu'ils ont dit et fait pour la détruire. J'en donnerai bientôt des preuves éclatantes. Pour le moment, j'ai hâte d'arriver au dispositif du *monitoire;* il est conçu avec une perfidie qui épouvante. Me défendre une chose permise par toutes les lois divines et humaines, cela est exorbitant; mais ce n'est rien; j'admets qu'on ait ce droit, et que, malgré l'injure imméritée qui en rejaillira sur moi, on me défende de recevoir ou de visiter chez elle madame Roy, ma belle-sœur. Juste ou non, moral ou non, voilà du moins un ordre à l'inexécution duquel on peut attacher une peine, car il dépendra de ma seule volonté d'y obéir ou d'y désobéir. Mais si j'y obéis, M. l'archidiacre ne sera pas content; ce n'est pas là son but; en conséquence, il me défend, sous peine de suspense *ipso facto*, d'avoir avec ma parente *aucune relation*, voyez combien le mot est vague, non pas seulement chez moi ou chez elle, mais encore *dans tout autre lieu*. L'ordre ainsi conçu est tel que je ne suis plus maître de ne pas l'enfreindre; on me mettra, si l'on veut, en défaut, malgré moi; la peine seule est inévitable, puisqu'elle tombera désormais, non sur une désobéissance préméditée, mais sur une infraction involontaire. S'il arrive que je rencontre ma parente dans la maison la plus respectable, même dans une église, je serai suspendu. Si je la rencontre avec sa fille dans une promenade, et que je lui parle, ou que je la salue, je serai suspendu. Si je vais en voyage et que je la rencontre dans un wagon ou dans un bateau, je serai suspendu. Nous avons des amis communs, et si je la rencontre au chevet d'un ami mourant, je serai suspendu. En vérité, tout cela n'est ni raisonnable, ni moral, ni permis, ni possible. Je me flattai d'en convaincre en peu d'instants M. le cardinal et lui demandai audience. Son Éminence, indignement trompée dans toute cette affaire, ne chercha pas du moins à me tromper. Elle daigna m'avouer, dans sa réponse, que tout ce qu'on voulait, c'était ma démission. Voici sa lettre, datée du 9 août :

Paris, le 9 août 1861.

« Monsieur le curé,

» Si je vous voyais, *ce ne serait que pour vous engager* » *à donner votre démission de votre titre de curé de* » *Neuilly*; mais vous êtes loin d'y être disposé. En conséquence, une entrevue ne mènerait à rien; il est préférable » que les choses étant commencées suivent leur cours.

» M. le vicaire général promoteur est dans ses attributions et agit conformément *au droit*.

» Croyez, monsieur le curé, à mes sentiments du plus » sincère intérêt, et à tous les vœux de mon cœur.

» † F. N., card. archev. de Paris. »

Le respect me défend de discuter cette lettre; j'aime, au contraire, à y louer une franchise qui n'est ni dans les menées souterraines, ni dans les actes officiels de M. l'archidiacre de Saint-Denis, promoteur. C'est ma place qu'on veut, et pour l'avoir, on dresse un filet sous mes pas. On aura persuadé à Son Éminence que cela est *conforme au droit*; on lui a bien persuadé que j'étais à Neuilly un sujet de scandale. Il m'importait, avant tout, d'éclairer sur ce dernier point le docte prélat, et puisqu'il me refusait une audience, je le suppliai humblement de vouloir bien ordonner une contre-enquête. J'ignore si ma lettre arriva à son adresse, car c'est M. Véron lui-même qui me répondit dans les termes suivants :

« Paris, le 13 août 1861.

» Monsieur le curé,

» Je suis chargé par Son Éminence de vous déclarer, en » réponse à la dernière lettre que vous lui avez adressée, » que l'*autorité diocésaine est suffisamment informée* » *quant à l'effet produit dans le public par vos relations* » *avec madame Roy, votre belle-sœur*. En conséquence, » l'intention formelle de l'autorité diocésaine est que vous » vous en teniez, *sans aucune explication*, à la défense qui » vous a été notifiée, *laquelle défense aura son plein* » *effet, en cas de désobéissance*.

» Agréez, monsieur le curé, l'assurance de mes senti» ments RESPECTUEUX (1).

» P. VÉRON, v. g. »

Ainsi j'attaquais devant mon juge la sincérité de l'enquête faite par M. Véron, offrant de prouver qu'elle était l'œuvre de la passion et de la légèreté la plus coupable, et c'est M. Véron lui-même qui me répondait que l'autorité, informée par lui, était suffisamment informée. Cela ne me

(1) Je n'agrée pas ces *sentiments respectueux*, quand ils accompagnent une injure. L'ironie, si c'en était une, serait ici bien mal placée. M. Véron,

parut pas aussi clair qu'à M. l'archidiacre, et dans l'espace de trois ou quatre jours, je me fis délivrer, par quelques-uns de mes plus notables paroissiens, des lettres testimoniales, constatant ma bonne renommée, et infirmant, par conséquent, les allégations du *monitoire;* puis je me rendis à Issy, auprès de l'archevêque. Je ne prétendais pas, à l'aide de ces pièces, dissiper en un moment le nuage de préventions qu'on avait amassé contre moi. Je venais, au contraire, réclamer de nouveau la contre-enquête, et à l'appui de cette juste demande, j'apportais une vingtaine de déclarations en complet désaccord avec les assertions de M. l'archidiacre. Ces déclarations, qu'on trouvera à la suite de ce mémoire (1), sont signées par des magistrats, par des fonctionnaires publics, par des conseillers municipaux, par des propriétaires, tous pères de famille résidant à Neuilly, témoins dignes de foi, car ils se nomment, et tel qui m'accuse s'estimerait heureux d'en avoir un jour autour de so

qui, de peur du scandale, défend à un prêtre sexagénaire d'avoir aucune relation avec sa belle-sœur presque quinquagénaire, a lui-même une belle-sœur, qui est jeune encore et depuis plus de dix ans en état de veuvage, et il entretient avec elle et chez elle de fréquentes relations. Mais j'aurais honte d'user de représailles, en cherchant à jeter sur un commerce si ancien et si légitime le moindre nuage. Je me borne à dire que M. Véron, par sa conduite envers moi, prépare à la calomnie des armes formidables contre lui-même. L'Église avait décidé à Nicée, à Carthage, à Constantinople, à Elvire, que de pareilles relations sont au-dessus du soupçon; mais s'il est admis désormais que de pareilles relations ne sont pas, en effet, au-dessus du soupçon, quelle porte ouverte à la malice, à l'envie, à la haine! Et qu'est-ce que M. Véron pourra répondre à ses propres censeurs? Il n'est ni assez haut ni assez bas placé pour n'en avoir pas. Si le droit naturel, la sainteté des liens domestiques, les décrets formels des conciles ne protégent plus, en pareil cas, même la vieillesse, est-ce, par hasard, sa jeunesse et celle de madame sa belle-sœur qui le protégeront lui-même? Ce n'est pas contre moi, c'est contre lui qu'il a dirigé son monitoire.

(1) Voy. les pièces 27, 28, 29, etc., jusqu'à la pièce 44 inclusivement.

de pareils. Ce n'était là qu'un premier rayon de lumière jeté sur les ténèbres de l'enquête, mais assez vif pour rendre indispensable la contre-épreuve. Je le dis à regret : Monseigneur ne daigna pas y jeter les yeux, et ma supplique fut rejetée.

Je me retrouvai donc en face du *monitoire* et menacé de suspense, non pour un acte libre, mais pour une rencontre fortuite et involontaire. Le piége était si bien tendu qu'il était impossible à l'innocence la plus pure, au cœur le plus soumis, à l'obéissance la plus vigilante, d'y échapper. Si je brisais publiquement toute relation avec ma parente, je me donnais, quoique innocent, l'air d'un coupable, et si, ayant brisé ces honnêtes relations, je la rencontrais en un lieu quelconque et qu'on le sût, l'effet en serait pire, car cela passerait pour une rencontre cherchée et clandestine, et, cherchée ou non, la suspense était au bout. Dieu m'est témoin que je ne demandais qu'à obéir et qu'aucun sentiment de révolte contre l'autorité légitime de mon évêque n'est jamais entré dans mon cœur ! Mais contrevenir à un ordre captieux, périlleux, scandaleux, inexécutable, rédigé et signé par M. Véron, n'est pas un acte de révolte. Il faut, dit saint Paul, que l'obéissance soit raisonnable. Elle doit l'être surtout quand l'ordre ne l'est pas (1). Je fis de mon mieux, je vis ma famille moins souvent ; je continuai pourtant à la voir quelquefois, mais sans mystère, chez moi, chez elle, au grand jour, voulant à tout prix qu'on ne pût jamais prêter à mes actions une apparence honteuse de clandestinité. Cette manière d'agir me parut

(1) On trouve la même recommandation dans le *Rapport de M. Portalis sur le concordat*. Il y est dit que les évêques ne doivent exiger des curés que des choses raisonnables, et c'est une des conditions du concours que 'Etat peut avoir à prêter aux décisions épiscopales.

la plus convenable, et, dans tous les cas, il n'était pas possible d'en falsifier le droit et franc caractère.

Le 24 janvier 1862, je reçus sans étonnement une citation à comparaître, le jeudi 30 courant, devant le tribunal de l'officialité, sous l'accusation « d'avoir enfreint la » défense qui m'avait été faite et notifiée le 8 août de » l'année précédente (1). »

VII

Le tribunal de l'officialité.

Ce tribunal n'est plus que l'ombre des anciennes officialités. Il n'est pas permanent. Les juges qui le composent sont toujours révocables ; ils ne connaissent pas de toutes les affaires, mais seulement de celles qu'il plaît à l'évêque de leur déférer. Ce tribunal devient par là une espèce de commission *ad hoc*. Il fonctionne toujours à huis clos. Voici, en outre, un petit détail purement historique : Ce n'est plus M. Véron qui y remplit aujourd'hui les fonctions de promoteur, qui exigent, comme on l'a dit, tant d'expérience ; c'est un ecclésiastique de dix ans plus jeune que lui, M. Langénieux.

Je n'entends pas, du reste, faire suspecter l'indépendance des honorables prêtres composant l'espèce de tribunal qui a prononcé ma suspense. Je n'en ai pas récusé un seul, et s'il se fût agi d'apprécier le fond moral de ma conduite, et les causes de l'enquête, et les dépositions des

(1) Voy. la pièce 12.

témoins, et tous les faits antérieurs au *monitoire*, je n'aurais pas souhaité d'autres juges que ceux qu'on m'a donnés. Mais il ne s'agissait pas de cela, et ce tribunal n'avait été réuni que pour constater une infraction matérielle et non contestée aux défenses du 8 août, et appliquer à cette infraction la peine prévue par les défenses. Sa compétence n'allait pas au delà. « Il est préférable, m'écrivait Monsei-
» gneur, que les choses étant commencées suivent leur
» cours. » On voit le cours qu'elles ont suivi. Pour le fond de l'affaire, qui seul est grave, point de juges ; tout se passe sous le manteau, sans contrôle, sans débat ; l'accusation seule est écoutée ; on ferme la bouche à la défense ; on lui cache la procédure. Pour une contravention sans gravité réelle, et rendue nécessaire par la nature de l'ordre du 8 août, on appelle des juges. Pour la faute que je nie de toutes les puissances de mon âme, on me condamne sans m'entendre ; pour la faute que j'avoue, et qui, par conséquent, si elle était punissable, pouvait être punie directement par l'évêque, en vertu de son pouvoir discrétionnaire, on affiche des scrupules ; on s'entoure de formalités, on nomme les témoins ; on rassemble l'officialité, afin de pouvoir donner à ma condamnation cette belle apparence de légalité, dont on sait qu'elle est, dans le fond, complétement dépourvue. La trame a été ourdie par M. l'archidiacre avec un art digne des pharisiens. Le tribunal devant lequel on m'assigne n'a pas à examiner les actes antérieurs au *monitoire* et à se préoccuper en aucune manière de la vérité des faits allégués dans ledit *monitoire*, ou dans la procédure d'où il est sorti. Il est obligé de partir de ce principe que tout ce qui a été fait auparavant a été équitable, juste et légal, et l'on comprend que, sous le poids de cette présomption commandée à mes juges par

tant de convenances, ma condamnation était presque inévitable.

Cependant, après avoir entendu avec une bienveillance manifeste mes explications sur tous les faits que j'ai déjà rapportés, mes juges hésitèrent à prononcer contre moi la condamnation qui leur était demandée par le jeune et zélé promoteur, et dans l'espoir d'écarter ce fardeau de leurs épaules, ils m'engagèrent à faire un acte de soumission à Son Éminence, à m'en remettre à sa seule justice, et à solliciter de sa haute raison telle modification au monitoire qui pût, à l'avenir, le rendre exécutable; puis ils s'ajournèrent à huitaine, pensant que d'ici là tout serait arrangé. Séance tenante et pendant qu'ils délibéraient encore, j'adressai à Monseigneur, d'après leurs conseils, la supplique suivante :

« Paris, ce 30 janvier 1862, au prétoire de l'officialité.

» Éminence,

» Profondément touché des sentiments sacerdotaux des » membres de l'officialité qui se sont montrés à mon égard, » *non sicut dominos, sed patres*, je ne saurais mieux faire » que de souscrire à leur conseil, en déclarant à Votre » Éminence que, franchement et loyalement, je me sou- » mets à toute décision émanant de votre autorité. Je m'en » rapporte également à Votre Grandeur pour adoucir autant » que possible les termes du monitoire du 8 août dernier.

» J'ai l'honneur d'être, etc. »

Pour toute réponse, je reçus, le 4 février, du greffier de l'officialité, avis que l'ordre était donné de continuer les poursuites, et deux jours après, le tribunal, déçu comme moi dans ses justes espérances, rendit le jugement suivant :

» Au nom de la Sainte Trinité.

» Nous, Louis-Charles Buquet, vicaire général du diocèse » de Paris et spécialement délégué par Son Éminence le » cardinal archevêque,

» Vu la défense faite à M. Roy, curé de Neuilly, *de re-* » *cevoir chez lui madame Roy, sa belle-sœur, de la visiter* » *chez elle et d'avoir aucune relation avec elle dans tout* » *autre lieu,* défense qui lui a été intimée *sous peine de* » *suspense qui serait encourue par le seul fait de la dés-* » *obéissance,* le 8 août 1861 ;

» Entendu M. le promoteur dans le rapport qu'il nous a » fait *sur la conduite de M. Roy, depuis que la défense* » *lui a été intimée ;*

» Considérant que M. Roy est convaincu *par les déposi-* » *tions écrites de plusieurs témoins et par ses propres aveux,* » *d'avoir* reçu chez lui et d'avoir visité chez elle plusieurs » fois madame Roy, sa belle-sœur ;

» Considérant qu'il n'a allégué aucuns motifs *canoniques* » qui aient pu l'autoriser à enfreindre dans les circon- » stances où il l'a fait, la défense qui lui a été signifiée ;

» Considérant que, dans sa défense, il s'est servi d'*ex-* » *pressions irrespectueuses contre la mesure prise à son* » *égard,* et contre l'autorité *dans la personne de l'un de* » *MM. les vicaires généraux,* expressions que le tribunal » doit blâmer et qu'il blâme formellement ;

» *Par ces motifs et autres causes graves à ce nous mou-* » *vant* (1), *agissant en vertu des pouvoirs que le saint*

(1) Il ne faut pas s'arrêter à cette formule mystérieuse et inquiétante : *et autres causes graves à ce nous mouvant.* Il n'y a là-dessous aucun sous-

» *Concile de Trente donne à l'Ordinaire dans le chapitre I,*
» *sess. 14*e ;

» Le saint nom de Dieu invoqué,

» Nous déclarons et prononçons que M. Roy a encouru » la suspense, et qu'*ayant exercé des fonctions d'ordre* » *sacré, il est tombé dans l'irrégularité ;*

» Nous lui enjoignons, en conséquence, sous peine d'être » poursuivi ultérieurement selon la rigueur des saints » canons :

» 1° *De se soumettre purement et simplement* à la dé» fense à lui notifiée le 8 août 1861, *laquelle est et de-* » *meure maintenue dans toutes ses dispositions ;*

» 2° De s'abstenir désormais de tout acte d'ordre sacré » et de tout office de curé, *jusqu'à ce qu'il ait obtenu d'être* » *absous des censures et relevé de l'irrégularité.*

» Ainsi fait et jugé au prétoire de l'officialité diocésaine » de Paris, le 6 février 1862.

» *Signé* Buquet, official diocésain. »

Il y aurait beaucoup à dire sur ce jugement ; je me bornerai à quelques observations essentielles.

1° Il n'y est question ni du prétendu scandale allégué par M. Véron, ni d'aucune faute de nature à porter la plus légère atteinte à mon honneur, soit comme prêtre, soit comme homme privé. Le tribunal ne m'impute que deux griefs, savoir : un acte de désobéissance, qui est le grief principal, et quelques mots irrévérencieux contre le *monitoire* et son auteur, grief plus léger, qu'il se contente de blâmer.

entendu qui me concerne particulièrement ; c'est une phrase de convention inscrite d'avance dans tous les jugements de l'officialité, comme elle l'était jadis dans certains actes des rois de France.

2° La seule loi invoquée par le tribunal est tirée du chapitre Ier de la session 14 du concile de Trente. Ce chapitre permet à l'évêque de suspendre un prêtre extrajudiciairement, pour une cause occulte, et semble livrer tout le clergé inférieur, sans aucune garantie, à l'arbitraire épiscopal. C'est un de ces décrets disciplinaires du concile tridentin que nos vieux parlements ont refusé d'enregistrer, et qui n'ont jamais eu en France force de loi. Mais je n'entends point me prévaloir de cette circonstance, et pour ma part j'accepte ce décret tel qu'il est, malgré l'interprétation abusive qu'on en fait trop souvent, et qui doit affliger, même dans le ciel, les pères du concile de Trente. Mon objection est tout autre et j'y arrive immédiatement.

3° Je me demande si une contravention même volontaire au *monitoire* du 8 août constitue une désobéissance grave, de nature à entraîner la suspense *ipso facto*. Le tribunal a dit oui; mais il avait lui-même reconnu, dans sa première séance, que ce *monitoire* manquait de la précision désirable en de pareils actes, et donnait à l'autorité plus de latitude pour punir qu'il ne m'en laissait à moi-même pour éviter la peine. Son ajournement à huitaine ressemblait fort à une censure muette et respectueuse de ce document. D'un autre côté, en m'engageant à recourir à la justice de Son Éminence, et en voyant mon empressement à suivre ce conseil, le tribunal avait pu se convaincre de mes sentiments de soumission à l'autorité épiscopale; il devait être clair pour lui que l'intention rebelle, qui seule fait le délit, n'existait pas dans mon cœur. On m'avait commandé une espèce de suicide moral; ce genre de suicide est-il permis? Avait-on bien le droit de me le commander? Cela est au moins douteux. J'aurais cru, en obéissant, commettre un délit contre moi-même, un délit public et scandaleux. Me suis-je trompé? Soit. Le tribunal le dit. Mais se tromper n'est pas un crime, quand on s'est trompé de bonne foi.

Ainsi, soit qu'on examine le fait en lui-même, soit qu'on examine l'intention, il y a peut-être lieu de s'étonner du jugement rendu par le tribunal. Il n'a pas tenu compte des considérations morales que j'alléguais pour ma défense; il a transformé une contravention avouable, excusable, en une désobéissance malicieuse, que je désavoue; il s'est presque déjugé lui-même en déclarant, le 6 février, obligatoire en toutes ses parties le même monitoire que, le 30 janvier, il avait trouvé défectueux, puisqu'il m'avait engagé à prier Son Éminence de vouloir bien y apporter quelque changement.

Il est possible, du reste, que les raisons si graves qui m'ont paru autoriser l'infraction que j'ai commise, ne se trouvent pas dans les canons; mais cela tient peut-être à ce que les canons n'ont pas prévu un pareil monitoire.

4° Il me reste à expliquer ce que signifie ce terme d'irrégularité qu'on a lu dans le texte du jugement. L'irrégularité est un empêchement canonique à l'exercice des fonctions d'ordre sacré. Elle est partielle ou totale, et, dans le premier cas, elle interdit certaines fonctions seulement; dans le second, elle les interdit toutes. On distingue l'irrégularité *ex defectu*, qui n'est pas une peine, car elle provient de certaines infirmités naturelles du corps ou de l'esprit, de l'irrégularité *ex delicto*, qui est une peine, parce qu'elle provient d'un délit. Dans ce dernier cas, il faut que le délit soit très grave et très avéré, puisque la peine qui en découle est, après la déposition et l'excommunication, la plus grave qu'un prêtre puisse encourir. Elle l'est à ce point que le souverain pontife a seul le pouvoir de la remettre. Or, malgré la décision de l'officialité, je ne crois pas que je fusse tombé dans l'irrégularité en continuant, comme je le fis, l'exercice de mon ministère, nonobstant l'infraction au monitoire et la menace de suspense *ipso facto* attachée à cette infraction. Voir la personne qu'on me défendait de voir n'est pas en soi un délit. Le monitoire seul en faisait un délit. Par conséquent il était permis de se demander si M. l'archidiacre pouvait ainsi, de son plein gré, créer des délits et des délits entraînant la suspense. Or, voici ce que dit sur cette question le savant abbé Flottes : « Quand » on doute si on a encouru l'irrégularité, le doute est de » droit ou de fait ; dans le premier cas, presque tous les » canonistes pensent que l'irrégularité n'est pas encourue. » Je pouvais donc, en conscience, sur la foi de presque tous les canonistes, me croire en règle, puisque mon doute portait précisement non sur un fait évidemment coupable en lui-même, comme l'homicide par exemple, mais sur le droit qu'on pouvait avoir d'incriminer un fait légitime (1). Par

(1) Voici, sur cette grave question, l'opinion de M. le cardinal Gousset, archevêque de Reims : « Celui qui doute avec fondement s'il est régulier, » doit-il se regarder comme tel et solliciter une dispense ? Ou il s'agit d'un » doute de droit, ou d'un doute de fait. Dans le premier cas, on n'a pas à » craindre l'irrégularité ; car *il n'y a d'irrégularité que dans les cas claire-* » *ment exprimés par* LA LOI. Ainsi, quoiqu'on soit certain d'avoir fait telle » ou telle action, si l'on n'est pas assuré qu'elle entraîne une irrégularité, » parce que la loi est obscure et que les docteurs ne s'accordent pas sur le » sens qu'on doit lui donner, *on peut certainement, de l'aveu de presque* » *tous les canonistes, se comporter comme si on n'était point irrégulier.* » M. le cardinal Gousset va plus loin ; il prétend qu'on peut continuer les fonctions d'ordre, quand le doute, relatif à l'irrégularité, porte sur *le fait*, le fait d'homicide excepté. Il appuie cette opinion sur les *conférences d'Angers*. Il ajoute : « IL N'Y A POINT D'IRRÉGULARITÉ DANS LES CAS DOUTEUX, *quand ils* » *ne regardent point l'homicide.* » (*Théologie morale par S. E. le cardinal Gousset archevêque de Reims, etc.*, t. II, p. 636).

malheur le tribunal s'étant décidé, le 6 février, à considérer le monitoire comme une œuvre très sage, très juste et parfaitement obligatoire, a été condamné par la logique à déclarer que j'avais véritablement encouru la suspense *ipso facto* prévue audit monitoire, et qu'ayant continué mes fonctions j'étais ainsi tombé dans l'irrégularité. *Dura lex, sed lex.* M. Véron l'avait prévu et c'est tout ce qu'il demandait. Le rôle du tribunal était fini, le sien allait recommencer.

VIII

Rome et Paris.

Quelque peu fondée que fût ma condamnation, non sur le chef capital qui est encore à juger, mais sur une question accessoire et relativement sans importance, les conséquences n'en étaient pas pour moi moins terribles. Elles devaient être exactement les mêmes que si j'eusse été convaincu d'un crime inexpiable. Avec ce jugement de l'officialité, dont on pouvait parler sans en indiquer la substance, rien n'était plus facile que de donner le change à l'opinion sur la nature des faits que le tribunal avait eu à apprécier. D'un autre côté, ne réussît-on pas à égarer sur mon compte la conscience de mes paroissiens, je n'en étais pas moins privé des consolations du saint ministère, et mis par sentence au rang des prêtres qui sont indignes d'approcher de l'autel.

S'il y avait eu quelque part en France un tribunal d'appel que j'eusse pu immédiatement saisir de ma cause, tant sur l'incident mal jugé, selon moi, que sur le principal non jugé, je me serais, sans hésiter, adressé à ce tribunal. Mais il n'existe pas. Le pape seul a le pouvoir ou de casser pareille sentence, ou de la déférer à une autre cour ecclésiastique, ou, sans réviser la procédure, de relever le condamné des peines portées contre lui. On peut s'adresser en toute sécurité à sa justice comme à sa clémence ; mais sa justice a nécessairement des lenteurs que sa clémence ne connaît pas. Ma tristesse était profonde, et en attendant le jour d'une réhabilitation plus complète, mon plus pressant intérêt était de sortir des liens de l'irrégularité, afin d'étouffer à l'origine les bruits menteurs que ma suspense prolongée pouvait accréditer.

Dans cette pensée, je me rendis, le 7 février, chez M. le cardinal, et lui déclarai que mon intention n'était pas de me pourvoir à Rome contre la sentence de l'officialité ; que j'étais résolu à m'y soumettre, malgré sa rigueur, et à invoquer la clémence du Saint-Père, quant à la peine d'irrégularité. J'ajoutai que je n'ignorais pas que, pour obtenir l'absolution, j'avais besoin d'être en paix avec mon évêque, et recommandé par lui à la bonté du souverain pontife. Monseigneur exigea alors de moi un nouvel acte de soumission n'ayant pas, à mon grand étonnement, approuvé celui du 30 janvier. Il daigna m'en dicter un autre qui m'étonna à mon tour, car il dépassait, vers la fin, la mesure des sentiments vrais qu'on devait me supposer (1).

On exigeait de moi une rétraction solennelle des paroles, démarches et actes quelconques qui m'avaient été inspirés par la vive conscience de mon droit blessé et de ma dignité compromise, et l'on voulait que je les déclarasse contraires

(1) Voy. la pièce 15.

à mes devoirs de respectueuse soumission. J'hésitai ; je priai Monseigneur de vouloir bien me dispenser d'écrire cela ; mais Monseigneur me déclara que, si je m'y refusais, il me livrerait à moi-même et m'abandonnerait sur le chemin de Rome. Cédant à la contrainte, je signai et, je l'avoue, ce fut une faiblesse. Mais on ne me laissait pas d'autre moyen de prévenir le mal qui pouvait résulter de mon opposition, mal immense que M. le cardinal avait lui-même signalé avec énergie dans les premières lignes de sa dictée. C'est lui-même, en effet, qui venait de me faire écrire ce qui suit : « Justement frappé du jugement rendu contre moi, » et *effrayé des conséquences qui en résulteraient inévi-* » *tablement pour la religion, pour le corps auquel j'ap-* » *partiens et pour moi*, je déclare, etc. » Ces déplorables conséquences, prévues par Monseigneur et aujourd'hui réalisées, j'en prenais, si je ne signais pas, la responsabilité, et si je signais, au contraire, et qu'elles se produisissent, la responsabilité en retomberait sur d'autres, puisque j'aurais, pour les prévenir, porté la soumission même au delà de ses justes bornes. Je signai donc, et le lendemain, une supplique, rédigée encore et favorablement apostillée par Monseigneur, fut expédiée au Vatican.

Le pardon du Saint-Père humblement imploré ne se fait jamais attendre : la dépêche contenant le mien arriva à Paris le 26 février ; mais on l'enferma dans les cartons de l'archevêché et l'on me laissa, malgré le pape, continuer publiquement ma pénitence imméritée. Je vais dire pourquoi dans le chapitre suivant.

IX

Les proscrits.

Je m'étais rigoureusement conformé aux termes de la sentence de l'officialité, n'ayant pas revu une seule fois ma famille soit au presbytère, soit chez elle, car cela dépendait de moi ; mais ma famille habitait Neuilly ; on voulait qu'elle en sortît et il ne dépendait pas de moi de l'en faire sortir. J'avais promis, il est vrai, d'y employer mes efforts ; mais n'agissant que par intermédiaire, je n'avais pu encore la faire consentir à cet exil. On croira aisément, d'après ce qui précède, que mes efforts en ce sens avaient été loyaux ; avais-je rien de plus à cœur que de continuer ma carrière sacerdotale, et de réduire enfin, s'il était possible, mes ennemis à l'impuissance ? Mais leur haine n'était jamais lasse, et quand je cédais à une prétention, il s'en élevait une autre. Que votre famille sorte du presbytère, m'écrivait M. Buquet, le 16 juin 1859, « il n'y aura plus rien à » dire ». J'obéis, et le 8 août 1861, on s'avise de me faire un crime de visiter ma famille ; défense d'avoir avec elle aucune relation en aucun lieu du monde. Pour obéir à cela, il fallait au moins une sentence ; on l'obtient ; j'obéis encore. Alors on me dit ce que le monitoire ne dit pas, ce que la sentence ne dit pas : il faut que votre famille quitte Neuilly et n'y reparaisse jamais. Cette exigence dépassait assurément toutes les autres, et elle fera dresser les cheveux sur la tête à tout ce qu'il y a de jurisconsultes et de canonistes dans l'Europe entière. Aucune loi civile, aucune loi ecclésiastique, n'autorise l'archevêque à bannir d'un lieu quelconque du diocèse un citoyen quelconque ; il ne pouvait donc me transmettre ce pouvoir qui ne lui appartient à aucun titre, et me punir, si j'échouais dans l'exécution du dessein le plus arbitraire qu'on lui ait jamais inspiré. Je n'avais pour réussir que les voies de persuasion.

Mais on comprend la résistance d'une mère à un pareil ordre que personne, à commencer par moi, n'avait qualité pour lui donner. C'était un attentat, et après tout ce qui s'était passé, l'attentat le plus injuste et le plus outrageant qu'on pût imaginer, contre sa liberté personnelle, et contre sa dignité de femme, de mère et de chrétienne. Je nommerai, pourtant, s'il en est besoin, les amis que j'ai employés pour la convaincre, et ils diront à leur tour les larmes d'indignation et de douleur qu'ils lui ont vu répandre. Eût-elle été aussi coupable qu'elle est, en effet, innocente, où prenait-on le droit de la proscrire ainsi d'une commune de l'empire et de la dénoncer, par cette affreuse et intempestive mesure, aux soupçons du public et peut-être un jour de ses propres enfants? Et si, moins confiante que moi dans le triomphe de la vérité, elle ne pliait pas sous cette injure, où prenait-on le droit de m'en punir? Il suffit de poser ces questions; il n'y aura dans le monde entier qu'une voix pour répondre : c'est odieux!

C'est pourtant de l'accomplissement de cette condition, qui n'était pas subordonné à ma seule volonté, qu'on fit d'abord dépendre le bénéfice du pardon accordé sans condition par le vicaire de Jésus-Christ. Un docte et vénérable prêtre, mon ancien maître et l'ami de toute ma vie, s'engagea alors à obtenir directement par sa propre influence, de l'infortunée mère de famille qu'il connaît depuis tant d'années, la concession qu'elle avait jusque-là refusé de faire aux prières de mes autres amis. Ses paternelles supplications, et l'engagement personnel qu'il avait osé prendre devant son évêque, la décidèrent enfin à ce douloureux sacrifice, et le 28 février, quoique malade et très souffrante, elle quitta Neuilly.

Il semble donc qu'il ne pût plus y avoir de prétexte à la levée des suspenses, puisque toutes les conditions qu'on y avait mises étaient remplies, même les plus exorbitantes. Cependant cet octroi des indulgences pontificales fut ajourné au 5 mars, et dans l'intervalle, le prétexte qu'on cherchait pour en anéantir l'effet, on le trouva. Cela se trouve toujours. Autant j'avais intérêt, et toute l'Église avec moi, à faire cesser un état de choses si affligeant, autant ceux qui l'avaient fait naître avaient intérêt à le prolonger. Voici comment ils s'y prirent.

X

Paris et Rome.

Depuis ma condamnation, M. Buquet, vicaire général et archidiacre de Notre-Dame, m'avait autorisé à continuer de porter l'étole dans l'église, et à remplir quelques modestes fonctions d'ordre; je remplissais donc ces fonctions depuis près d'un mois, sans la moindre inquiétude et sans nulle contravention, puisque j'agissais ainsi de l'aveu et avec l'exprès consentement de l'*alter ego* de mon évêque, à qui ma situation était d'ailleurs parfaitement connue, puisqu'il avait présidé le tribunal où j'avais comparu, et prononcé lui-même et signé ma sentence (1).

(1) Voici, sur cette question, l'opinion du savant cardinal archevêque de Reims : « Quoique l'évêque ne puisse réhabiliter un prêtre qui est tombé » dans une irrégularité réservée au pape, *il peut néanmoins lui permettre*

Le 2 mars, c'est-à-dire après l'arrivée des lettres de pardon et de rémission du souverain pontife, je donnai au peuple, à la prière de plusieurs de mes vicaires, la bénédiction du saint sacrement. Cet acte rentrait-il dans la catégorie de ceux que M. l'archidiacre de Notre-Dame, de qui je dépends, m'avait autorisé à remplir ? Je le crus sincèrement; la plupart de mes vicaires le croyaient aussi, puisqu'ils m'y avaient invité, et s'il en est un qui ait eu là-dessus quelques scrupules, il a pu les communiquer après coup à l'archevêché, mais ne m'en a point fait part en temps opportun ni depuis. Ce qui est certain, c'est que la nouvelle en fut bientôt portée à M. le promoteur, successeur de M. Véron ou à M. Véron lui-même, et présentée non-seulement comme une profanation, chose en soi assez grave et heureusement plus que douteuse, mais comme une espèce de défi à l'autorité diocésaine, chose complétement absurde. Je fus donc fort surpris de trouver chez moi, le 6 mars à midi, la lettre suivante :

« Monsieur le curé,

» Je suis venu ce matin en toute hâte pour vous demander s'il est vrai, comme on nous l'a assuré *hier*, que » vous avez donné le salut dimanche, avant d'avoir été » relevé de votre irrégularité. *Je déplorerais ce nouvel* » *embarras dont je ne vois pas comment vous pourriez*

» *d'exercer ses fonctions en attendant qu'il reçoive de Rome l'expédition de* » *sa dispense*, lorsque le besoin de l'Église réclame cette permission, ou » *lorsque le prêtre ne pourrait suspendre l'exercice de son ordre sans dan-* » *ger de se diffamer ou de scandaliser les fidèles.* » (*Théologie morale*, par M. le cardinal Gousset, t. II, p. 638.) Ainsi prononcent Ferraris, les *Conférences d'Angers*, le *Rituel de Toulon*, etc., etc.

» *sortir. Car Son Éminence est persuadée qu'elle ne peut*
» *pas vous relever de cette nouvelle faute, sans recourir*
» *encore à Rome.* Je veux espérer que le récit qui nous a
» été fait n'est pas conforme à la vérité.

« LANGÉNIEUX, chan. hon. prom. »

Je me rendis aussitôt à l'archevêché, alléguant pour ma défense l'autorisation de M. Buquet, ma bonne foi, l'erreur même de mes vicaires. Comment supposer que, dans l'état où je me trouvais, j'eusse pu avoir la folle et téméraire pensée d'attirer de nouveau sur moi par un acte quelconque, et surtout par un acte pareil, le courroux de mon évêque? Que n'aurais-je pas fait pour m'en préserver? Dans cette circonstance, que de raisons plaidaient pour moi! 1° Après la permission de M. Buquet, vicaire général, pouvait-on voir dans ma conduite un délit? 2° En supposant qu'il y eût un délit matériel et que j'eusse outrepassé la permission, y avait-il, dans ce fait, la moindre apparence d'intention délictueuse? 3° L'irrégularité dont on n'a pas été relevé est-elle renouvelée par un délit nouveau de moindre espèce que ceux qui l'ont fait encourir? Se multiplie-t-elle avec les délits? N'est-elle pas, au contraire, un état permanent que ne peut ni diminuer ni aggraver le nombre des fautes subséquentes, surtout quand la bonne foi est visible? Le pardon reçu de Rome couvrait tout, si on me l'eût appliqué à temps, car, étant pardonné, la bénédiction du 2 mars n'offrait plus l'apparence d'un délit; ce pardon ne m'ayant pas été appliqué couvrait tout encore, puisqu'on ne peut retomber dans l'irrégularité, quand on y est déjà, et que, dans tous les cas, il n'y avait, dans la rechute, que l'apparence d'une faute, et d'une faute bien vénielle, comparée à celles que Rome avait entendu pardonner.

Mes raisons furent vaines; on me déclara retombé dans l'irrégularité d'où je n'étais pas sorti, et il fallut adresser une nouvelle supplique au Saint-Père pour en obtenir un nouveau pardon. Il est vrai que Son Éminence, tout en admettant la nécessité d'un second recours à Rome, eut la loyauté de reconnaître aussi ma bonne foi. La preuve qu'elle la reconnut, c'est qu'elle daigna rédiger elle-même ma supplique, où il est dit textuellement : « *Semel benedixit ex falsâ consciencià et quâdam bonâ fide* »; et que cette pièce fut envoyée à Rome le 10 mars, accompagnée d'une suppliante apostille signée par elle et scellée de ses armes (1).

La nouvelle absolution implorée de Sa Sainteté, dans les termes les plus touchants, par M. l'archevêque de Paris, ne se fit pas attendre plus longtemps que la première. Elle arriva le 2 avril. Mais, ce que je ne comprends pas et ce que personne ne pourra comprendre, je n'en recueillis pas les fruits. L'autorité diocésaine qui l'avait sollicitée, refusa de me l'appliquer, après l'avoir obtenue, mais sans pouvoir cette fois donner à son refus l'ombre d'un motif et même l'ombre d'un prétexte (2). Je n'en accuse pas Son Éminence. Il n'est que trop évident, par tout ce qui précède, que son cœur n'a pas été dans cette affaire, surtout au

(1) J'en ai la copie (voy. la pièce 18); j'en ai eu quelque temps en main l'original, ainsi qu'en fait foi une lettre de M. le promoteur Langénieux, en date du 24 mars, où il me redemande, je ne sais pourquoi, « la minute » écrite de la main de Son Éminence » de la lettre que j'ai adressée au Saint-Père. (Voy. la pièce 19.)

(2) Je me trompe : on a mis en avant l'ombre d'un prétexte, en déclarant contre l'évidence que ma réintégration était devenue *impossible*. Ce qui

dénoûment, d'accord avec ses actes, ou qu'il faut du moins, pour être juste, distinguer ses actes personnels, toujours sages et généreux, comme le prouvent les deux suppliques au Saint-Père, des actes de son administration qui portent, par malheur, un autre caractère. On ferme, malgré lui, sa main toute chargée des grâces qu'il a implorées. Rome pardonne; l'archevêque a pardonné; mais il y a quelqu'un à l'archevêché qui ne pardonne pas.

XI

Le Jeudi-Saint.

La fête de Pâques approchait, et j'attendais de jour en jour, avec d'inexprimables angoisses, la fin de ces alternatives cruelles, genre de supplice auquel le tribunal de l'officialité ne m'avait point condamné. Le 16 avril enfin, M. le secrétaire général de l'archevêché vint me notifier une ordonnance datée du même jour, et portant :

» Art. 1er.

» M. l'abbé Manoury, premier vicaire à Neuilly, est » nommé administrateur de cette paroisse (1) pour y exer-

aurait pu la rendre impossible, ce n'était pas une faute nouvelle de ma part; on n'en alléguait point; c'était l'espèce de discrédit qu'on croyait avoir jeté sur moi par les rigueurs de toute sorte dont on avait usé à mon égard, et surtout par ma longue suspense. Mais tout cela n'avait fait que raviver les sympathies de mes paroissiens pour leur curé. On en trouvera la preuve aux *Pièces justificatives*, notamment dans la pétition des deux cents notables, et je reçois journellement, dans ma paroisse que je n'ai pas quittée, de nouvelles marques de cette sympathie, aussi infatigable que la persécution. L'objection ne saurait donc être considérée comme sérieuse.

(1) Il était mon premier vicaire depuis le mois de juillet 1860. On me

» cer, *à l'exclusion de tout autre*, à dater du 17 de ce
» mois, et autant de temps que nous le jugerons conve-
» nable, les fonctions de curé en tout ce qui concerne l'ad-
» ministration spirituelle et temporelle de la paroisse, avec
» les droits et avantages temporels que la loi civile attribue
» à l'ecclésiastique nommé par l'évêque pour remplacer un
» curé dans les cas prévus par elle.

» Art. 2.

» La présente ordonnance sera notifiée aujourd'hui, seize
» avril, au titulaire de la cure, au clergé de la paroisse et
» au conseil de fabrique de l'église de Neuilly, après quoi
» elle sera transcrite sur le registre des délibérations de la
» fabrique.

» Donné à Paris, etc. »

M. le secrétaire général me quitta aussitôt pour aller à l'église achever l'exécution de son triste mandat. Ains toutes les concessions qu'on m'avait dictées et qu'on avait

l'avait *imposé* en remplacement de M. l'abbé Du...., mon respectable ami, connu à Neuilly depuis quatorze ans, aimé et honoré de tous, et mon plus utile auxiliaire. M. Manoury arrivait de Saint-Eustache, où il a laissé dans le clergé plus d'une trace douloureuse de son passage. Je n'ai rien à dire de lui à ceux qui le connaissent; je n'en veux rien dire à ceux qui ne le connaissent pas. C'était, comme M.**, un protégé de M. Véron; c'était aussi parfois son amphytrion. On prétend qu'il vint à Neuilly dans l'espoir et même avec la promesse de me remplacer. Je ne le crois pas. Tout ce que je puis affirmer, c'est qu'il fut installé pendant mon absence, le 1er juillet 1860, *inter solemnia*, avec une pompe sans exemple en pareille circonstance, par M. l'abbé Langénieux, alors vice-promoteur. Je ne puis m'empêcher de remarquer encore qu'un an après, le 9 août, M. le cardinal m'écrivait la lettre qu'on a déjà lue, et dans laquelle il me demande ma démission. Malgré cela, je ne veux croire à aucun plan arrêté d'avance; tout ce qui a suivi en deviendrait trop odieux.

obtenues, n'étaient pas la fin qu'on s'était proposée en me les demandant, et au lieu de me réintégrer dans mes fonctions, pour prix de mon obéissance, on me remplaçait, comme si j'étais mort. On invoquait déjà la loi civile à l'appui de cette entreprise contre des droits qu'elle protége, dans l'idée où l'on était qu'en ébranlant ainsi ma position, après l'avoir si longtemps minée, il n'y aurait bientôt plus qu'à souffler sur moi pour me renverser. Les derniers actes de Monseigneur, je ne parle ici que de ses actes personnels, ne m'avaient pas, j'en conviens, préparé à ce coup. Quoi qu'il en soit, juste ou injuste, ce n'était là qu'une spoliation d'honneurs, de puissance et d'autres avantages plus ou moins précieux, à laquelle il est facile de se résigner, quand on a l'âme un peu haute. Il fallait seulement l'expliquer. Or, on l'a expliquée en effet, mais en quels termes! Voici le préambule de l'ordonnance, tel qu'il a été lu en chaire, le lendemain, 17 avril, par M. le promoteur, circonstance aggravante, qui n'avait pas été prévue la veille en l'art. 2 de ladite ordonnance :

« Nous, François-Nicolas-Madeleine Morlot, par la misé-
» ricorde divine, etc.
» *La situation affligeante de la commune de Neuilly,*
» *par suite de circonstances* DE NOTORIÉTÉ PUBLIQUE, NE NOUS
» PERMETTANT PAS *de laisser se prolonger un pareil état de*
» *choses,*
» LE SAINT NOM DE DIEU INVOQUÉ,
» Et notre conseil entendu,
» Nous avons ordonné et ordonnons ce qui suit :

Rien de plus. Qu'est-ce à dire? Ou cette phrase est vide, ou elle ne contient qu'une allusion préméditée à cette noire enquête, et à ce jugement mystérieux de l'officialité, dont nul ne connaissait alors les termes, et surtout à la longue présence à Neuilly et au récent départ de ma famille, fait plus notoire encore que les autres. Si ce considérant paraît d'abord un peu obscur, le châtiment qui l'accompagne y jette tout à coup une fausse et sombre lueur. Comme on connaît la mansuétude des evêques, comme on les voit, en toute rencontre, étendre leurs manteaux sur les fautes cachées, le moyen de me croire sans tache, après une ordonnance ainsi motivée. Qui refusera désormais de voir en moi un coupable, non-seulement jugé, non-seulement convaincu, mais de la conversion duquel on désespère? L'archevêché connaît trop bien le cœur humain pour ignorer toute la portée de certaines mesures, et surtout la portée de ces phrases qui semblent ne rien dire et qui disent tout, assez nettes pour tuer moralement un juste, assez vagues pour qu'on puisse, au besoin, en désavouer le sens homicide. On n'avait contre moi qu'une basse et absurde calomnie, dont on sait le néant; au lieu de la combattre, on me l'oppose; sous prétexte d'enquête, on l'ébruite, on la propage, et pour mieux l'accréditer, on oblige enfin M. le cardinal à lui prêter publiquement l'autorité même et l'éclat de sa pourpre. Cette ordonnance a donc été lue en chaire, au beau milieu de la semaine sainte, pendant cette trêve de Dieu où, dans les siècles de foi, les princes déposaient les armes et les gens de justice, songeant à Caïphe et à Pilate, fermaient le code pour méditer la Passion; elle a été lue aux fidèles consternés, le jour même où Notre-Seigneur Jésus-Christ, le maître et l'exemple de tous les pasteurs, lava de ses divines mains, et essuya les pieds à ses disciples, quoiqu'il sût bien, dit l'Apôtre, « que tous n'étaient pas purs ».

XII

Pétition de mes paroissiens. — Ma supplique. — Réponse de Monseigneur.

Le deuil fut grand; le scandale immense; il dure encore. J'ai vu, depuis ce jour, avec douleur, mais sans étonnement, quelques âmes pieuses se détourner de moi : elles craindraient de pécher, si elles osaient douter de la justice du châtiment qui m'a frappé, et plus il est sévère, plus elles ont besoin de croire qu'il est juste. Interrogez-les cependant, et elles vous le diront : Ce n'est pas ma conduite publique ou privée, c'est ma seule condamnation qui les trouble et les éloigne. La foi qu'elles doivent avoir dans les lumières d'un éminent prélat qu'elles n'entrevoient qu'une fois l'an, a pu seule ébranler la foi qu'elles avaient dans ce vieux curé qu'elles voyaient tous les jours et approchaient à toute heure.

Mais ces âmes faibles, quoique pieuses, sont en petit nombre, et le reste du troupeau m'est resté fidèle. Il a fallu des ordres venus d'en haut, et même des menaces, pour empêcher quelques-uns de ces vrais chrétiens, dont la situation n'était pas tout à fait indépendante, de m'apporter publiquement les consolations et les témoignages que j'étais en droit d'attendre eux. Le lendemain de la première communion, par exemple, on a empêché les frères des écoles et les sœurs de charité de *laisser venir jusqu'à moi*, selon l'usage, *ces* chers *petits enfants*, que j'avais si souvent nourris du pain de l'âme, et quelques-uns mêmes du pain du corps. La même pression a été exercée sur d'autres. Mais on ne les a pas tous arrêtés, Dieu merci ! et il en est qui ont compris qu'aucune autorité en ce monde, et l'autorité ecclésiastique moins que tout autre, n'a le droit de dire à personne : Vous n'irez pas consoler cet affligé ; vous ne témoignerez pas en faveur de ce juste, si votre conscience vous crie qu'il est juste. Vous renierez votre ami et votre bienfaiteur, parce qu'il me plaît qu'on l'abandonne. Grands et petits, soyez ingrats... Je plains ceux qui ont écouté de pareils ordres, et je leur pardonne ; mais je plains encore plus ceux qui les ont donnés.

On a vu que l'ordonnance du 16 avril semblait laisser une porte ouverte à l'espérance, et que la situation créée à Neuilly par l'article premier de cette ordonnance, n'était que provisoire et donnée pour telle.

Après quelques jours de stupéfaction, un certain nombre de mes plus honorables paroissiens se réunirent et résolurent ensemble d'adresser à Son Éminence une pétition collective, dont on trouvera le texte aux pièces justificatives (1). C'est un appel motivé à la justice du pasteur diocésain, une protestation nouvelle contre les calomnies qui auraient dû épargner ma vieillesse, une prière à l'effet de mettre fin au scandale que ma condamnation a produit, et qui tourne au détriment de la religion, du clergé et des mœurs. Cette pétition fut bientôt couverte de deux cents signatures environ, qui se décomposent ainsi : seize conseillers municipaux sur dix-huit alors présents dans la commune ; huit médecins, vingt instituteurs et institutrices laïques, maîtres ou maîtresses de pensionnats ; cent trente-quatre propriétaires et personnes notables. La nouvelle du départ de Monseigneur pour Rome ne permit pas aux pétitionnaires de recueillir un plus grand nombre d'adhésions ; on en aurait

(1) Voy. la pièce 21.

eu des milliers, si l'on eût voulu les demander. Mais, par un sentiment de discrétion facile à comprendre, on s'était abstenu de donner trop de publicité à cette respectueuse démarche (1). La pétition fut close et portée à l'un de MM. les vicaires généraux, pour être mise sous les yeux de Son Éminence; mais elle resta sans réponse.

(1) Je suis fondé à croire que cette pétition a déplu à l'autorité ecclésiastique. Il paraît que cette autorité n'aime pas à voir les laïques intervenir dans les choses de son domaine. Elle a raison pour ce qui regarde l'enseignement doctrinal, les mystères et même la discipline dans les matières d'ordre spirituel. Mais pour constater des faits extérieurs, le témoignage des laïques est irrécusable et souvent le seul a consulter. C'est sur le témoignage des laïques qu'est fondé en grande partie l'établissement du christianisme, et, dans l'Évangile, on voit Notre Seigneur invoquer tour à tour la parole de l'aveugle et celle du paralytique, et la voix du peuple entier au milieu duquel il vivait. Quand on prétend qu'un curé est pour ses paroissiens un sujet de scandale, il ne faut donc pas mépriser le témoignage des laïques. Quel jugement peut-on mettre en balance avec le leur, dans une semblable question? Est-ce que M. le promoteur, dans sa prétendue enquête, n'a pas interrogé des laïques? S'en est-il rapporté à l'unanimité, moins un, des prêtres et autres ecclésiastiques de ma paroisse? L'accusation pourra donc invoquer le témoignage de l'aveugle et du lépreux non guéris et celui de la femme adultère non repentante, et la défense ne pourra pas appeler à son aide ce qu'il y a de plus respectable dans le pays? Cette prétention se rattache à une autre qui n'est pas moins extraordinaire. Il est de principe à l'archevêché que *l'autorité ne doit jamais avoir tort*. « Tout le monde doit comprendre, dit une lettre de l'archevêché » que j'ai en ce moment sous les yeux, que si, après une décision prise, *on » revenait sur ses pas à la suite de sollicitations et de démarches en sens con- » traire, ce serait un échec dont les suites seraient nécessairement fâcheuses » à tous les points de vue.* » L'autorité diocésaine n'est point infaillible, et quand elle a pris sur de faux renseignements une décision injuste, il est plus fâcheux pour elle d'y persister que de *revenir sur ses pas*. Dépositaire des vérités morales les plus essentielles, et gardienne de ces vérités, elle ne doit être inflexible que dans la foi, et il est de son devoir de montrer aux fidèles, par son exemple, que la véritable sagesse et la véritable grandeur consistent à reconnaître l'erreur qu'on a commise, et à ne jamais confondre la vérité absolue avec ces appréciations nuageuses de l'ordre humain, par rapport auxquelles l'autorité la plus vigilante est toujours sujette à se tromper.

Le 23 mai, ayant appris que Monseigneur achevait les apprêts de son pèlerinage, je lui adressai moi-même la supplique suivante :

Paris, le 23 mai 1861.

« Éminence,

» Je me suis soumis, comme je le devais, avec respect et » en toute sincérité aux peines disciplinaires que vous m'a- » vez infligées. Mon humiliation est publique.

» Le 28 février dernier, ma famille a quitté Neuilly, con- » formément à vos ordres et je ne l'ai plus revue. Cepen- » dant, Monseigneur, je suis encore privé de toutes les » consolations du saint ministère. Oserai-je rappeler à Votre » Éminence que Rome, dans sa souveraine sagesse, a levé » les deux suspenses qui me frappaient? C'est plein de » confiance dans votre justice et votre miséricorde que j'at- » tendais l'effet de cette mesure, lorsque M. l'abbé Manoury, » mon premier vicaire, a été nommé administrateur de ma » paroisse. Qu'ai-je fait, Monseigneur, pour mériter ce châ- » timent encore plus grand que les autres? Tout recours à » votre miséricorde paternelle serait-il désormais inutile? » J'ai vu les peines qui m'ont été imposées s'accroître avec » ma soumission ; mes épreuves ne touchent-elles point à » leur terme?

» Une pétition en ma faveur, signée par deux cents » personnes des plus élevées et des plus honorables de la » commune a été remise le 17 courant entre les mains de » Votre Éminence ; ne dois-je rien espérer d'une manifesta- » tion aussi spontanée et aussi consolante pour moi? Qui » pourrait soutenir après cela que ma réintégration est » notoirement impossible?

» Si, comme prêtre, j'avais à mon insu manqué de nou-

» veau à mes devoirs et à la discipline de l'Église, je suis trop » profondément pénétré de l'esprit de l'Évangile et de l'es- » prit des saints canons pour ne pas aller de moi-même au- » devant de l'expiation et incliner mes cheveux blancs devant » le jugement de Votre Éminence. Je renouvelle donc ici » les actes de soumission du 30 janvier et du 7 février, selon » la lettre et selon l'esprit où ils m'ont été dictés.

» Dans ces dispositions, je vous supplie, Monseigneur, de » daigner m'accorder une audience avant votre départ.

» J'ai l'honneur d'être, etc. »

Voici la réponse de Monseigneur :

« Paris, le 25 mai 1862.

« Monsieur le curé,

» Je viens de prendre connaissance de votre lettre du » 23 de ce mois. Je ne vois qu'un moyen de terminer cette » triste affaire de la manière la moins pénible pour tout le » monde, ce serait que vous donnassiez de vous-même la » démission de votre titre. Comme vous n'y paraissez nulle- » ment disposé, les choses ne peuvent que suivre leur » cours.

» Croyez, monsieur le curé, à la sincérité de mes senti- » ments et des vœux dont mon cœur est rempli. Je porterai » à Rome les uns et les autres, étant au moment de partir » pour me rendre à l'appel du Saint-Père.

» ✝ F.-N., cardinal archev. de Paris. »

On peut comparer cette lettre du 25 mai 1862 à celle du 9 août 1861 : on y trouvera la même pensée, exprimée à peu près dans les mêmes termes. C'est ma démission qu'on veut après un an, comme on la voulait déjà lorsqu'on creusait sous mes pieds la fosse du monitoire. Il semble qu'il ne soit survenu dans cet intervalle aucun fait de nature à modifier profondément la conduite du pieux et sage prélat. Je ne parle point ici de ma soumission continuelle à des ordres vexatoires, soumission qui a eu, du moins, pour effet d'anéantir les prétextes qu'on pouvait alléguer contre moi le 9 août 1861. Je ne parle point des solennels démentis que mes paroissiens ont infligés à mes calomniateurs anonymes. Non ! Faisons comme Monseigneur : oublions tout cela, n'en tenons pas le moindre compte. Je vais me mettre, si l'on veut, dans la position d'un vrai coupable, qui ne s'est point défendu et que personne n'a osé défendre, et dans cette position qui n'est pas la mienne, mais que j'accepte pour un moment, je cherche encore s'il n'est rien survenu qui dût changer les dispositions de Son Éminence même à l'égard de ce coupable supposé. Que signifiait donc cet acte du 7 février, écrit par moi sous la dictée de M. le cardinal, acte qui semblait destiné à conjurer *les conséquences* funestes que ma condamnation, si elle n'était levée, devait avoir *inévitablement pour la religion, pour le corps auquel j'appartiens et pour moi ?* C'est Monseigneur, on s'en souvient, qui mettait dans ma bouche ces paroles, qui étaient déjà dans mon cœur, et c'est pour ne pas assumer sur moi la responsabilité de cet avenir redoutable que je signai à regret la rétractation des démarches les plus justes et les plus avouables. Que signifiait encore la première supplique adressée au Saint-Père par Son Éminence et par moi, le 8 février, si elle n'avait sérieusement et réellement pour but de prévenir ces *conséquences*, si clairement prévues par Monseigneur dans l'acte de la veille ? Que signifiait enfin la seconde supplique, en date du 10 mars, rédigée comme la précédente, par M. l'archevêque de Paris qui y reconnaissait la bonne foi du suppliant et s'agenouillait avec lui devant le pape pour obtenir une absolution si nécessaire au bien de toute l'Église? Je ne croirai jamais que ce fût là un jeu irrespectueux, et qu'on fît semblant d'implorer pour moi du souverain pontife des grâces dont on était résolu à ne pas me laisser jouir. Si ces actes étaient sérieux, ils engageaient Son Éminence, car depuis le moment où elle les fit de son plein gré, je ne lui ai pas donné volontairement et à ma connaissance le plus léger sujet de plainte.

Pourquoi donc ce changement? Pourquoi ce coup imprévu et si lamentable du Jeudi-Saint? Et après cette inexplicable rigueur, que dire de cette lettre du 25 mai? Tout cela est contradictoire et n'est pas l'œuvre du même esprit. Je suis donc forcé, non par un respect apparent, mais en toute sincérité, et devant l'évidence, de signaler de nouveau cette heureuse contradiction entre les actes personnels de Monseigneur, et les actes beaucoup moins évangéliques de son administration.

Ma démission! ma démission! on y revient encore. C'est donc bien là tout ce qu'on voulait depuis plusieurs années, et à la connaissance et de l'aveu de Monseigneur, depuis un an. C'est pour cela qu'on a imaginé cette perfide enquête; c'est pour cela qu'on m'a entouré d'auxiliaires diffamés ou diffamateurs, qu'on a soufflé la révolte au cœur de jeunes prêtres, qu'on les a fait descendre au métier d'espion; qu'on m'a tendu des lacs, conduit devant des juges, liés comme moi et plus que moi par les injustices passées, dont la connaissance leur était interdite; c'est pour cela qu'on a confisqué les pardons du Saint-Père, mis Monseigneur en contradiction avec lui-même et profané le Jeudi-Saint. Ce n'est que ma place qu'on voulait. Mais puisque ce n'était que ma place, il eût fallu le dire, avant que tous les sentiments d'honnêteté publique et privée me défendissent de la livrer à ceux à qui elle peut encore faire envie. Le 9 août 1860, après cette abominable enquête, il était déjà trop tard. Le 25 mai 1862, cela était devenu impossible. Non ! je ne la céderai pas, et il s'agit de savoir à présent si l'on pourra m'arracher, par des embûches, de ce poste douloureux où je défends mon honneur, celui de ma famille, le respect dû un jour à ma mémoire, la dignité de mon saint ministère, les saints canons qui m'ont fait inamovible, la loi civile qui protége cette inamovibilité. C'est une grande et pénible mission qui m'est échue; elle n'est pas de celles qu'on recherche ; mais quand Dieu l'impose, il faut l'accepter sans faiblir.

XIII

Ordonnance épiscopale déclarant vacante la cure de Neuilly. — Appel comme d'abus.

Les choses ont suivi leur cours, suivant la parole de Monseigneur; mais je ne crois pas, comme on s'en flatte, qu'elles touchent à leur terme. Puisqu'on a voulu, à tout prix, les amener là, c'est à moi de dire à présent : « il faut » que les choses suivent leur cours ». Il est de mon devoir d'éclairer sur les faits accomplis l'opinion publique indignement abusée. Il est aussi de mon devoir de déférer au conseil d'État, comme abusive, l'ordonnance épiscopale du 15 mai, qui déclare vacante la cure de Neuilly. S'il était permis aux évêques d'arriver, par de semblables moyens, à disposer des bénéfices, il n'y aurait bientôt plus en

France de curés inamovibles, et la loi civile qui veut qu'il y en ait, et qui en a fixé le nombre, ne serait plus, comme les canons des conciles, qu'une lettre morte. Mais je laisse à mon savant et honorable avocat le soin de discuter cette question, et au conseil d'État celui de la résoudre. Elle intéresse, en effet, l'État et tout le clergé plus que moi-même. Je ne veux examiner l'ordonnance du 15 mai qu'au point de vue des faits et en tant qu'elle touche à ma considération de prêtre et à mon honneur de citoyen. Elle est fort longue, fort obscure et fort embrouillée; la vérité en souffre en maint endroit; je serai donc obligé de remettre çà et là les choses à leur place, dans leur ordre naturel, qui est leur lumière naturelle, tandis que l'oubli et le renversement de cet ordre en faussent complétement l'aspect. Ce sera le résumé et parfois le complément de tout ce mémoire.

Ma déposition est motivée sur huit *considérants* que j'examinerai successivement, soit un à un, soit par couple, quand ils s'enchaînent de trop près pour être séparés. Voici le texte des deux premiers :

« François-Nicolas-Madeleine Morlot, par la miséricorde » divine et la grâce du Saint-Siége apostolique, cardinal » prêtre de la sainte Église romaine, du titre des SS. Nérée » et Achillée, archevêque de Paris, grand aumônier de » l'Empereur,

» I. — Considérant qu'au nombre de nos attributions » épiscopales et des devoirs qui en sont inséparables, il » n'est rien de plus grave et de plus essentiel que d'assurer, » autant qu'il est en nous, *le bon gouvernement de chacune* » *des paroisses* de notre diocèse, et de veiller à ce que les » curés, à qui le soin des âmes est confié, se montrent, » dans l'exercice de leur saint ministère, *fidèles observa-*

» *teurs des lois et de la discipline de l'Église*, évitant non-
» seulement ce qui pourrait donner lieu à aucun reproche
» sérieux, *mais encore tout ce qui ne répondrait pas suffi-*
» *samment à l'idée qu'ils doivent donner de la dignité et*
» *de l'excellence de leur mission parmi les peuples;*

» II. — Considérant que, dans le cas contraire, et *lors-*
» *que la présence et la conduite d'un ministre de la reli-*
» *gion*, exerçant dans une paroisse les fonctions pastorales,
» *loin d'y être profitables, n'y répandent que des influences*
» *préjudiciables à la cause dont il doit être le fidèle dé-*
» *fenseur*, notre devoir, *après avoir tenté sans succès tous*
» *les moyens soit de prévenir le mal, soit d'y mettre un*
» *terme, est de recourir au seul remède qui puisse en ar-*
» *rêter le cours, c'est-à-dire à la déposition régulière*
» *du curé qui se trouverait malheureusement dans ce*
» *cas;*

Observations sur les considérants I et II. — Je rends hommage à la sagesse de ces premiers *considérants*; je puis les lire sans trouble et n'y aperçois rien qui me touche, même de très loin, malgré l'application qu'on m'en veut faire et que j'examinerai en son lieu. Seulement je ferai respectueusement observer à Son Éminence que les devoirs de l'évêque ne se bornent pas à veiller sur la conduite des curés, mais aussi sur celle des prêtres qu'il leur a donnés pour coopérateurs. C'est une vérité aussi claire et aussi certaine que toutes celles que j'aime à louer dans ce préambule. Si Monseigneur en convient, je lui rappellerai que j'ai eu l'honneur de lui écrire, à différents intervalles, QUATRE LETTRES sur la conduite plus qu'irrégulière de M.***, mon second vicaire, et que ces quatre lettres sont restées sans réponse. Je me permettrai de lui rappeler encore les propos irrévérencieux, injurieux, scandaleux, de M. D..., successeur de M.***, et comme lui maintenu près de moi malgré mes remontrances ; l'insubordination conseillée et autorisée par M. le promoteur, avant la fameuse enquête, c'est-à-dire avant que je fusse avisé directement ou indirectement des fausses impressions que Monseigneur avait pu recevoir sur moi-même ; un des plus touchants évangiles, celui du bon pasteur, falsifié et dénaturé dans la chaire, et servant de texte à une satire dirigée par un jeune vicaire contre un vieux curé. Enfin, puisqu'on ne se lasse pas de répéter les mêmes accusations cent fois réfutées, je ne dois pas, de mon côté, me lasser d'y répondre : je rappellerai donc à Monseigneur, puisqu'on m'y force, que j'ai entre les mains les lettres de l'archevêché, par lesquelles on m'ordonne, après de tels écarts et de plus graves, de laisser prêcher M. D.... C'était donc un parti pris, même avant l'enquête, de me livrer en proie aux calomnies que M. le promoteur fomentait à plaisir autour de moi. Où s'est trouvé alors le bon pasteur? Est-ce là, par hasard, ce qu'il faut appeler, avec la présente ordonnance, *assurer le bon gouvernement des paroisses*? Est-ce observer fidèlement *les lois et la discipline de l'Église*? Est-ce que M.*** et M. D... *répondaient suffisamment à l'idée que* des prêtres *doivent donner de la dignité et de l'excellence de leur mission parmi les peuples*? Est-ce que M. le promoteur Véron répondait lui-même à cette belle idée? Est-ce que *la présence* de ces trois hommes à Neuilly et *leur conduite*, dans des fonctions si diverses, *a été profitable à la cause dont ils devaient être les fidèles défenseurs*? N'y aurait-elle point *répandu des influences préjudiciables*, dont on veut me rendre victime? Oserait-on placer leurs étranges procédés au nombre des *moyens de* *prévenir le mal* dont on m'accuse aujourd'hui? En fait de *moyens préventifs*, j'affirme qu'on n'en a pas employé d'autre à mon égard ; l'injure et la calomnie, la calomnie et l'injure. Je n'ai pas compris l'avertissement ; il n'était, dans tous les cas, ni canonique ni chrétien. Cela dit, je reviens au texte de l'ordonnance.

» III. — Considérant que la paroisse de Neuilly, cure » de première classe, dont M. Roy a été pourvu, il y a en» viron sept ans, *a eu beaucoup à souffrir surtout dans le* » *cours des quatre dernières années, sous les rapports les* » *plus graves et aux divers points de vue indiqués ci-dessus* » *de la présence au presbytère de Neuilly et de la manière* » *d'être d'une personne, belle-sœur de M. le Curé, que* » *celui-ci avait antérieurement chez lui, lorsqu'il était* » *vicaire à Saint-Germain des Prés, qu'il a conservée et* » *maintenue dans son habitation à Neuilly, avec une per*» *sistance des plus regrettables ; ce qui, eu égard à la con*» *dition de cette personne mariée, mais ne vivant plus* » *avec son mari, a produit dans le public des impres*» *sions du caractère le plus fâcheux, qui ont rejailli sur la* » *personne du pasteur de la paroisse, au détriment tou*» *jours croissant de sa propre considération et de son mi*» *nistère ;*

Observations sur le considérant III : — Nous voilà sortis des généralités et l'accusation prend un corps : elle se divise en deux ordres de faits distincts qu'il ne faut pas mêler et confondre à dessein, comme l'a fait le rédacteur de l'ordonnance, mais qu'il faut présenter et examiner chacun à part. Les uns regardent ma conduite, les autres l'impression qu'elle a pu faire. Parlons d'abord de ma conduite. On reconnaît, dans ce considérant, que l'état de choses que l'autorité a voulu faire cesser, subsistait depuis longues années; mais on ne dit pas qu'il subsistait avec l'approbation des deux précédents archevêques; on ne dit pas non plus que j'ai aujourd'hui soixante ans, et que ma belle-sœur a passé depuis six ans l'âge canonique. On ne dit pas par conséquent, que cet état de choses, parfaitement régulier dès l'origine, avait reçu du temps une sanction qui le mettait à l'abri de toute critique. On laisse supposer tout le contraire. En revanche, on a soin de faire remarquer « *la* » *condition de cette personne mariée, mais ne vivant pas* » *avec son mari.....* » Cela dit, on se garde bien d'ajouter que cette circonstance était connue de l'autorité diocésaine, et la situation qui en résultait formellement ratifiée.

Ce considérant III omet donc plusieurs faits essentiels à la cause; il n'en articule aucun de blâmable; mais, en compensation de ceux qu'il omet, il en suppose un qui est inexact, lorsqu'il assure que *M. le curé a conservé et maintenu cette personne* DANS SON HABITATION *à Neuilly, avec une persistance des plus regrettables.* Mais comme cette accusation, pour le moins inexacte, va être reproduite dans le considérant IV et dans le considérant V, je la refuterai tout à l'heure.

Voyons auparavant si ma conduite *a produit dans le public les impressions du caractère le plus fâcheux, qui ont rejailli, etc.*

Si l'on s'en rapporte à l'abbé ***, à l'abbé ***, à l'abbé D... et à M. l'abbé Véron, leur protecteur, pour ne pas dire leur complice, cela est vrai. Ces honorables personnages (voy. les chap. 3, 4 et 6 de ce mémoire) ont même réussi à mettre de leur parti une poignée de mes paroissiens. Ceux-ci, tout le monde les nomme à Neuilly. Moi, je leur fais la grâce de ne pas les nommer.

Avant de les connaître par le mal qu'ils m'ont fait, je ne les connaissais pour la plupart que par les services que je leur ai rendus. J'aurais à discuter, si je les nommais, la valeur de leurs témoignages, et dans une question pareille il me serait trop facile de les réduire au silence. Si je racontais d'eux, non ce qui se dit tout haut, ni ce qui se dit à l'oreille, mais ce que je puis personnellement prouver, on croirait que je cherche à les diffamer. M. le promoteur prétend, il est vrai, qu'il suffit de vingt témoins de cette espèce pour interdire un curé. Pauvre enfant! Si l'on faisait demain signer dans Paris une adresse contre l'archevêque et même contre la religion, il ne sait pas qu'elle se couvrirait en peu de jours de plusieurs milliers de signatures. Mais qu'est-ce que cela prouverait contre la religion et contre l'archevêque? Rien. Il ne suffit donc pas de raccoler dans les ténèbres quelques témoins à qui le jour fait peur; en matière d'appréciation morale, il est bon de compter les témoignages, mais il faut d'abord les peser.

On trouvera, aux *pièces justificatives*, vingt lettres signées par des magistrats, des fonctionnaires publics, des conseillers municipaux, des propriétaires, des pères de famille, dont la parole, en cette affaire, est d'un tout autre poids que celle de MM. ***, **, D..., Véron, etc. On y trouvera aussi une pétition à Monseigneur, datée du mois d'avril dernier, et revêtue de la signature de seize conseillers municipaux, et de celle de plus de cent cinquante notables. Je me borne à extraire de cette pétition le passage suivant :

« Quant à la vie privée de M. Roy, qui a servi de pré-
» texte à des insinuations si perfides, un grand nombre
» d'entre les soussignés en ont été témoins et opposent le

» démenti le plus formel à des dénonciations parties des » sentiments les moins avouables du cœur humain, et mal » dissimulées sous l'apparence d'un faux zèle.

» Jamais une âme honnête n'a été scandalisée des rap- » ports que M. l'abbé Roy entretenait depuis tant d'années » publiquement, sans mystère, à la parfaite connaissance » de ses supérieurs, avec sa famille, dont il est le protecteur » naturel et malheureusement le seul soutien ; ses rela- » tions journalières avec ses paroissiens, ses amis, ses vi- » caires, étaient, comme avec les siens, affectueuses et cor- » diales, et l'intérieur du presbytère présentait un aspect » vraiment patriarcal. »

Je n'ai pas à présent d'autre réponse à faire à l'allégation du *considérant* III, touchant les *impressions du caractère le plus fâcheux*, etc. J'arrive au *considérant* IV où l'*erreur de fait*, signalée plus haut, comme une simple inexactitude, prend, à mon grand regret, une tout autre apparence.

» IV. — Considérant que les *avertissements réitérés* » donnés à M. Roy, principalement depuis l'année 1859, » d'avoir à se séparer de la personne dont il s'agit, SONT » RESTÉS SANS EFFET, de même que les injonctions formelles » qui s'en sont suivies avec menace des censures ecclésias- » tiques, JUSQU'A *ce qu'enfin il a dû être et a été dé-* » *claré suspens ab ordine et officio*, A LA DATE DU 6 FÉVRIER » *dernier ;*

Observations sur le considérant IV. — Il est évident que Monseigneur n'a pas même lu cette ordonnance qu'on lui a fait signer : tout ce paragraphe n'est qu'un leurre.

1° Je n'ai reçu avant 1859 aucun avertissement.

2° Le premier avertissement que j'aie reçu en 1859 est un *ordre* de séparation donné fin avril, réitéré en juin, exécuté le 1er juillet de la même année. (Voy. les chap. IV et V de ce mémoire.)

3° Du 1er juillet 1859 au 8 août 1861, silence complet. Ni avertissements ni injonctions quelconques. Mais le 8 août 1861 on me défend, par un monitoire, d'avoir avec ma famille *aucune relation* n'importe en quel lieu, sous peine de suspense *ipso facto*. L'ordre n'était pas raisonnable. On voulait, par ce monitoire, me forcer à donner ma démission, comme le prouve la lettre de Monseigneur en date du 9 août ; ou m'attirer dans un piége pour prononcer ma suspense, comme cele est arrivé. (Voy. le chap. VI de ce mémoire).

4° Le rédacteur de ce considérant confond donc à dessein les injonctions du 16 juin 1859, qui avaient pour objet la séparation, et qui avaient *reçu leur effet* le 1er juillet de la même année, avec les injonctions du 8 août 1861 qui avaient un autre objet, mais si peu justifiable qu'il n'ose pas en parler. Il donne à entendre que l'ordre de séparation, qui est le seul qu'il énonce, n'était pas accompli le 6 février dernier. Ruse ou négligence de rédaction qu'on s'afflige de rencontrer dans un document aussi grave.

5° Il suit de là que la suspense prononcée contre moi le 6 février 1862 n'a nullement pour cause un refus de séparation, mais uniquement le refus de rompre *toute relation* avec ma famille, suivant les exigences du monitoire du 8 août 1861. (Voy. le chap. VII de ce mémoire.)

» V. — Considérant que, à raison de ce qui précède et » de la peine de la censure dont M. Roy a été frappé, *les* » *embarras et les difficultés d'une situation, déjà si com-*

» *promise, n'ont fait que s'aggraver, au scandale de la* » *paroisse et au détriment des plus respectables intérêts,* » *encore bien que, à la dernière extrémité, la belle-sœur* » *de M. Roy eût quitté le presbytère, mais pour s'établir* » *dans une maison faisant face à celle de M. le curé,* » *jusqu'à ce qu'elle fût venue, à une date récente, prendre* » *domicile à Paris;*

Observations sur le considérant V. — Il faut rapprocher ce considérant des deux précédents, pour se faire une juste idée du genre d'habileté du rédacteur de cette ordonnance. Il a commencé par dire (considérant III) que M. le curé avait *conservé et maintenu* telle personne DANS SON HABITATION *à Neuilly*, AVEC UNE PERSISTANCE des plus regrettables. Puis il a ajouté (considérant IV) que les *avertissements réitérés donnés à M. Roy d'avoir à se* SÉPARER *de cette personne sont restés* SANS EFFET, *de même que les injonctions* avec menaces, JUSQU'A *ce qu'enfin M. Roy a dû être déclaré suspens*, LE SIX FÉVRIER DERNIER. — Poursuivant le même système, il affirme (considérant V) que, *à raison de ce qui précède et de la peine de la censure* par lui encourue, le *scandale* a augmenté, « *encore bien*, dit-il alors, » que, *à la dernière extrémité*, la belle-sœur de M. Roy eût » quitté le presbytère ».

Tout lecteur intelligent qui ne connaîtrait les faits que par cette ordonnance, demeurerait persuadé, après l'avoir lue, que la séparation pure et simple, exigée en 1859, n'a été opérée qu'en 1862, *à la dernière extrémité*, et même après la *censure*. Or, la censure a eu lieu, comme on l'a vu, *deux ans et demi après la séparation effective*; elle n'a point porté sur ce chef, mais sur un tout autre fait que le rédacteur passe prudemment sous silence.

Comment appelle-t-on ce genre d'habileté? Qui veut-on tromper par ces omissions ingénieuses, et par cette confusion et cet embrouillement des faits les plus clairs, des dates les plus certaines? Aurait-on besoin de recourir à tant de laborieux artifices, si l'on avait pour soi la simple vérité? Ah! si quelqu'un méritait d'être déclaré suspens *ab ordine et officio*, c'est assurément celui qui, abusant de la confiance de M. le cardinal, a osé présenter à sa signature une pareille pièce. Audace d'autant plus coupable que cette pièce, ainsi revêtue de la signature de Son Éminence, devait être et a été renvoyée à M. le ministre des cultes, on comprend pourquoi.

» VI. — Considérant qu'une des conséquences dont cette » situation s'est trouvée singulièrement compliquée, a été » la nécessité de recourir à Rome une première fois le » 7 février, puis une seconde fois le 10 mars suivant, afin » d'obtenir des pouvoirs spéciaux à l'effet de relever l'ec» clésiastique dont il s'agit, non pas de la suspense dont il » avait été frappé le 6 février 1862, ce pouvoir appartenant » à l'ordinaire, mais de la peine de l'irrégularité que les » clercs encourent, lorsqu'ils violent la suspense, ainsi que » cela est arrivé à M. Roy (1), peine dont l'absolution, » dans l'espèce, était réservée au souverain pontife, sans » que, par la faute dudit M. Roy, il eût été possible de lui » faire l'application de la grâce accordée une première, puis » une seconde fois par l'indulgence de N. S. P. le pape; » d'où résultait inévitablement la prolongation indéfinie du

(1) On semble dire que j'ai violé la suspense, et par là encouru l'irrégularité, après le jugement du 6 février dernier. C'est une erreur. Le tribunal a, par la même sentence, prononcé la suspense déjà encourue *ipso facto*, et déclaré l'irrégularité. (Voy. les chap. VII et VIII de ce mémoire.)

» déplorable état des choses dans la paroisse de Neuilly,
» M. Roy restant ainsi lié par l'irrégularité et privé dès lors
» de toute fonction d'ordre et de juridiction ;

Observations sur le considérant VI. — La *nécessité de recourir à Rome était une conséquence* prévue à l'archevêché, provoquée même par le monitoire du 8 août 1861, et dont on s'est servi deux fois pour *compliquer* à dessein *la situation.* Monseigneur avait, en effet, tous les pouvoirs nécessaires pour juger le fait de désobéissance au monitoire, et tempérer la peine en tempérant aussi le monitoire. C'est dans cette pensée que le tribunal de l'officialité chercha, le 30 janvier, à se dessaisir de l'affaire. Mais on me renvoya devant ce tribunal, parce qu'il était lié par la lettre du monitoire, et qu'on prévoyait son jugement (1).

Le rédacteur de l'ordonnance confond encore dans ce considérant VI des choses fort distinctes, lorsqu'il dit : « sans que, *par la faute dudit M. Roy, il eût été possible* » *de lui faire l'application de la grâce accordée une pre-* » *mière, puis une seconde fois par l'indulgence de* » *N. S. P. le pape* ». Il confond les deux appels ; il confond les deux indulgences ; il confond les deux dénis d'application desdites indulgences. Tout cela est fort différent. Précisons les faits.

Le premier appel avait une cause discutable, mais régulière dans la forme. Le second appel n'a pas d'autre cause

(1) La sentence prononcée par l'évêque, en vertu de son pouvoir discrétionnaire, s'appelle, en droit canon, sentence *ab homine*. La sentence prononcée par un tribunal est la sentence *à jure*. La première peut être modifiée par l'évêque qui l'a rendue. La seconde entraîne l'appel à Rome. On savait bien ce qu'on faisait, en me renvoyant malgré ma supplique devant le tribunal.

que la volonté de Monseigneur ou de son conseil. Ce second appel, provenant d'une irrégularité imaginaire ou pour le moins douteuse, a servi de prétexte pour me frustrer de la première indulgence du Saint-Père. Mais cette nouvelle irrégularité étant admise, on peut dire à la rigueur, et malgré ma bonne foi reconnue, que c'est *par ma faute* que j'ai été frustré de la première indulgence. Par malheur, on n'en peut pas dire autant de la seconde indulgence; ce n'est pas, soit en réalité, soit en apparence, *par ma faute* que j'en ai été frustré; c'est sans motif et même sans prétexte. Il n'est donc pas permis de soutenir, avec l'auteur du considérant VI, que *la prolongation indéfinie du déplorable état des choses résultait* INÉVITABLEMENT de ma situation; elle ne résultait que de la volonté de Monseigneur et de son conseil. Rome m'avait délié deux fois de l'irrégularité, je n'étais plus lié que par l'ordinaire, et sans cause à moi connue. (Voy. le chap. X de ce Mémoire.)

» VII. — Considérant que, *au point où le mal était*
» *arrivé, aucune amélioration ne pouvait être espérée et*
» *prouvée*, il a été *d'absolue necessité* pour nous de con-
» fier le gouvernement de la paroisse de Neuilly à un prêtre
» administrateur, afin de pourvoir ainsi aux besoins spiri-
» tuels de la population et *d'atténuer, autant que possible,*
» *les suites de cet ensemble de funestes circonstances*, ce
» que nous avons fait le 16 du mois dernier, par une ordon-
» nance transmise le lendemain 17 avril, à Son Excellence
» M. le ministre des cultes, notifiée le même jour au clergé
» de la paroisse et aux membres du conseil de fabrique,
» signifiée à M. Roy et *publiée en chaire par la lecture qui*
» *en a été faite aux fidèles assemblés dans l'église parois-*
» *siale ;*

Observations sur le considérant VII. — Je cherche sincèrement à comprendre ce que signifient ces mots : « *au point* » *où le mal était arrivé, aucune amélioration ne pouvant* » *être espérée ou prouvée*, etc. » Quand j'examine mes sentiments, je ne le comprends pas ; quand j'examine ma conduite, je ne le comprends pas davantage, car tout ce qu'on m'avait demandé on l'avait obtenu, même les choses qu'on n'avait pas le droit de me demander : 1° la séparation d'avec ma famille le 1er juillet 1859 ; 2° la rupture ouverte de toute relation avec ma famille le 6 février 1862 ; 3° l'expulsion de ma famille de la commune de Neuilly le 28 février suivant. J'avais en outre signé le 7 février l'acte de soumission dicté par Son Éminence. Attendait-on de moi quelque chose de plus ? On ne me l'a pas dit. Que signifie donc ce langage ? De quel mal veut-on parler ? De mal véritable, il n'en a jamais existé. D'un autre côté, le prétendu mal, le mal imaginaire résultant du spectacle des relations les plus légitimes et les plus pures d'un vieillard avec sa famille, n'existait plus, alors qu'on faisait semblant d'intercéder pour moi le pardon de Rome. Quel est donc, encore une fois, ce *mal* inconnu et cette *amélioration* qu'on ne peut *prouver* et dont on *désespère* ? Cette phrase mystérieuse n'a point de sens ou bien elle n'est faite que pour suggérer au lecteur des conjectures dont on n'oserait pas prendre la responsabilité. Mais cela est plus grave qu'on ne pense.

Quand l'évêque agit dans les limites de son pouvoir discrétionnaire, il peut, si bon lui semble, suspendre un curé *à sacris*, sans dire pourquoi à personne. Mais quand, sortant de ces limites, il veut remplacer un curé inamovible, il est obligé de dire pourquoi à l'autorité civile. Dans ce cas, s'il a de bonnes et loyales raisons à donner, qu'il les donne, cela est facile. Mais s'il n'en a pas, rien ne l'autorise à falsifier la vérité, comme elle l'a été dans les considérants III, IV et V de cette ordonnance, et encore moins à insinuer des suppositions calomnieuses, comme on semble le vouloir faire dans le considérant VII.

Écartant donc ces suppositions et prenant les faits dans leur simplicité, on voit que l'*absolue nécessité* de confier à un autre le soin de ma paroisse se réduit à l'*absolue volonté* de le faire. Projet éventé depuis longtemps et avoué par Monseigneur le 9 août 1861.

Dire que cette mesure, prise durant la semaine sainte, *atténua les suites de cet ensemble de funestes circonstances*, cela n'est permis qu'au rédacteur de l'ordonnance.

» VIII. — Considérant que, dans de semblables conjonc-
» tures, et quelles qu'aient été et puissent être encore les
» dispositions de modération, de ménagement et de patience
» dont nous aurions voulu et voudrions ne pas nous départir,
» il nous est impossible de ne pas reconnaître que M. Roy
» ne saurait être réhabilité dans sa paroisse de Neuilly, et
» replacé désormais dans des conditions qui permissent
» d'attendre, pour la paroisse et pour la religion, aucun bien
» de sa présence, non plus que des fonctions ecclésiastiques
» dont il reprendrait l'exercice ;

Observations sur le considérant VIII. — Je lis dans la pétition à Monseigneur, pièce souscrite par deux cents notables paroissiens :

« Un grand scandale afflige la commune ; c'est la position
» humiliante faite à un vieillard que tout le monde aimait
» à respecter... Le mal grandit, et, dans l'opinion des sous-
» signés, il ne peut être réparé que par le prompt rétablis-
» sement de M. l'abbé Roy dans ses fonctions curiales.

» Telle est la vérité que, dans leur conscience, les sous-» signés se croient obligés de faire connaître à Votre Émi-» nence. »

Après ce qui précède, c'est tout ce que j'ai à dire sur ce dernier considérant.

L'ordonnance ainsi motivée poursuit en ces termes :

» Vu les pièces et documents relatifs à toute cette affaire,

» *Le saint nom de Dieu invoqué* et notre conseil en-» tendu :

» Avons ordonné et ordonnons ce qui suit :

» Art. 1er. — La cure de Neuilly est déclarée vacante par » la déposition que nous faisons et prononçons de M. Pierre » Roy, qui en était le titulaire depuis le 4 juin 1855.

» Art. 2. — M. l'abbé Manoury, nommé administrateur » de ladite paroisse par notre ordonnance du 16 avril der-» nier, conservera ses fonctions que nous lui avons confé-» rées jusqu'à l'installation du curé dont la nomination » sera faite ultérieurement par nous et soumise à l'agré-» ment de l'empereur.

» Art. 3. — Notre présente ordonnance, ensemble les » documents, pièces de l'instruction de la procédure cano-» nique, etc., seront transmis à Son Excellence M. le mi-» nistre des cultes, afin que ladite ordonnance, après qu'elle » aura été soumise à l'agrément de l'empereur et sanction-» née par décret impérial, porte son plein et entier effet (1).

(1) Il est question, dans cet art. 3, de documents, pièces d'instruction et de procédure à transmettre à Son Exc. M. le ministre des cultes. Je déclare, pour mon compte, que je n'en connais pas d'autres que celles que j'ai mentionnées dans ce mémoire. Si, par hasard, on en produisait d'autres, il serait étrange qu'on ne me les eût pas communiquées.

» Donné à Paris, sous notre seing, le sceau de nos armes » et le contre-seing du secrétaire général de notre arche- » vêché, l'an du Seigneur mil huit cent soixante-deux et le » quinzième jour du mois de mai.

» *Signé* F.-N. card. MORLOT, archevêque de Paris. »

Dernière observation.—Elle porte uniquement sur des dates. La pétition des deux cents notables, dans laquelle sont réfutés d'avance les principaux considérants de l'ordonnance qui précède, est du 25 avril; elle a été remise à l'archevêché entre les mains d'un vicaire général, le 17 mai. L'ordonnance de déposition ne m'a été signifiée, malgré l'*urgence*, que le 25 mai; mais on remarquera qu'elle est datée du 15, c'est-à-dire, par un pur effet du hasard, de deux jours avant celui où l'on reçut la pétition.

PIÈCES JUSTIFICATIVES

A L'APPUI

DU MÉMOIRE DE M. L'ABBÉ ROY

CURÉ DE NEUILLY

I.

Témoignages de l'autorité diocésaine à l'occasion de la promotion de M. l'abbé Roy à la cure de Neuilly.

1. Lettre de Mgr Sibour, archevêque de Paris, à Son Exc. M. Fortoul, ministre des cultes.
2. Lettre de Mgr l'évêque de Tripoli.
3. Lettre de M. l'abbé Tresvaux, chanoine et vicaire général.

II.

Documents relatifs à l'enquête faite à Neuilly l'an 1859, *à l'insu de M. le curé.*

4. Lettre de M. le curé de Neuilly à la sœur Gosselet.
5. Réponse de la sœur Gosselet.
6. Lettre de M. de Margerie, président de la Société de Saint-Vincent de Paul.
7. Lettre de M.***, relative à la visite faite à mon frère par M. le promoteur (document réservé).

III.

Documents et actes relatifs à la procédure après l'enquête.

8. Lettre de M. l'abbé Buquet.
9. Monitoire.
10. Lettre de Mgr l'archevêque.
11. Lettre de M. l'abbé Véron.
12. Citation.
13. Acte de soumission.
14. Jugement.
15. Deuxième acte de soumission.
16. Première supplique au Saint-Père (mémoire).
17. Lettre de M. Langenieux.
18. Deuxième supplique au Saint-Père.
19. Lettre de M. Langenieux.
20. Ordonnance du 16 avril.
21. Pétition.
22. Lettre d'envoi.
23. Troisième acte de soumission.
24. Lettre de monseigneur.
25. Ordonnance de déposition.
26. Arrêté ministériel.

IV

Documents produits à l'archevêché, fin août 1861, à l'appui d'une demande de contre-enquête.

27. Lettre collective.
28. Lettre de M. Lordereau.
29. Lettre de M. de Margerie.
30. Lettre de M. le juge de paix.
31. Lettre de M. Soyer.

32. Lettre de M. de Chambry.
33. Lettre de M. Azémard.
34. Lettre de M. Coipel.
35. Lettre de M. Levert.
36. Lettre de M. Pinel.
37. Lettre de M. Putel.
38. Lettres de MM. Semelaigne et Lemoine.
39. Lettre de M. Becquet.
40. Lettre de M. Legrand.
41. Lettre de M. Millot.
42. Lettre de M. Garneau.
43. Lettre de M. Decaux.
44. Lettre de Mme Brassier.

V.

Documents relatifs à l'abbé D...

45. Lettre de M. l'abbé D.
46. Lettre de M. Buquet, 20 mai 1859.
47. Lettre de M. Buquet, 2 juillet 1859.
48. Lettre de M. Boyer.
49. Lettre de M. Buquet, 25 mars 1860.
50. Lettre de M. Buquet, 6 avril 1860.

VI.

*Documents réservés relatifs à mes premiers diffamateurs, M. l'abbé *** et M. l'abbé ***.*

51. Lettre de M. le commissaire de police (en portefeuille).
52. Une lettre de M....., ancien gouverneur de l'île de la Réunion (en portefeuille).

I

Témoignages de l'autorité diocésaine, à l'occasion de la promotion de M. l'abbé Roy à la cure de Neuilly.

1.

Lettre de Mgr Sibour, archevêque de Paris, à Son Excellence M. Fortoul, ministre des cultes, en faveur de M. l'abbé Roy, deuxième vicaire de Saint-Germain des Prés, et actuellement curé de Neuilly.

Paris, le 24 avril 1854.

Monsieur le ministre,

J'ai pour M. l'abbé Roy, en faveur duquel Votre Excellence m'a fait l'honneur de m'écrire, une estime toute particulière, c'est un très bon prêtre que je n'oublie pas. L'intérêt que vous lui portez, monsieur le ministre, est pour moi un nouveau motif de songer à lui.

La paroisse de l'Assomption, dont vous me parlez, ne sera pas de longtemps érigée. Vous savez que récemment j'ai voulu donner une marque de bienveillance en le nommant à un premier vicariat. Il a préféré rester à Saint-Germain des Prés où il se trouve bien en qualité de deuxième vicaire. J'ai dû ne pas insister. Je trouverai, j'espère, une meilleure occasion de lui prouver mes sentiments. Seulement, il serait difficile que je pusse songer à le nommer curé, avant qu'il eût été premier vicaire, sans indisposer le clergé des paroisses. C'est la marche ordinaire suivie dans l'administration du diocèse de Paris. Nous ne nous en écartons que très rarement, et pour des cas exceptionnels qui ne peuvent éveiller en rien les susceptibilités de notre sainte et laborieuse milice.

Vous pouvez compter, monsieur le ministre, que je saisirai la première occasion de lui offrir quelque chose de plus important que le vicariat qu'il a refusé, pour le mettre sur la voie d'arriver à une cure. Les mérites de M. Roy et le haut intérêt que vous lui portez le demandent également.

Recevez, monsieur le ministre, l'assurance de ma haute considération et de mes sentiments les plus dévoués.

† M. D. AUGUSTE,
archevêque de Paris.

Pour copie conforme à l'original :

L'abbé ROY,
curé de Neuilly.

20 novembre 1861.

2.

Archevêché de Paris, 12 mai 1855.

Mon cher monsieur l'abbé,

J'ai le plaisir de vous annoncer que Mgr l'archevêque vient de vous nommer à la cure de Neuilly.......

Je me réjouis que Mgr ait pu ainsi récompenser votre zèle. Il vous en faudra déployer beaucoup dans le poste important qui vous est confié. Vous y remplirez, je n'en doute pas, les desseins de Dieu et les espérances de vos supérieurs.

Veuillez recevoir l'assurance de mon bien affectueux dévouement.

† LÉON,
évêque de Tripoli.

3.

Paris, 6 juin 1855.

Monsieur le curé,

Je n'ai pu assister à votre prise de possession, quoique vous eussiez bien voulu m'y inviter, mais je n'ai pas pris moins d'intérêt à votre nomination. Les bons sentiments qui vous animent et que je connais depuis longtemps me persuadent que vous serez à Neuilly *in resurrectionem multorum*. Je prie Dieu de tout mon cœur qu'il bénisse votre nouveau ministère et le rende des plus fructueux.

Vous serez désormais plus loin de moi que vous ne l'avez été jusqu'ici; mais les longues preuves d'attachement que vous m'avez données, et parfois dans des circonstances qui avaient à mes yeux un mérite particulier, me font espérer que vous voudrez bien venir encore me voir quelquefois.

Recevez, avec mes vœux, l'assurance du sincère attachement que vous conserve,

Monsieur le curé,

Votre très dévoué serviteur,

TRESVAUX,

chanoine et vicaire général (1).

II

Documents relatifs à l'enquête faite à Neuilly, en 1859, à l'insu de M. le curé.

4.

A la sœur Gosselet, ex-supérieure de la communauté de Neuilly.

Paris, 8 février 1862.

Ma bonne et très chère sœur,

.... Permettez-moi de solliciter de votre esprit de justice et

(1) Au commencement du mois de juin, malgré son grand âge (quatre-vingts ans), et sa santé débile, le vénérable doyen du chapitre de Notre-Dame a bien voulu m'honorer de sa visite à Neuilly et des marques de la plus noble sympathie. Plusieurs autres membres distingués de cet illustre chapitre ont imité son exemple, et je les en remercie ici du plus profond de mon cœur.

d'impartialité un témoignage auquel j'attache le plus grand prix, aujourd'hui surtout. N'est-il pas vrai que quelques jours avant votre départ, à l'occasion d'une enquête que M. le promoteur du diocèse faisait contre moi et ma belle-sœur, M. l'abbé Véron vous a adressé les plus graves questions de la morale, et que, las de vous entendre dire : « NON, NON, MONSIEUR LE PROMOTEUR, VOUS ALLEZ PROVOQUER DU SCANDALE, » IL VOUS A TOURNÉ LE DOS SANS VOUS SALUER, ET S'EST RETIRÉ comme un manant?

Veuillez recueillir vos souvenirs, et vous vous convaincrez que je ne fais que citer textuellement vos paroles dans une allée du jardin.

Mon témoignage a besoin d'être confirmé par le vôtre, autrement on me regardera comme un calomniateur.

Agréez, etc.

P. ROY,
curé de Neuilly.

Réponse de la sœur Gosselet.

Annappes (Nord), 14 février 1862.

Monsieur le curé,

Oui, monsieur le curé, je me rappelle les paroles que je vous *ai citées*, à la suite de la visite de M. le promoteur, ELLES SONT TELLES QUE VOUS LES RAPPORTEZ, à l'exception de la dernière phrase qui ne fut point *achevée par moi*. Veuillez vous en souvenir,

J'ai donc, en répondant aux questions que m'a adressées l'archevêché, répondu comme il suit : « Je ne me rappelle pas de » m'être servi d'aucune qualification à l'endroit de M. le promo- » teur. »

Je serais fâchée que ma réponse pût vous être défavorable, mais la vérité est pour chacun de nous.

J'ai l'honneur, etc.

Sœur AUG[illegible]STINE.

6.

Lettre de M. le président de la Société de Saint-Vincent de Paul.
(Voy. p. 35 du Mémoire.)

7.

Lettre de M. X..., relative à la visite faite à mon frère par M. le promoteur. (Document réservé.) Pour mémoire.

III

Documents et actes relatifs à la procédure après l'enquête.

8.

Lettre de M. l'abbé Buquet.

Archevêché de Paris, 16 juin 1859.

Monsieur le curé,

Je suis chargé d'une mission pénible, mais que je dois remplir : c'est de vous communiquer de nouveau la décision prise relativement à votre belle-sœur. *Le premier délai qui avait été accordé était le mois de mai.* On n'a pas urgé ; mais on n'accorde plus que *jusqu'au* 1er *juillet*, sous peine de retrait de pouvoirs.

Pour moi, je vous engage, dans vos intérêts, à commencer cette séparation sans bruit : on ne pense pas qu'il en résulte rien de fâcheux pour vous, *il n'y aura plus rien à dire.*

La meilleure solution, à mon avis, *si elle est possible*, serait que le mari et la femme se réunissent de bon accord, avec des garanties mutuelles.

Veuillez recevoir, monsieur le curé l'assurance de mes senti- sentiments dévoués.

L. BUQUET, vicaire-général.

9.

Monitoire. (Voy. p. 47 du Mémoire.)

10.

Réponse de Son Eminence à une demande d'audience. (Voy. p. 49 du Mémoire.)

11.

Lettre de M. Véron, en réponse à une demande de contre-enquête adressée à Monseigneur. (Voy. p. 50 du Mémoire.)

12.

Citation à comparaître devant le tribunal de l'officialité.

Archevêché de Paris, 24 janvier 1862.

Nous, Louis-Charles Buquet, official du diocèse de Paris, à la requête de M. le promoteur, citons M. Roy, curé de Neuilly, à comparaître, le jeudi 30 du présent mois, à deux heures de l'après-midi, par devant le tribunal de l'officialité, séant au palais archiépiscopal, pour répondre et s'entendre condamner, s'il y a lieu, sur l'accusation portée contre lui, à savoir : d'avoir enfreint la défense qui lui a été faite et notifiée, le 8 août de l'année dernière.

Cette citation, par ordre de Son Éminence le cardinal archevêque, tiendra lieu des trois citations canoniques, et lui sera remise par M. l'abbé Lemée, secrétaire de l'archevêché.

Fait à Paris, le 24 janvier 1862.

L'official du diocèse,

L. BUQUET.

13.

Acte de soumission fait au prétoire par le conseil de mes juges.

(Voy. p. 55 du Mémoire.)

14.

Jugement de l'officialité. (Voy. p. 56 du Mémoire.)

15.

Deuxième acte de soumission de M. le curé de Neuilly, acte dicté par Monseigneur lui-même au palais de l'archevêché, le vendredi 7 février 1862.

Justement frappé par le jugement rendu contre moi, le 6 de ce mois, et *effrayé des conséquences qui en résulteraient inévitablement pour la religion, pour le corps auquel j'appartiens* et pour moi, je déclare dans les sentiments les plus sincères, qu'à dater de ce jour je me soumettrai exactement et rigoureusement aux prescriptions qui m'ont été faites, le 8 du mois d'août 1861, me soumettant à toutes les conditions qu'elles m'imposent.

Je regrette, je désavoue et rétracte devant Dieu et devant mes supérieurs ecclésiastiques toute parole, toute démarche ou tout acte qui ont pu être et qui ont été contraires aux sentiments de respect et de soumission dont un prêtre doit toujours être animé.

P. ROY,
Curé de Neuilly.

16.

Première supplique adressée au Saint-Père, rédigée et apostillée par Son Eminence. (Mémoire.)

17.

6 mai 1862.

Monsieur le curé,

Je suis venu ce matin, en toute hâte, pour vous demander s'il est vrai, comme on nous l'a assuré hier, que vous ayez donné le salut dimanche, avant d'avoir été relevé de votre irrégularité. Je déplorerais ce nouvel embarras dont je ne vois pas comment vous pourriez sortir ; car Son Éminence est persuadée qu'elle ne peut pas vous relever de cette nouvelle faute, sans recourir encore à Rome.

Je veux espérer que le récit qui nous a été fait n'est pas conforme à la vérité.

LANGENIEUX,
Promoteur.

18.

Deuxtème supplique au Saint-Père, rédigée et apostillée par Son Emicence.

ARCHEVÊCHÉ DE PARIS.

Parisiis, die decimo mensis martii, anno 1862.

Beatissime Pater,

Ad pedes sanctitatis Vestræ humillime procumbens infracta scriptus presbyter Petrus Roy, ecclesiæ vulgo Neuilly in diœcesi Parisiensi parochus, quam maxima confusione et cordis amaritudine exponit Eminentissimum Cardinalem Archiepiscopum Parisiensem non potuisse sibi ipsi applicationem facere dispensationis a Sanctitate Vestra benigne concessa super irregularitate in quam misere incidit ex eo quod ab ordine et officio antea interdictus, pluria sacra peragere non extimerat.

Precibus enim ad sanctam Sedem Apostolicam perlatis ut ab irregularitate solveretur, imo et *responso favorabili accepto*, sed nundum ad executionem demisso, pluries interim idem supplex orator in sacris vestibus et schola parochioli indutus coram populo ad sacra in ecclesia congregato apparuit, sacris officiis præfuit, imo et parochianos sic congregatos cum sanctissimo Sacramento *semel benedixit* EX FALSA CONSCIENTIA ET QUADAM BONA FIDE.

De iis omnibus gemens et dolens sicuti ex aliis quæ primo admisit contra regulas sacras, ordinis sui et muneris obligationes et debita, enixe et instantissimis precibus gratiam implorat paternamque indulgentiam, ita ut perinde valeat, non obstantibus supra dictis, facultas eadem quam tribuere dignata est Sanctitas Vestra, die 17° februari proxime elapsi Eminent^mo Card. Arch. Parisiensi.

Vere et sincere pœnitens et ad meliorem frugem nunc et pro semper reversus veniam, misericordiam et apostolicam benedictionem implorat,

Beatissime Pater,

Sanctitatis Vestræ

humillimus, obsequentissimus et devotissimus

servus et filius, Petrus Roy.

Votis et precibus humillime implorat apostolicam indulgentiam, gratiam et misericordiam infra scriptus Card. Archiep. Parisiensis pro supplici presbytero parocho interdicto et in irregularitatem misere delapso, ut iterum dignetur Sanctitas Sua illi *veniam facere et benigne annuere ut ad absolutionem admittatur de qua ipsum non abusurum postea sperat et confidit.*

Pro se et pro grege sibi commisso benedictionem apostolicam implorat Sanctitatis Suæ humillimus et addictissimus filius servus et creatura F.-N.-M. card. Morlot, arch. Parisiensis.

Parisiis, 10 martii 1862.

19.

Lettre constatant que le document qui précède a été écrit par Monseigneur.

Archevêché de Paris, 24 mai 1862.

Monsieur le curé,

Auriez-vous la bonté de m'envoyer la minute écrite de la main de Son Eminence de la lettre que vous avez adressée au Saint-Père? Je crois que vous l'avez emportée par mégarde, car je ne l'ai pas retrouvée dans mon bureau.

Recevez, monsieur le curé, l'assurance de mes sentiments respectueux et dévoués en N.-S.

Langenieux,
Chanoine honoraire promoteur.

20.

Ordonnance archiépiscopale du 16 avril 1862, portant nomination d'un administrateur de la paroisse.
(Voy. p. 70 du Mémoire.)

21.

Pétition adressée à Monseigneur avec les signatures des pétitionnaires.

A Son Éminence le cardinal Morlot, archevêque de Paris.

Neuilly, 25 avril 1862.

Les soussignés ont appris avec une douloureuse surprise que le 16 avril 1862, il avait été nommé un administrateur de la paroisse de Neuilly.

Dégagés de toute passion, mus seulement par les intérêts de la religion et de la morale, les soussignés pensent qu'il est de leur devoir d'éclairer Votre Eminence sur le véritable état des esprits dans la ville qu'ils habitent. Ils viennent donc lui déclarer, avec respect mais avec franchise, qu'on l'a trompée sur le compte de M. l'abbé Roy. On a affirmé à Votre Eminence que la situation de notre commune était devenue affligeante par suite de circonstances de notoriété publique, et qu'il était, par conséquent, devenu nécessaire de confier les fonctions curiales à un administrateur.

Les soussignés reconnaissent qu'il y a en effet, aujourd'hui, une situation irrégulière et profondément affligeante, mais cette situation ne saurait être imputée, sans injustice, au vénérable prêtre qui en est la victime, elle est l'ouvrage de ses calomniateurs.

Est-il besoin de rappeler ici les services sans nombre que M. l'abbé Roy a rendus à la paroisse? L'église restaurée et enrichie, beaucoup d'ordre et de régularité apportés dans les cérémonies religieuses, le concours croissant des fidèles; la foi se manifestant par l'abondance des aumônes et la fréquentation plus assidue des sacrements, l'institution de nombreuses bonnes œuvres, enfin, pour couronner ces témoignages d'un zèle si véritablement apostolique, les sacrifices personnels de notre pasteur, et cette inépuisable charité que personne n'a jamais invoquée en vain. Tout cela est public et défie toute contradiction.

Quant à la vie privée de M. Roy, qui a servi de prétextes à des insinuations si perfides, un grand nombre d'entre les soussignés en ont été témoins et opposent le démenti le plus formel à des dénonciations parties des sentiments les moins avouables du cœur humain, et mal dissimulées sous l'apparence d'un faux zèle. Jamais une âme honnête n'a été scandalisée des rapports que M. l'abbé Roy entretenait, depuis tant d'années, publiquement, sans mystère, à la parfaite connaissance de ses supérieurs, avec sa famille dont il est le protecteur naturel et malheureusement le seul appui; ses relations journalières avec ses paroissiens, ses amis, ses vicaires étaient, comme avec les siens, affectueuses, cordiales, et l'intérieur du presbytère présentait un esprit vraiment patriarcal.

C'est aujourd'hui seulement, quand ses cheveux blancs, sa longue carrière sacerdotale, ses vertus éprouvées auraient dû le mettre à l'abri de soupçons si odieux, c'est aujourd'hui que des gens qui ne se nomment pas, affichent des scrupules dont personne encore ne s'était avisé. Les soussignés n'ont pas à défendre, sous ce rapport, la conduite de M. le curé: sa moralité n'est point sérieusement mise en doute même à l'archevêché.

Le grief principal, et l'on pourrait dire le seul, est dans le retard mis à la séparation pénible que Votre Eminence avait ordonnée. Cependant ce retard, on ne l'ignore pas, n'est point le fait de M. l'abbé Roy. Il ne s'explique que trop naturellement par la résistance d'une mère de famille qui, n'étant pas elle-même dans les liens de la discipline ecclésiastique, ne se croyait pas tenue d'obéir sans réflexion à une décision qui touchait de si près à son honneur et même à celui de sa fille.

Voilà ce qui a motivé les suspenses qui ont frappé notre cher e vénéré pasteur. Mais Rome dans sa souveraine sagesse, et sur votre recommandation paternelle, a tout pardonné, tout effacé.

Quelques-uns des soussignés, ayant eu l'honneur d'entretenir Votre Eminence à ce sujet, étaient, après cette audience, en droit d'espérer que l'autorité diocésaine, fidèle à ses propres conseils, ne se montrerait pas plus sévère que ne l'a été l'infaillible gardien des lois et de la discipline de l'Eglise.

Les détracteurs anonymes de M. l'abbé Roy ont, à la vérité, prétendu que sa réintégration était impossible ; les paroissiens eux-mêmes se sont chargés de mettre à néant cette allégation, par l'accueil sympathique et plein d'émotion qu'ils ont fait à leur vieux curé quêtant le denier de Saint-Pierre, humblement, sans étole, le jour de la fête des Rameaux. Il n'est que la malveillance qui ait pu chercher à dénaturer le caractère d'une si touchante démonstration.

En résumé, Monseigneur, rien n'est plus vrai, un grand scandale afflige la commune : c'est la position humiliante faite à un vieillard que tout le monde aimait à respecter.

La mesure qui le frappe est tellement rigoureuse que le public indifférent sera invinciblement conduit à supposer des motifs déshonorants pour lui. Ces motifs, le parti irréligieux les accepte déjà et les propage sans autre examen, non par suite d'aucune prévention personnelle, mais en haine du caractère ecclésiastique. Ce qui réjouit ce parti et avec lui les délateurs, inquiète au contraire, et contriste profondément les fidèles et toutes les âmes vraiment chrétiennes.

Le mal grandit, et, dans l'opinion des soussignés, il ne peut être réparé que par le prompt rétablissement de M. l'abbé Roy dans ses fonctions curiales.

Telle est la vérité que, dans leur conscience, les soussignés se croient obligés de faire connaître à Votre Eminence. C'est avec l'accent de la prière et la douce confiance qu'ils ont dans votre miséricorde, si elle était nécessaire, qu'ils attendent le résultat de leur respectueuse démarche.

Les soussignés prient Votre Eminence d'agréer l'expression de leur profonde vénération.

Liste des personnes qui ont signé la pétition ci-dessus :

CONSEILLERS MUNICIPAUX

MM. Soyer, premier adjoint, doct. en médecine, propriétaire.
Pinel, docteur en médecine, chevalier de la Légion d'honneur.
Hautefeuille, chevalier de la Légion d'honneur, avocat à la Cour de cassation, propriétaire.
Millot, pharmacien, propriét.
Laflèche, propriétaire.
Hurel, propriétaire.
Boucher, propriétaire.
Julien, architecte, propriétaire.
Boucher, propriétaire.
Marcelle, architecte de la ville de Paris.
Roland, propriétaire.
Legrand, propriétaire.
Mailly, propriétaire.
Laurent Richard, propriétaire
Blanché, ex-notaire.
Decaux, propriétaire.

N. B. Le conseil municipal se compose de vingt membres : un est mort, un autre est absent, et quinze ont signé conjointement avec le premier adjoint.

MARGUILLIERS.

MM. Petit, propriétaire.
Noblet, propriétaire.
Guillaume, propriétaire.
Hautefeuille, propriétaire.
Laflèche, propriétaire.
Gilet, propriétaire.

MM. les marguilliers ont déjà fait une pétition en particulier, laquelle a été signée par tous les membres.

MAÎTRES DE PENSION.

Internats et externats.

MM. Roblot.
Hautot.
Ricard.
Laguarrigue.
Berdoulat.
Dex-Borngne.
Fournier.
Nyon, ancien chef d'institution, chevalier de la Légion d'honneur.

MAÎTRESSES DE PENSION.

Internats et externats.

Mmes Biré.
Liétart.
Férand.
Bascans.
Wantzel.

Mlles Subert.
Bouvignes.
Rougieron.
Dorfeuil.
H. Lehmann.
E. Chazaud.
Mme Bouchiquet.

PROPRIÉTAIRES.

MM. de Margerie, propriétaire, président de la Société de Saint-Vincent de Paul.
Poulain, propriétaire.
Grandler, administrateur du bureau de bienfaisance et de la caisse d'épargne, propriétaire.
Lainiel, propriétaire.
Mayer, propriétaire.
Julien, architecte, propriétaire.
Leocq, propriétaire.
Parenteau, négociant.
Coipel, receveur municipal.
Delon.
Lefebvre.
Bigot.
Lacaume.
Vibert.
E. Vibert.
L. Vibert.
André Thierry.
Haverna.
Sonozez, rentier.
Mmes veuve Bégé, rentière.
Barbaroux, propriétaire.
Moutardier, rentière.
MM. de Chambry, chevalier de la Légion d'honneur, commandant de la garde nationale, receveur des contributions directes.
Gervais, ex-commandant de la garde nationale.
le Dr Putel, chevalier de la Légion d'honneur.
le docteur Semelaigne.
le docteur Lemoine.
le docteur Ferrand.
Garnaud, pharmacien.
Mmes Prost, propriétaire.
Plumier, propriétaire.
Leboucher, propriétaire.
Allavoine, rentière.
Veuve Willequez, propriétaire.
MM. Tourneaux, propriétaire.
Valtier, rentier.
Bonnefoy, propriétaire.
Chavignol, propriétaire.
Lerebours, propriétaire.
Crapelet, propriétaire.
Zachéroni, propriétaire.
Chapron, rentier.
Azémard, architecte, propriét.
Mmes veuve Perrin.
Charansonnet.
Veuve David.
Veuve Dutocq.
Chevalier.
MM. Dumuis.
Meunier.
Ledru, avocat.
Guillaume, ex-directeur des contributions indirectes.
Lecaudey, capitaine de la garde nationale.
Mathis, chevalier de la Légion d'honneur, sous-chef au ministère de la guerre.
Éclancher.
Séguin.
Camus, rentier.
Poitrey.

Collas.
Mmes Veuve Cubertier.
Veuve Jauvrin.
MM. Attlainet.
Donon.
Lévêque.
Giraud.
de la Loge.
L. Mégi.
Mme veuve Saulnier.
MM. Brunet fils.
Brunet père.
Cléry.
Tantin père.
Le Brun.
Cliquet.
G. Planchon.
Mmes veuve de la Bretonnière.
veuve Millot.
veuve Saint-Paul.
veuve Dardes.
Thorès.
MM. le docteur Pigaire.
F. Thimermann.
Touzelin.
Terray.
Quéruel.
Alexandre.
Born.
Deschamps.
Callet, ex-député.
Sénard.
Piot.

LE PARC DE NEUILLY.

M. Crocy, capitaine en retraite, chevalier de l'ordre impérial de la Légion d'honneur, chef surveillant du domaine de Neuilly.
Mme Crocy.
M. et Mme Carpentier, propriétaires.
Mme veuve Fontana, propriétaire.
M. Pilloy, propriétaire.
M. et Mme Doucet, propriétaires.
M. Lenordez, propriétaire.
Mme C. Lenordez, propriétaire.
M. et Mme Bourgeois, propriétaires.
M. et Mme Atge, propriétaires.
Mme Atge Pottger, f. d'Arche.
M. Chapuzot, propriétaire.
M. et Mme Legros.
M. et Mme Dumoutier.
M. et Mme Reclus.
M. et Mme Chanton, propriétaires.
M. et Mme Leroux, propriétaires.
MM. F. Godin aîné, propriétaire.
Caudron, propriétaire.
Mme veuve Duquet, propriétaire.
Mme veuve Durand, propriétaire.
M. et Mme Dusautoy, propriétaires.
M. et Mme Louvet, propriétaires.
MM. Caudron, propriétaire.
Carnet, propriétaire.
Mme Carnet, propriétaire.
M. J.-M. Cournier, propriétaire.
M. et Mme Lhermiteau, propriétaire.
M. et Mme Spiquel, propriétaires.
M. et Mme Guyot.
M. Leboucher, propriétaire.
Mme Blo, f. Leboucher.
MM. Libert (Armand), propriétaire.
Tremblaire, propriétaire, inspecteur général de l'imprimerie et de la librairie.
M. et Mme de la Fresnet, propriét.
M. Charral, propriétaire.
M. et Mme Bézot aîné.
M. et Mme Pagny aîné.
M. et Mme Legevrin.
M. et Mme Legrains, propriétaires.
M. et Mme Desbrosses, propriétaires.
M. et Mme Bulteau, propriétaires.

M. le colonel la Borde, gouverneur du Luxembourg, commandeur de la Légion d'honneur, etc.
MM. J. Villeneuve.
F. Lemercier, propriétaire.
Saint-Salvy, propriétaire.
E. Chapron.
Magis, propriétaire.
Fontaine, propriétaire.
Mme C. Fontaine, propriétaire.
MM. F. Douchemont, propriétaire.
A. de Saissas.
Lindenberger.
Savine, propriétaire.

DÉCOMPOSITION DE LA LISTE DES SIGNATAIRES.

16 conseillers municipaux sur 18.
6 marguilliers sur 9. Tous avaient déjà signé une pétition à part, et aujourd'hui l'un des trois qui n'ont pas signé est attaché à la mairie en qualité d'employé.
1 colonel, commandeur de la Légion d'honneur, etc.
1 commandant de la garde nationale.
1 ex-commandant de la garde nationale.
8 membres de la Légion d'honneur.
8 docteurs en médecine.
2 pharmaciens.
2 receveurs des contributions.
20 maîtres et maîtresses de pension.

Les autres signataires sont, ou des propriétaires ou des rentiers les plus notables de la commune.

22.

Lettre accompagnant la pétition.

Paris, 18 mai 1862.

Éminence,

Les soussignés ont l'honneur de vous adresser la pétition ci-jointe : c'est une protestation contre les bruits calomnieux que l'on a répandus à dessein sur le compte de M. l'abbé Roy et qui ont amené sa suspense. Ont signé ladite pétition : le premier adjoint; quinze conseillers municipaux sur dix-huit (le conseil se compose de vingt membres, mais l'un est mort et l'autre absent) ; six membres du conseil de fabrique (ces derniers ont déjà remis à Votre Éminence une supplique particulière, votée et signée à l'unanimité) ; huit maîtres de pension ; douze maîtresses de pension ; huit docteurs en médecine ; deux pharmaciens ; cent cinquante propriétaires. Un plus grand nombre de signatures auraient pu être recueillies sans l'annonce de votre prochain départ pour Rome. Celles-ci suffiront, du moins les soussignés l'espèrent, pour prouver à Votre Éminence que l'immense majorité des habitants de Neuilly, le conseil municipal en tête, non-seulement estiment et honorent M. l'abbé Roy, mais encore pensent qu'il est de leur devoir de vous faire connaître la vérité. Puisse Votre Éminence accueillir favorablement cette dernière et respectueuse démarche, en faveur d'un vieillard justement vénéré et digne de toute sympathie !

Les soussignés prient Votre Éminence d'agréer l'expression de leurs sentiments les plus dévoués et les plus soumis.

Ont signé : Le docteur PINEL,
membre du conseil municipal.

Le docteur PUTEL,
ancien membre du conseil municipal.

23.

Troisième acte de soumission. (Voy. p. 77 du Mémoire.)

24.

Réponse de Son Éminence à la lettre précédente.
(Voy. p. 78 du Mémoire.)

25.

Ordonnance archiépiscopale datée du 15 mai, signifiée le 25, et portant déposition du curé de Neuilly. (Voy. p. 82 du Mémoire.)

26.

ADMINISTRATION DES CULTES.

ARRÊTÉ.

Le ministre secrétaire d'État au département de l'instruction publique et des cultes;

Vu la lettre en date du 17 avril 1862, par laquelle Son Éminence le cardinal archevêque de Paris demande qu'il soit fait application à M. Roy, curé de Neuilly, des dispositions du décret du 17 novembre 1811, concernant les curés éloignés temporairement de leurs paroisses pour cause de mauvaise conduite;

Vu l'avis conforme de M. le sénateur préfet de la Seine, en date du 30 mars 1862;

Vu les art. 1 et 2 du décret du 17 novembre 1811, 27 du décret du 6 novembre 1813 et 27 de l'instruction ministérielle sur les payements des dépenses des cultes, en date du 1er avril 1823;

Arrête :

ARTICLE PREMIER.

Le procuré nommé par Son Éminence le cardinal archevêque de Paris pour remplacer M. Roy, curé de Neuilly (Seine), dans l'exercice de ses fonctions, percevra, à titre d'indemnité, pendant toute la durée du remplacement, à partir du 17 avril 1862, une somme égale aux deux tiers de ce traitement. Il aura, en outre, la jouissance du casuel et du presbytère de la paroisse de Neuilly.

ART. 2.

M. le sénateur préfet de la Seine est chargé de l'exécution du présent arrêté dans la délivrance des mandats du traitement.

Signé ROULAND.

Paris, le 7 juin 1862.

Pour ampliation :

Pour le conseiller d'État directeur général de l'administration des cultes empêché,

Le chef de la deuxième division,

Signé Victor HAMILLE.

Pour copie conforme :

Le secrétaire de l'archevêché,

Signé PETIT, *secrétaire*.

Paris, le 7 juin 1862.

IV.

Documents produits à l'archevêché, fin août 1861, à l'appui d'une demande de contre-enquête.

27.

Lettre collective de quelques notables de Neuilly.

Neuilly, 28 août 1861.

Monseigneur,

Monsieur Roy, curé de Neuilly, est depuis quelque temps sous le coup d'indignes et infâmes calomnies ; toutes les personnes honorables de la ville en sont profondément affligées et regrettent, dans l'intérêt de la religion, qu'on ait écouté et accepté sans un contrôle sévère ces misérables dénonciations.

Des mesures graves tout à fait imméritées et qui blessent cruellement la dignité pieuse et résignée du prêtre, ainsi que les sentiments naturels de la famille, ont été prises à l'égard de M. Roy. Quelques amis de M. le curé de Neuilly qui honorent son caractère, connaissent sa piété exemplaire et sa charité inépuisable, qui savent tout le bien qu'il fait à la paroisse, ont cru pour éviter un plus grand scandale, en rendant hommage à la vérité, devoir éclairer l'autorité ecclésiastique supérieure ; ils ont adressé à cet effet et spontanément à M. Roy des lettres qu'il a remises dans les mains d'un grand vicaire : dictées par un esprit de justice et de loyale impartialité, elles feront connaître à Votre Grandeur que sa religion a été surprise.

Nous venons prier Votre Éminence de jeter elle-même un coup d'œil sur ces lettres et de les comparer aux délations ténébreuses des ennemis de M. Roy. Nous vous demandons en grâce de mettre en balance la valeur des témoignages d'hommes estimables avec celle de gens qui agissent lâchement dans l'ombre et sous l'influence de sentiments haineux et égoïstes.

Nous sommes bien convaincus, Monseigneur, qu'après avoir examiné religieusement vous-même cette affaire, vous serez le premier à rendre justice à M. Roy, tout en calmant la conscience alarmée des fidèles.

Permettez-nous, Monseigneur, de vous dire que ces témoignages sont ceux du juge de paix, du premier adjoint, du commandant de la garde nationale et receveur des contributions directes, de plusieurs conseillers municipaux, d'un commissaire de police de Paris, du président de la Société de Saint-Vincent de Paul, du receveur des contributions indirectes, du receveur municipal, d'un architecte du gouvernement, de deux pharmaciens, de sept docteurs en médecine.

Veuillez agréer, Monseigneur, l'expression bien sentie de notre vénération et de notre profond respect.

1° Pinel, conseiller municipal, directeur de la maison de santé au château Saint-James.

2° Docteur Semelaigne.

3° A. Lemoine.

4° Levert, receveur des contributions indirectes.

5° Margerie, président de la Société de Saint-Vincent de Pau .

6° Coipel, receveur municipal.

7° Millot, pharmacien, conseiller municipal.

8° Garnau, pharmacien, conseiller municipal.

28.

Lettre de M. Lordereau, commissaire de police à Paris, ex-commissaire à Neuilly.

PRÉFECTURE DE POLICE.

VILLE DE PARIS. — 5e ARRONDISSEMENT.

Commissariat de police du quartier Saint-Victor.

Paris, 20 août 1861.

Monsieur le curé,

C'est avec un profond étonnement et la plus vive douleur que j'apprends les nouveaux ennuis qui vous sont suscités par la calomnie.

Je remplis donc mon devoir d'honnête homme, de bon chrétien et de loyal fonctionnaire, en faisant la déclaration suivante :

J'ai reçu, il y a cinq ans, je crois, la visite (à mon commissariat de Neuilly) de M. l'abbé Buquet, attaché à l'archevêché ; il s'agissait de connaître la valeur des bruits qui circulaient, au sujet de madame votre belle-sœur.

Après une assez longue conversation, M. l'abbé Buquet fut de mon avis, en déclarant que vous ne deviez faire aucune concession aux calomnies qui cherchaient à vous atteindre.

Vous voudrez bien vous souvenir, monsieur le curé, des conseils que je me suis permis de vous donner, je voulais poursuivre vos calomniateurs, mais la charité chrétienne vous a fait un devoir de pardonner ; je vous dis alors : Vos ennemis sont abattus, mais non vaincus, attendez-vous à de nouvelles attaques.

Vous voyez, monsieur le curé, que j'avais raison, et que, quand la calomnie s'attache à un honnête homme, elle ne le quitte pas facilement.

J'ai été reçu, je m'en souviens avec plaisir, dans votre intérieur, j'y ai rencontré les gens les plus honorables de Neuilly, j'ai vu ce qui s'y passait et j'ai plaint les misérables qui vous attaquaient.

Pourquoi votre maison n'est-elle pas de verre? Ce serait votre meilleure justification.

Je fais des vœux, monsieur le curé, pour que la vérité arrive jusqu'à Mgr l'archevêque, et elle y arrivera, Dieu aidant.

Pourquoi ne faites-vous pas appel à M. de Margerie? Quand il aura parlé, qui oserait douter ?

Daignez agréer, monsieur le curé, l'assurance de mon profond respect et de mon entier dévouement.

Le commissaire de police,

Signé LORDEREAU.

16, rue Cuvier.

29.

Lettre de M. le Président de la Société de Saint-Vincent de Paul.

Je soussigné, propriétaire, âgé de soixante-dix ans, habitant la commune de Neuilly, depuis plus de quarante ans, et y ayant toujours occupé une position indépendante, appelé aujourd'hui à donner mon opinion sur M. le curé de Neuilly, déclare la donner ici, en mon âme et conscience, et avec toute la véracité d'un bon chrétien.

Admis dans l'intimité de M. l'abbé Roy (il est bon de faire remarquer que je ne me suis jamais assis à la table de M. le curé, ni lui à la mienne, et que je ne suis point marguillier), presque dès son arrivée dans la paroisse, j'ai pu l'étudier de près, à loisir et avec suite, et j'ai reconnu, sans grand'peine, que, sous une écorce un peu rude quelquefois, on trouvait le cœur du bon pasteur, tout pour ses brebis. Depuis six ans que je fais partie de son troupeau, je ne lui ai connu qu'une seule et unique pensée, le bien de nos âmes. Et aujourd'hui même, 15 août, notre église, pleine à chacune de nos six messes, et quinze cents communions, sont là pour prouver que les soins qu'il ne cesse de donner à la maison de Dieu ont produit les plus heureux résultats.

Quant à l'accusation que de mauvais paroissiens ont osé porter (sans articuler aucun fait) contre les mœurs de M. le curé, je réponds à ces calomniateurs qu'ils ne l'ont certainement jamais vu dans son intérieur, alors que madame sa belle-sœur habitait avec lui. S'ils eussent un instant observé sa tenue, son air, ses regards, ses façons, ses discours, ils n'y auraient vu que la candeur et la simplicité d'un petit enfant, ou la calme et sereine affection d'un bon père de famille, et se seraient tous d'abord écriés : *On nous a trompés, ce n'est pas là l'homme.*

Ils ne l'ont pas fait, et l'accusation, tout odieuse et tout absurde qu'elle est, subsiste. Quels sont les accusateurs, quel est leur nombre, leur valeur ?

En attendant qu'ils se fassent connaître, donnons, sans citer de noms propres, une liste abrégée de ceux qui aiment, estiment et respectent M. le curé.

1° Tout son clergé (une exception peut-être); 2° tous les membres de la fabrique (une exception); 3° toutes les sœurs de charité; 4° tous les frères des écoles chrétiennes; 5° tous les membres de la Société de Saint-Vincent de Paul (une exception); 6° tous les médecins de la commune; 7° tous les maîtres et maîtresses de pension, etc., etc. Que les persécuteurs de M. le curé produisent leur liste : on comparera. J'ajouterai que, quand on tourmente le chef de la paroisse, on tourmente la paroisse tout entière ; on donne une pâture aux méchants, et on fait que les bons se demandent s'il ne serait pas temps, après six ans, de laisser le pauvre pasteur respirer et vaquer au soin de son troupeau.

Dernière réflexion. Ce n'est pas à M. l'abbé Roy que la calomnie a commencé à s'attaquer aux curés de Neuilly. Je me souviens très bien que, dans le cours de son exercice, le prédécesseur de M. le curé actuel, saint prêtre s'il en fut jamais, se vit plus d'une fois en butte aux dénonciations calomnieuses des mauvais paroissiens d'alors, et cet homme vénérable, obligé de descendre à se justifier, ne parvenait jamais, sans de grands efforts, à faire accorder plus de créance à la parole du curé qu'aux téméraires allégations de ses obscurs accusateurs.

Signé Margerie.

Président de la Société de Saint-Vincent de Paul.

A Neuilly, le 15 août 1861.

30.

Lettre de M. le juge de paix de Neuilly.

JUSTICE DE PAIX DU CANTON DE NEUILLY (SEINE).

Neuilly, 16 août 1861.

Monsieur le curé,

Vous m'avez fait hier soir l'honneur de m'adresser cette question, vous m'avez dit : « Suis-je un prêtre scandaleux? »

Je n'ai pas compris d'abord, vous vous êtes expliqué, et vous me demandez une réponse écrite.

Cette réponse sera courte et franche, la voici :

J'ai été nommé à la justice de paix de Neuilly par décret du 3 novembre 1859. J'ai été installé le 26 du même mois, et je n'habite ma résidence que depuis le 1er avril 1860.

J'ai dû vous faire, comme à tous les fonctionnaires, ma visite officielle, vous me l'avez rendue et vous avez eu l'obligeance de m'offrir votre concours, toutes les fois que j'en aurais besoin.

Renfermé dans mes fonctions, nos relations ont été peu fréquentes, monsieur le curé, mais je n'ai jamais entendu par personne rapporter un fait qui pût atteindre votre moralité.

Dans une affaire dont la publicité pouvait devenir un véritable scandale entre personnes vivant d'une manière peu régulière, je fis appel à votre charité chrétienne (il y avait des enfants, très innocents des méfaits que se reprochaient leurs parents, il ne fallait pas flétrir ces jeunes êtres et laisser une tache dans leur avenir), je réclamai votre secours, et je dus à votre chaleureuse intervention une transaction que sans vous je n'eusse pas obtenue.

Vous m'avez encore aidé, monsieur le curé, pour empêcher la résistance de la part d'héritiers à une apposition de scellés, ordonnée par M. le président du tribunal civil de la Seine; sans doute, j'aurais vaincu cette résistance, agissant par ordre et pouvant appeler la force publique, comme la loi m'en donne le droit. Eh bien! au milieu de vos devoirs pieux dans la maison mortuaire, vous êtes officieusement intervenu, et vous avez évité le scandale qu'auraient produit contre ces héritiers l'appel et la présence de la force armée; je vous en renouvelle mes remercîments.

Je ne parle pas des actes de charité dont j'ai été le témoin ou dont j'ai eu connaissance : tout le monde sait que votre main est inépuisable.

Enfin, monsieur le curé, dans toutes les circonstances, j'ai reconnu à la fois en vous l'homme d'honneur, éminemment éclairé, ferme, juste, équitable, et le prêtre complétement digne de son ministère sacré.

Recevez, monsieur le curé, avec ce sincère témoignage, l'assurance de ma respectueuse considération.

Signé Nogent-Saint-Laurent père,
juge de paix du canton de Neuilly (Seine).

31.

Lettre de M. Soyer, premier adjoint et docteur en médecine.

MAIRIE DE NEUILLY (SEINE),
CHEF-LIEU DE CANTON.

Neuilly, 16 août 1861.

Monsieur le curé,

Votre lettre m'étonne beaucoup et m'afflige profondément. Elle m'étonne, parce que je croyais que désormais vous étiez tranquille, et que vous étiez débarrassé à toujours de tous les ennuis qui vous avaient pendant longtemps rendu la vie si pénible; elle m'afflige, parce que je vois vos ennemis rouvrir une nouvelle campagne contre vous, et vos supérieurs accueillant encore les infamies colportées par de fausses dévotes, par des bonnes chassées de chez vous pour vol, ou encore par quelques hommes que vous avez dû chasser de l'église, à votre arrivée dans la commune, pour leur indigne conduite, et qui ne vous le pardonneront jamais. Un prêtre scandaleux! vous, monsieur le curé; mais ceux qui vous traitent ainsi ne sont donc jamais entrés dans l'église de Neuilly; ils ne veulent donc pas voir qu'en aucun temps, aucun curé de cette paroisse n'a attiré autant de monde dans son église, que jamais toutes les œuvres de piété, de charité n'ont été dans un état si florissant; qu'ils demandent aux malheureux du pays à qui ils doivent de n'avoir ni faim ni froid dans le plus rigoureux des hivers, et ils verront ce qu'il leur sera répondu.

Voilà vingt-cinq ans que je suis dans la commune, je puis me flatter d'être bien avec ce qu'il y a de plus honorable, et d'être en rapport journalier avec bien du monde; eh bien! monsieur le curé, jamais je n'ai entendu dire par personne rien qui puisse toucher à votre moralité, à votre honorabilité. Sans doute, dans un temps, d'infâmes propos ont été tenus, mais j'ai dû croire, et cela pour de bonnes raisons, que l'on en avait depuis longtemps reconnu l'indigne fausseté, et que l'on ne devait plus jamais revenir sur des choses que votre conduite, depuis six ans, dément de la manière la plus formelle. Reprenez donc courage, monsieur le curé, et soyez convaincu que, si la commune était appelée à répondre à la question que vous me faites, comme moi, elle dirait : non, monsieur le curé, vous n'êtes pas un prêtre scandaleux; mais vos ennemis sont bien lâches et bien infâmes, et vos supérieurs trop faciles à tromper. Quant à moi, monsieur le curé, vous me connaissez et savez que si vous étiez ce que l'on prétend, je ne vous serrerais pas cordialement la main comme je le fais aujourd'hui plus fort que jamais, en vous assurant de mon estime la plus sincère et de mon dévouement le plus entier.

Signé SOYER,
premier adjoint au maire de Neuilly.

32.

Lettre du commandant de la garde nationale et receveur des contributions directes.

GARDE NATIONALE DE LA SEINE.
8e SUBDIVISION. — 35e BATAILLON.

Neuilly, le 22 août 1861.

Monsieur le curé,

Je suis autant intéressé au maintien de l'ordre public et du respect à l'autorité que vous êtes vous-même obligé d'édifier et d'instruire vos paroissiens dans l'ordre religieux. Ces ordres se confondent et se soutiennent mutuellement, et c'est pour cette raison que je prends la liberté de vous écrire.

Des bruits fâcheux ont été répandus sur votre compte et ils sont parvenus jusqu'à moi. J'en ai été aussi surpris que peiné, aussi les ai-je repoussés avec indignation.

J'ai l'honneur de vous connaître depuis longtemps, monsieur le curé, et jamais je n'ai rien entendu qui ait pu atteindre votre réputation d'ecclésiastique zélé, bienfaisant et édifiant vos paroissiens par votre parole évangélique, par l'assiduité à vos saintes fonctions et par votre tolérance qui est à la hauteur de l'époque. C'est cette dernière vertu, je le crains, qui a probablement irrité ceux qui, oubliant la charité et l'amour du prochain que demande le vrai christianisme, ont osé calomnier leur pasteur.

Je ne veux pas faire porter plus d'attention qu'elles ne méritent à ces ignobles menées, mais j'estime trop votre caractère pour vous engager à prendre en considération la malveillance qui vous en veut.

Vous pouvez bien penser, monsieur le curé, que c'est le culte de la justice et le mépris de la calomnie qui m'ont déterminé à vous adresser ce peu de lignes.

Veuillez agréer, monsieur le curé, avec l'assurance de mon profond dévouement, l'expression de mes respectueux sentiments.

Le commandant de la garde nationale,

Signé DE CHAMBRY.

33.

Lettre de M. Azémar, architecte.

Monsieur le curé,

J'ai appris avec la plus douloureuse surprise les calomnies malveillantes qui circulent, dans le but de vous atteindre jusque dans vos affections de famille, et en dénaturant leur saint et pur caractère. Il ne suffit pas de mépriser ces odieuses rumeurs; il convient, au contraire, de les repousser hautement. Tous les honnêtes gens qui, grâce à Dieu, sont en majorité, s'empresseront d'attester votre honorable et sainte vie. Cet éclatant témoignage fera bonne et prompte justice des détestables manœuvres pratiquées dans l'ombre par une poignée de misérables.

Veuillez agréer, monsieur le curé, l'assurance de ma respectueuse affection et de mes sentiments les plus dévoués.

Signé AZÉMAR,
propriétaire.

Paris, 21 août 1861.

34.

Lettre de M. Coipel, receveur municipal.

Neuilly, le 23 août 1861.

Monsieur le curé,

J'ai l'honneur de répondre aux questions que vous m'adressez concernant mon opinion sur votre personne.

Depuis que j'ai l'honneur de vous connaître à la tête du clergé de la paroisse de Neuilly, je vous ai toujours considéré comme un digne ministre du Seigneur, bon pour tout le monde, généreux et charitable envers les malheureux; et si la calomnie de quelques personnes a cherché à vous nuire, soyez persuadé, monsieur le curé, que la plus grande majorité de vos paroissiens a toujours eu pour votre personne les meilleurs sentiments de vénération.

Depuis votre administration, l'église de Neuilly peut rivaliser par sa tenue parfaite, son ordre et ses cérémonies, avec la plupart des églises de Paris, et c'est à votre bonne direction, monsieur le curé, que nous devons tant de progrès.

Recevez, monsieur le curé, l'assurance de mes sentiments respectueux.

Signé COIPEL,
Receveur municipal.

35.

Lettre de M. Levert, receveur des contributions indirectes.

Neuilly, 22 août 1861.

Monsieur le curé,

C'est avec le plus grand étonnement et la plus profonde indignation que j'ai appris de votre propre bouche les propos que l'on tient, m'avez-vous dit, sur votre compte au sujet de vous et de votre belle-sœur.

J'étais d'autant plus éloigné de penser que l'objet de votre visite était de venir me demander des renseignements sur ce que j'avais pu apprendre à ce sujet dans le public, ma position me mettant à même de voir beaucoup de monde.

Eh bien! je puis vous certifier par écrit ce que je vous ai dit de vive voix, que je n'ai jamais entendu parler en mal de vous, sous quelque rapport que ce soit.

Il est bien regrettable que la calomnie se soit déversée sur vous à cause des tracasseries qu'elle vous occasionne dès à présent; soyez persuadé que j'en suis vivement contrarié, et que j'espère qu'elle tournera à la honte et à la confusion de ceux qui ont cherché à la répandre dans le public.

Agréez les sentiments du plus profond respect avec lequel j'ai l'honneur d'être, monsieur le curé,

Votre très humble et obéissant serviteur.

Signé LEVERT,

Receveur particulier des contributions indirectes à Neuilly.

36.

Lettre de M. le docteur Pinel.

MAISON DE SANTÉ DU DOCTEUR C. PINEL NEVEU,

Chevalier de la Légion d'honneur.

Neuilly, 18 août 1861.

Monsieur le curé,

Je suis vraiment désolé d'apprendre que vous êtes de nouveau sous le coup d'indignes et misérables accusations, et que l'on va jusqu'à oser articuler que vous tenez une conduite scandaleuse dont les paroissiens de Neuilly seraient péniblement impressionnés.

Que quelques gens sans consistance morale ou d'une médiocre

valeur, dont les intérêts et l'amour-propre ont été froissés, ayant essayé, dans l'ombre et sous le manteau de la religion, de ternir votre réputation d'homme de bien, de prêtre pieux et charitable, cela peut se concevoir ; mais que l'autorité ecclésiastique supérieure ait écouté ces odieuses dénonciations, et ait eu la faiblesse d'y croire, sans vouloir vous entendre, cela me paraît peu évangélique et tout à fait contraire à la justice divine et humaine. Pourrait-elle mettre un instant en balance ces ténébreuses et iniques délations, et l'assertion toute contraire d'hommes honorablement placés dans la société, profondément indignés de ces perfides et mensongères manœuvres?

Dans un esprit de concorde et d'humilité, vous avez obéi aux ordres de vos supérieurs, et vous avez fait taire les sentiments de la nature en éloignant du presbytère votre belle-sœur qui, depuis plus de quinze ans, abandonnée de son mari avec ses deux enfants, dirigeait l'intérieur de votre maison. Pleine de tendresse pour sa jeune famille, de dévouement et d'obligeance pour ceux qui l'approchaient, elle a su s'attirer l'estime et le respect de vos amis, et de tous ceux qui avaient l'honneur d'être reçus chez vous.

On trouve néanmoins que ce sacrifice n'est pas suffisant, et l'on veut vous interdire toute communication avec cette respectable mère de famille, et vous priver ainsi de voir son fils et sa fille dont vous êtes le tuteur naturel et le seul soutien.

Devez-vous courber la tête et subir encore cette intolérable injonction? Votre humilité et votre soumission toutes chrétiennes apaiseraient-elles les haines de vos méprisables calomniateurs? Vous laissera-t-on enfin jouir du repos et du calme si désirables à votre âge et dans l'état de santé où vous êtes? Osera-t-on aller plus loin, et voudra-t-on, pour obvier à de prétendus scandales, jeter la paroisse de Neuilly dans le désordre et la division, en alarmant les consciences des fidèles? A-t-on calculé toute la gravité et tout le mal qu'entraînerait une pareille mesure? A-t-on pensé que vous accepteriez en silence et sans protester une décision déshonorante et imméritée, et a-t-on pu croire que vos nombreux amis, tous ceux qui vous estiment et honorent votre caractère, qui connaissent votre dévouement et votre charité pour les pauvres, qui savent le bien que vous avez fait depuis six ans que vous dirigez l'église de cette commune, resteraient lâchement indifférents, et ne prendraient pas hautement votre défense avec le zèle et l'énergie qu'inspire une disgrâce non motivée ?

Quant à moi, monsieur le curé, qui ai pu apprécier les belles qualités de votre âme, la générosité de votre cœur, et qui ai été témoin de toute votre ardeur, de tout votre empressement dévoué à relever et à faire prospérer l'église de Neuilly, je me mets, comme toujours, à votre disposition, et suis prêt à rendre hommage à la vérité, en certifiant que votre conduite, loin d'être blâmable, ne mérite que des éloges.

Veuillez agréer, monsieur et cher curé, l'assurance de ma considération très distinguée et de mon affectueux dévouement.

Signé Pinel,
conseiller municipal.

37.

Lettre de M. le docteur Putel.

Très cher, très honorable et très excellent curé,

Après la conversation que je viens d'avoir avec vous, j'en suis à me demander si je suis bien éveillé ; c'est à croire que l'on rêve ! Comment, c'est vous que l'on oblige en quelque sorte à demander un certificat de bonne vie et mœurs ! C'est vous que l'on accuse d'être un sujet de scandale pour vos paroissiens ! C'est à ne pas croire, j'en suis encore tout ému, surpris et indigné !

Il connaissait profondément le cœur humain celui qui a dit : « Calomniez, calomniez, il en restera toujours quelque chose, » et c'est vous, mon bon ami, qui êtes en butte à ce venin des méchants, et l'autorité ecclésiastique abusée prête l'oreille à ces calomniateurs! cela dépasse toute prévision humaine.

J'ai besoin pour expliquer de pareilles anomalies de me rappeler que votre bon et vénérable prédécesseur, dont j'ai été longtemps le médecin, dont je suis et je serais toujours, je l'espère bien, l'ami intime, a, lui aussi, la pauvre et douce victime, trouvé des Judas Iscariote jusque dans la maison de Dieu; ils l'ont poursuivi de la même manière que vous en ce moment, jusqu'à ce qu'il succombât à la peine, jusqu'à ce que, miné sourdement par une lutte qui n'avait pas de fin, épuisé au moral et au physique, il résignât, avant l'âge de la retraite, des fonctions qu'il remplissait si dignement.

Vous le voyez, la méchanceté et l'injustice sont de tous les temps.

J'ignore quels sont vos persécuteurs, je ne les soupçonne même pas; mais, quels qu'ils soient, à quelque catégorie de la société qu'ils appartiennent, demandez à l'autorité dont vous relevez de les mettre en face de vos défenseurs et nous verrons alors si leur audace ira jusqu'à soutenir devant des hommes honorables, les mensonges qu'ils ont accumulés contre vous!

Devant Dieu et devant les hommes, voilà ce que je pense de vous; je vous demande pardon de vous le dire à vous-même et d'une façon aussi brutale en quelque sorte, mon excuse est dans les circonstances présentes.

J'ai l'honneur et le plaisir de vous connaître depuis que vous êtes à Neuilly, avant même (car c'est auprès du lit de votre prédécesseur que je vous vis pour la première fois). Depuis ce moment où je ne vous ai plus perdu de vue pour ainsi dire, je n'ai jamais entendu articuler contre vous un seul fait qui puisse incriminer en rien votre caractère et votre moralité.

Je vous sais juste et bon, généreux et secourable plus qu'aucun autre dans la commune; la tenue remarquable de votre église, l'affluence considérable des fidèles qui s'y pressent, prouvent que non-seulement vous êtes un bon prêtre, mais encore un bon administrateur. Mais à ces qualités vous joignez un grand défaut qui, pour moi médecin, tient plutôt à votre organisation physiologique qu'à votre caractère, vous dites trop vite et trop haut ce que vous pensez aussi bien à vos amis qu'à vos ennemis. Voilà, pardonnez-moi de vous le dire, votre principal et votre plus grand défaut. Quant à ce qui est de votre immoralité, je répondrai à cette sotte accusation par une déclaration que je fais ici dans toute la sincérité de mon cœur.

Je ne connais pas dans Neuilly *un seul homme* auquel je confierais plus volontiers ma femme et ma fille, si elle était en âge d'être soupçonnée.

Je vous en ai écrit bien long, mon bon curé, et cependant il me semble que je n'ai pas dit la millième partie du bien que je pense de vous.

En attendant que le mensonge soit confondu et que la vérité triomphe, je vous prie d'agréer l'expression de mes sentiments les plus respectueux en même temps les plus affectueux.

Signé Dr PUTEL.

38.

Lettres de MM. les docteurs Semelaigne et Lemoine.

Très cher et très honorable curé,

J'ai suivi avec un douloureux étonnement toutes les phases de la guerre acharnée et injuste que l'on vous fait depuis plusieurs années. D'abominables calomnies, je le sais, en ont été l'origine. Que des hommes à passions basses, des dévots et des dévotes de mauvais aloi se soient entendus pour vous nuire, cela se conçoit : le mal, comme le bien, est dans les choses humaines ; mais que dans votre clergé vous ayez rencontré des ennemis, je vous avoue avec sincérité que j'ai plus de peine à le comprendre. Où donc, si ce n'est là, règnera l'esprit de charité et de concorde dont parle l'Écriture ? Malheur à qui scandalise, a dit Jésus-Christ. Vraiment, je tombe de mon haut, en apprenant que pareille accusation est dirigée à l'heure qu'il est contre vous. Le scandale, s'il y en a, est et sera l'œuvre de vos ennemis et non point la vôtre.

Serait-il possible que l'on ajoutât foi sans contrôle à la parole de quelques misérables (c'est le nom des calomniateurs) et que le témoignage de gens sans aveu et qui se cachent dans l'ombre, prévalût sur le nôtre donné au grand jour, aux yeux de l'autorité ecclésiastique? Non, cela ne peut pas être. Tout pouvoir, quel qu'il soit, se respecte et n'agit pas en aveugle; il n'y a pas de justice d'ailleurs sans débat contradictoire.

Qu'avez-vous fait en définitive, depuis que vous êtes au milieu de nous? Sous votre administration sage et éclairée, l'église de Neuilly a prospéré et prospère toujours : la paroisse vous doit ainsi une partie de son lustre et de sa richesse; un grand nombre de malheureux vivent, à la connaissance de tout le monde, de vos largesses et de vos aumônes. Qu'exige-t-on de plus?

Ah! monsieur le curé, on vous reproche d'avoir gardé près de vous madame Roy, votre belle-sœur, et d'avoir élevé sans doute les enfants de votre frère. Ce dernier les avait abandonnés, qu'importe? Prêtre, vous deviez être sans entrailles : pour quelques-uns, vous le savez, le prêtre ne doit point avoir de famille. Mais, grâce à Dieu, ces idées désespérantes ne sont pas celles de l'autorité ecclésiastique qui les rejette avec mépris comme antichrétiennes.

La distinction physique et les qualités de l'esprit chez madame Roy ont soulevé contre elle, d'un autre côté, des jalousies féminines. Il est difficile, il est vrai, de réunir à plus d'aménité plus de noblesse. Nature vulgaire, on n'aurait rien dit d'elle et elle eût vécu paisiblement sous votre toit, ainsi que cela se voit tous les jours, sans blesser la susceptibilité ombrageuse de personne.

Depuis quelques années des trames odieuses ont donc été ourdies contre vous, et parmi vos vicaires il s'en est trouvé; à certaine époque, d'assez indignes pour vous susciter toutes sortes de tribulations. Nous les avons connus ces modèles de vertu, ils ne méritaient certes guère le titre honorable qu'ils portaient. On les a crus cependant (tant la médisance, cette haine déguisée, s'insinue partout avec habileté), puisqu'un sacrifice pénible a été imposé à votre cœur. Vous avez obéi; madame Roy a quitté le presbytère de Neuilly.

Aujourd'hui, vos ennemis s'aperçoivent, à ce qu'il paraît, que le sacrifice n'est point assez complet. Quoi! une injonction vous serait arrivée qui vous interdirait de voir madame votre belle-sœur partout où elle sera, et de quel droit, si haut qu'il soit placé? On ne sait donc pas que c'est vous qui l'avez élevée, que vous l'avez vue enfant avant qu'elle devînt la femme de votre frère et que ses enfants, votre neveu et votre nièce, ont grandi dans votre maison? Pour en venir là, quelle mine diabolique il a fallu creuser sous vos pieds! Troubler votre repos, empoisonner votre existence, quelle charité évangélique! Voilà donc le triste plaisir de ceux qui vous persécutent!.. Votre défaut, si c'est là un défaut, c'est de vous exprimer, en toute circonstance, avec une spontanéité trop pleine de franchise.

Mettez la main sur votre cœur, monsieur le curé, et comme votre conscience ne vous reproche rien, marchez résolûment dans la voie que vous vous êtes tracée et ne courbez point la tête en coupable : la conscience, un grand philosophe l'a dit, fait la moralité de nos actions.

Toutefois, après avoir fait une contre-enquête et vous avoir entendu, vous et vos défenseurs, l'autorité diocésaine enfin mieux renseignée reviendra, je n'en doute pas, sur les mesures sévères qu'elle a prises à votre égard. Le bien avec la justice, n'est-ce pas le but qui la guide toujours? Il est impossible par conséquent qu'on vous empêche de vous défendre par tous les moyens licites.

Veuillez agréer, monsieur le curé, avec l'expression de mes regrets les plus vifs sur la situation pénible ui vous est faite, l'assurance de mon entier dévouement.

Signé Dr SEMELAIGNE.

Neuilly, 21 août 1861.

Profondément reconnaissant de la bienveillance que veut bien me témoigner le vertueux curé de Neuilly, je saisis avec empressement l'occasion de rendre hommage à la vérité en adhérant de toutes les forces de mon cœur aux sentiments exprimés par l'honorable rédacteur de cette lettre.

Signé Dr Antoine Lemoine.

Neuilly, 21 août 1861.

39.

Lettre de M. le docteur Becquet.

Neuilly, 23 août 1861.

Monsieur le curé,

J'ai su que vous êtes menacé par l'autorité diocésaine de peines disciplinaires graves, et cela, parce que vous seriez, paraîtrait-il, une occasion de *scandale* pour votre commune. Je ne puis qu'être surpris de la sévérité des termes de cette accusation, et je considère comme souverainement injuste et absolument contraire à la vérité la prétention d'élever à la hauteur d'un scandale public les propos malveillants de quelques personnes isolées.

Je vous autorise, monsieur le curé, à faire de ma lettre l'usage que vous voudrez, et je saisis cette occasion de vous renouveler l'assurance de ma considération la plus distinguée.

Signé Dr Becquet.

40.

Lettre de M. le docteur A. Legrand.

Neuilly, 20 août 1861.

Monsieur le curé,

La question que vous m'avez fait l'honneur de me poser (si vous aviez été pour la commune un sujet de scandale) m'a jeté dans la plus étrange surprise. Depuis votre arrivée à Neuilly, je vous ai toujours connu pour un pasteur plein de zèle et de charité, vif, mais aimant à faire le bien et cherchant toutes les occasions de le faire; pour un administrateur habile, qui a cherché à tirer parti des ressources que renferme notre belle commune et qui ont été jusqu'à ce jour ou négligées ou exploitées au profit de l'égoïsme d'un petit nombre. Dans l'exercice de la profession médicale, en rapport avec toutes les classes de la commune, j'ai bien entendu émettre des insinuations malveillantes à votre égard, mais je n'ai pu obtenir l'articulation d'aucun fait précis et je les ai attribués sans peine à la jalousie et à la malveillance qui ne manquent jamais d'attaquer la vie privée des personnes les plus respectables, comme elles avaient attaqué déjà la conduite de votre vénérable prédécesseur. — J'ai vu, au contraire, avec bonheur, que par vos soins éclairés notre paroisse avait pris rang parmi les premières et les mieux administrées de Paris, et je forme les vœux les plus sincères pour que la calomnie, cessant de vous troubler dans votre repos, vous permette de consacrer votre temps à de nouvelles bonnes œuvres qui n'attendent que votre initiative pour prendre naissance dans notre ville de Neuilly.

Heureux de vous rendre ce témoignage, je suis avec respect, monsieur le curé, votre très humble serviteur,

Signé A. LEGRAND, docteur.
132, avenue de Neuilly.

41.

Lettre de M. Millot, pharmacien et conseiller municipal.

Neuilly, 19 août 1861.

Depuis que M. Roy est curé dans cette commune, l'église n'est pas assez vaste pour les fidèles qui s'y rendent d'après les invitations réitérées du pasteur. L'opinion de tous les gens sérieux et honnêtes est en faveur de M. Roy qui, par sa conduite exemplaire, sa justice et son impartialité, mérite les égards de ceux qui le connaissent.

Si des bruits absurdes, indignes et complétement ignorés de moi et de ma famille sont venus jusqu'aux oreilles de plusieurs personnes, ma conviction est que ces bruits sont le résultat de haines ou de jalousies personnelles qui ne doivent en rien ternir la réputation d'un prêtre respectable qui, par ses actes de charité, mérite l'estime et l'affection de ses paroissiens.

Je suis heureux de pouvoir signer ce que je pense à ce sujet, afin que justice soit rendue et que la paix de notre pasteur ne soit plus troublée par des cabales cachées et qui ne peuvent s'avouer au grand jour.

Signé MILLOT,
propriétaire, pharmacien, conseiller municipal,
162, avenue de Neuilly.

42.

Lettre de M. Garnaud, pharmacien.

Le plus proche voisin de l'église, j'ai eu souvent l'heureux privilége de voir M. le curé et de causer avec lui. Je professe pour M. Roy la plus haute estime. Sa piété sincère sans affectation, et son langage toujours édifiant et sans fiel, la franchise du caractère de M. le curé, son zèle à remplir ses devoirs de bon pasteur, le soin excessif qu'il a de son église, les notables améliorations qu'il a apportées dans les offices pour faciliter à chaque paroissien la pratique de ses devoirs religieux, ont dû rendre M. l'abbé Roy cher à toute la paroisse de Neuilly. En effet, je n'ai jamais entendu parler de M. le curé qu'avec beaucoup d'éloges; chacun se plaît à rendre justice à ses vertus; un seul désir qui perce toujours dans sa conversation, c'est de faire de l'église de Neuilly une église modèle, et de chaque paroissien un zélé serviteur de Dieu.

Voilà en peu de paroles tout le mal que j'ai à dire de ce digne homme.

Signé A. GARNAUD.

43.

Lettre de M. Decaux, conseiller municipal.

Monsieur le curé,

Vous m'avez parlé de bruits mensongers que l'on faisait courir sur vous en ce moment, de la peine que cela vous faisait et si j'avais eu connaissance de tout cela. Je puis vous dire, monsieur le curé, que je n'ai rien appris de pareil, que ce sont de pures calomnies dont on veut vous faire souffrir et qu'il faut en mépriser les auteurs. Quant à moi, je puis affirmer personnellement que vous remplissez vos fonctions avec dignité et le plus charitablement qu'il vous est possible. Croyez bien, monsieur le curé, que ces calomnies tomberont d'elles-mêmes et veuillez agréer la considération distinguée avec laquelle

J'ai l'honneur d'être un de vos paroissiens,

Signé DECAUX,
conseiller municipal de Neuilly.

28 août 1861.

44.

Lettre de madame Brassier, directrice de la salle d'asile de Neuilly.

Neuilly, le 20 août 1861.

Monsieur le curé,

Mon respect et mon dévouement pour vous me font un devoir de revenir sur les étranges paroles que vous avez prononcées lors de cette petite visite que vous avez daigné me faire, visite qui m'avait comblée de joie ainsi que mes enfants et qui a été troublée par une aussi odieuse révélation. « Vous êtes, m'avez-vous dit, un sujet de scandale pour le pays. » On vous accuse de quoi, pourquoi et comment? J'ai beau interroger autour de moi, je ne trouve que des cœurs disposés à la reconnaissance et à l'affection.

Parmi les cinq cents familles que j'ai connues à Neuilly depuis que vous y exercez votre saint ministère, et dont quelques-unes sont des plus honorables, il n'en est pas qui aient refusé de rendre témoignage à votre charité et à votre bienfaisance, et, pour ne parler que de ces honnêtes commerçants, de ces pauvres ouvriers pleins de cœur, chaque fois que j'ai fait un appel à votre charité pour leurs misères morales ou physiques, il a été toujours entendu, et ils ont été secourus au delà de leurs vœux. Ce ne sont pas eux qui vous calomnient, non ce ne sont pas eux, de cela je réponds, car ils vous aiment. Qu'il y ait un calomniateur isolé, cela est possible; on en a trouvé pour Notre-Seigneur, mais que peut-il faire devant l'estime publique? Affliger votre cœur, blesser votre conscience de prêtre et vous infliger la torture de vous défendre? Heureusement que la vérité est d'essence divine et que généralement les hommes sont meilleurs qu'on ne les fait ; ils sauront la trouver au besoin.

Monsieur le curé, je vous adresse les vœux de mes petits enfants, de leurs bons parents et les miens, et je puis vous affirmer que vous avez dans le monde des amis dévoués.

Veuillez agréer, monsieur le curé, l'expression de mon dévouement et de mon profond respect.

Signé F. BRASSIER,
Directrice de la salle d'asile de Neuilly.

V

Documents relatifs à l'abbé D...

45.

Neuilly, 23 juin 1858.

Monsieur l'abbé D... a l'honneur de prévenir monsieur le curé que, pour lui être agréable, il dira la messe de mariage de demain, quoique ce soit la quatrième messe tardive qu'on lui impose exclusivement depuis le 10 courant.

Sa dignité lui fait un devoir d'observer que les affiches ne sont pas des raisons ; qu'au reste, l'autorité lui défend d'en avoir peur.

L'abbé D...,
docteur en théologie, deuxième vicaire.

46.

Archevêché de Paris, 20 mai 1859.

Monsieur le curé,

En sortant de la confirmation, j'ai demandé à M. D... son prône ; il m'a répondu qu'il n'était pas écrit, cependant qu'il m'enverrait copie de ce qu'il avait écrit.

J'ai cette copie que je n'ai pas eu le temps de lire ; j'en causerai avec vous, et j'appellerai ensuite M. D... (1).

Agréez, monsieur le curé,

Signé BUQUET.

(1) Cette lettre est relative à une nouvelle diatribe de M. D... contre son curé et toute l'administration de la paroisse, dans son prône de la grand'messe.

47.

Archevêché de Paris, 2 juillet 1859.

Monsieur le curé,

Je ne puis comprendre, ni n'accepte la parole qui serait sortie de la bouche de M. D... (en présence de ses confrères) qu'il *y a environ cinq mois, l'autorité lui aurait fait un reproche de ne vous avoir pas traité de misérable.*

J'aurai une explication avec lui à ce sujet, mais j'ai voulu protester de suite contre une pareille allégation (1).

Veuillez agréer, etc.

Signé : BUQUET,
vicaire général.

48.

Neuilly, 24 mars 1860.

Monsieur l'archidiacre,

J'ai l'honneur de vous informer que M. D..., deuxième vicaire à Neuilly, après bien des efforts inutiles pour m'engager à suivre son exemple d'insubordination envers M. le curé, en me disant *qu'avant d'obéir je devais voir si la chose était* juste..., vient de mettre le comble à ses insultes à mon égard, en me disant qu'avant tout, je devais *être prêtre et honnête homme*, et cela en revenant de dire la messe, et une autre fois m'insultant à peu près de la même manière au moment où j'allais monter au saint autel. Dieu m'aidant, je me suis contenu, mais serais-je aussi heureux une autre fois? C'est pourquoi je vous prie, monsieur l'archidiacre, de prendre note de ces faits et d'en informer Son Éminence.

J'ai l'honneur d'être, monsieur l'archidiacre, etc.

Ch. BOYER,
vicaire.

(1) Personne n'a jamais soupçonné M. Buquet d'avoir donné de pareils conseils. Il ne peut pas même y croire. Mais il n'était pas le seul à donner des ordres.

La lettre suivante a été écrite en réponse à une lettre de M. le curé dans laquelle étaient signalés l'insubordination persistante, les récents outrages de M. l'abbé D.., contre son curé et contre ses confrères qu'il insultait et provoquait sans cesse, même au moment de monter au saint autel ou lorsqu'ils venaient d'en descendre. M. D... était allé jusqu'à dire en pleine sacristie qu'*il pouvait en moins de vingt-quatre heures faire interdire son curé*. Voici ce que l'autorité fait répondre à de pareilles plaintes :

49.

Archevêché de Paris, 25 mars 1860.

Monsieur le curé,

J'ai vu D... après vous, et je lui ai fait les remontrances que j'ai cru devoir lui faire sur divers points signalés.

J'en ai fait part au conseil, mais *j'ai été chargé de nouveau de vous recommander de le laisser faire son prône à son tour*. Je ne puis croire qu'il en abuse contre vous. Au reste vous me tiendrez au courant.

Veuillez agréer, etc. L. BUQUET.

50.

Archevêché de Paris, 6 avril 1860.

Monsieur le curé,

... Comme j'ai eu l'honneur de vous le dire, *personne n'approuve les actes répréhensibles* de M. D..., Monseigneur moins que tout autre. MAIS SON ÉMINENCE M'A CHARGÉ DE VOUS RAPPELER ce que je vous avais dit de sa part, QUE SON INTENTION ÉTAIT QU'IL

REPRIT SON TOUR DE PRÉDICATION. Je ne puis croire que M. D... s'en prévale contre vous.

Agréez, etc. L. BUQUET.

VI

Documents réservés, relatifs à mes premiers diffamateurs, M. l'abbé *** et M. l'abbé ***.

51.

Une lettre du commissaire de police (en portefeuille).

52.

Une lettre de M. X.., ancien gouverneur de l'île de la Réunion (en portefeuille).

Paris. — Imprimerie de L. MARTINET, rue Mignon, 2.

CONSEIL D'ÉTAT

MÉMOIRE DÉTAILLÉ

DE M. L'ABBÉ ROY

CURÉ DE NEUILLY

COMPLÉMENT

Paris. — Imprimerie de L. Martinet, rue Mignon, 2.

CONSEIL D'ÉTAT

MÉMOIRE DÉTAILLÉ

DE M. L'ABBÉ ROY

CURÉ DE NEUILLY

COMPLÉMENT

QUESTION PRÉJUDICIELLE.

L'administration diocésaine n'a pas encore jugé à propos de me communiquer son dossier ; mais ce dossier, d'autres l'ont vu, et ce qu'on m'en a dit m'oblige à sortir de la réserve que je m'étais imposée.

Le conseil d'État voudra bien remarquer l'étrange et douloureuse situation qui m'est faite : j'en ai appelé à sa justice d'une condamnation injurieuse et excessive, fondée uniquement, au moins en apparence, sur une contravention très excusable à l'ordre du 8 août (le jugement de l'officialité en fait foi) ; si, nonobstant ma soumission immédiate à la sentence du tribunal ecclésiastique, ma déposition devait en être la légitime suite, l'autorité diocésaine, pour justifier ce dernier acte, devait se borner à transmettre à S. Exc. M. le ministre des cultes les documents que j'ai produits moi-même, savoir le monitoire du 8 août, le jugement de l'officialité et les ordonnances qui les ont suivi. Prs du tout : on agit auprès de l'autorité civile, comme on a agi auprès de l'archevêque; on lui communique des pièces dont on me dérobe la connaissance, et qui n'ont pas subi l'indispensable contrôle d'un examen contradictoire. Avant d'arriver au conseil d'État, ces pièces, inconnues non-seulement de l'accusé, mais encore de l'officialité, ont traversé les bureaux du ministère des cultes et passé sous les yeux de je ne sais combien de commis. J'arrive devant mes juges avec une réputation détruite.

Pourquoi cela? C'est donc au moyen d'une procédure occulte qu'on espère entraîner le conseil d'État à rejeter le pourvoi que j'ai formé contre des actes publics. On trouve apparemment ces actes publics injustifiables par eux-mêmes, et l'on se flatte de pouvoir les soutenir, en les appuyant, à mon insu, sur des témoignages dépourvus de toute garantie.

Cela est au moins singulier de la part de l'administration diocésaine : elle avoue par là très clairement que l'ordonnance du 16 avril, lue en chaire et transcrite sur les registres de la fabrique, et que l'ordonnance non moins affligeante du 15 mai, ne découlent pas du jugement de l'officialité; que ces deux ordonnances, ainsi que l'arrêté ministériel du 7 juin, ne sont que la mise à exécution d'un jugement discrétionnaire rendu par l'évêque pour des raisons à lui seul pertinentes, puisqu'il n'en a pas informé l'officialité.

Telle est, en effet, d'après les lois de l'Église, la nature des jugements discrétionnaires : il ne faut pas que les motifs en soient révélés. Comme il est d'expérience et de foi que les supérieurs ecclésiastiques peuvent être abusés par de faux rapports, la situation du clergé serait intolérable s'il était permis aux évêques de donner la moindre publicité aux informations clandestines qui ont servi de base à des jugements rendus sans contradiction.

En communiquant au ministère des cultes ou au conseil d'État des pièces à ma charge, dont la connaissance m'a été refusée, l'administration diocésaine a donc divulgué les secrets de la juridiction personnelle et consciencieuse de l'évêque, car ces pièces sont étrangères au procès jugé par l'officialité, et n'y ont pas figuré.

Ainsi l'administration diocésaine, dont le premier devoir est de fournir à un prêtre tous les moyens de justification qu'elle peut lui offrir, cette administration spécialement chargée de protéger l'honneur du sacerdoce, refuse au prêtre accusé et à un tribunal de prêtres une communication essentielle à la manifestation de la vérité ; et après avoir obtenu de ce tribunal de prêtres, et pour la forme, un jugement très grave sur une question sans gravité, elle n'hésite pas, pour faire ratifier ce jugement et ses déplorables suites, à confier à l'autorité séculière les dénonciations ténébreuses et suspectes qu'elle cache à l'accusé et à ses pairs.

M. le promoteur y a-t-il bien pensé? Je dois le croire, et sans doute je ne l'étonnerai pas, en lui montrant les conséquences de sa propre conduite.

Si, par hasard, le conseil d'État consentait à juger mon pourvoi sur le vu ou sur le bruit de ces pièces que j'ignore, le conseil d'État rendrait à son tour, en cette circonstance, un jugement discrétionnaire, c'est-à-dire de la nature de ceux dont on cache ou dont on déguise les vrais motifs. Cela est parfaitement évident. Or, l'administration diocésaine croit-elle que le conseil d'État ait reçu de Dieu et de l'Église, et qu'il partage avec les évêques ce droit formidable de juger un prêtre sur procédure secrète, et sans aucune possibilité de contradiction ? Elle agit, du moins, comme si elle en était sûre ; je ne m'étais plaint que d'actes publics, et elle vient, malgré moi, prendre le conseil d'État pour juge d'appel des sentences rendues par le pouvoir spirituel, dans le mystérieux exercice d'une prérogative exclusivement épiscopale. Elle lui en soumet les secrets motifs, pour qu'il les approuve, et proclame par là non-seulement la compétence de l'État, mais la subordination de l'Église en matière de discipline intérieure et, pour ainsi dire, domestique.

Dogme nouveau, en vertu duquel il n'y aurait plus ici-bas d'asile pour un prêtre contre la calomnie : le malheureux ne trouverait partout, de quelque côté qu'il se tournât, que des juges prévenus contre lui, qui le condamneraient, sans lui dire pourquoi. Les moyens de se justifier lui seraient enlevés, et tous les pouvoirs de la terre s'accorderaient pour méconnaître en lui le droit naturel et sacré de la défense.

Heureusement pour moi, il n'en sera pas ainsi, j'en ai la ferme confiance : le conseil d'État ne formera son jugement que sur des pièces connues de l'appelant et sur des faits qu'il aura été mis en mesure de discuter ; il ne tiendra aucun compte de ces documents honteux qui vont solliciter les juges et craignent les regards de l'accusé. Cette grave et docte assemblée n'a pas besoin que je lui rappelle qu'un jugement discrétionnaire rendu par un évêque, n'est pas un jugement civil et ne peut avoir aucun effet civil. Et quand un pareil jugement a brisé la carrière d'un vieillard, jusque-là entouré de tous les respects, et porté l'atteinte la plus grave à l'honneur de sa famille, le conseil d'État n'ira pas, sous la même procédure souterraine d'où est sortie la condamnation, étouffer la prière et la plainte de ce vieillard.

Civis romanus sum, disait saint Paul, et les magistrats, à ces mots, venaient eux-mêmes briser ses liens. J'ose dire aujourd'hui, avec la même fierté . Je suis citoyen français. Il n'est pas permis, par conséquent, de rejeter mon pourvoi, à raison d'une procédure secrète; ce serait déclarer que le clergé est en dehors du droit commun, et qu'il y a, en France, une classe de parias et de déshérités, dont l'honneur est à la merci de toutes les calomnies et de tous les arbitraires. Cela est, Dieu merci! manifestement contraire au principe de l'égalité civile et à la constitution même de l'empire.

C'est sous la sauvegarde de ces principes salutaires que j'aborderai la discussion de certains griefs, relevés, dit-on, contre moi dans le dossier de l'administration diocésaine. Je ne veux pas, en effet, laisser croire au conseil que je me réfugie dans une question préjudicielle, pour soustraire ma vie intime à son examen. J'appelle, au contraire, cet examen, pourvu qu'il soit contradictoire. Que l'on se serve du dossier, j'y consens avec joie; mais avant faire droit, qu'il me soit permis de le lire et d'y répondre. Telle est ma première conclusion. Ce n'est que subsidiairement, et dans le cas où cette communication me serait refusée, que je demande qu'on écarte, par respect pour la loi, ces pièces irrégulières, insidieuses et suspectes, qu'on s'obstinerait à me cacher.

En attendant, puisque quelques-unes de ces accusations, et très probablement les plus spécieuses et les plus graves, sont venues indirectement, et par plus d'une voie, à ma connaissance, je crois aller au-devant de la pensée de mes juges en leur en montrant dès à présent l'inanité ; je veux qu'on voie à plein, par ces tristes exemples, le danger des procédures secrètes et des jugements sans débat.

I

L'accusateur.

Il ne m'est plus permis d'en douter : c'est mon propre frère qui m'accuse ; c'est lui qu'on a osé faire parler dans ce dossier. Certes, on en conviendra, le pouvoir discrétionnaire avait là une belle et juste occasion de montrer sans bruit sa sagesse et son utilité. Un ecclésiastique accusé par son frère ! N'était-ce pas le cas d'user de prudence, de rechercher avec angoisse et scrupule la vérité, d'interroger soi-même et séparément les deux frères, de les mettre en présence, de tâcher de lire dans leurs yeux, de fouiller dans leurs cœurs, et la lumière faite, de réprimander sévèrement, mais charitablement, celui des deux qui serait trouvé coupable, et de mettre enfin tout en œuvre pour étouffer, si faire se pouvait, un éclat aussi dangereux pour la religion qu'affligeant pour l'humanité ? Rien n'était plus facile, veuillez le remarquer : l'ecclésiastique étant de cœur et par état soumis d'avance à cette juridiction paternelle, et le laïque l'ayant lui-même recherchée, puisqu'il s'adressait à elle.

On n'a pas suivi cette voie qui était la plus naturelle et

la plus chrétienne : M. le promoteur s'est emparé, sans examen, de la calomnie, et malgré mes supplications, m'a brisé sans m'entendre; il a si bien fait qu'il m'a réduit à cette alternative, ou de souscrire silencieusement à une condamnation flétrissante, ou de défendre mon honneur en public contre mon propre frère. Que je me taise ou que je parle, quel spectacle édifiant pour l'Église et pour le monde! et quel triomphe pour l'administration diocésaine!

Je parlerai donc, puisque l'honneur l'ordonne, et ma justification sera complète.

II

Première allégation.

On m'accuse d'abord d'avoir marié mon frère contre sa volonté.

J'oppose à cette assertion deux documents irrécusables :

1° Une lettre de l'honorable M. Tallard, beau-père de mon frère, écrite le 25 février 1841, à la suite d'une rupture des négociations. Elle constate que mon frère, obéissant à la violence de ses inclinations et dessinant déjà son caractère, avait osé adresser des *menaces* à M. Tallard pour lui arracher son consentement; que ce jeune homme, quoique congédié, fatiguait et inquiétait la famille de ses obsessions.

2° Une lettre de mon frère, en date du 21 septembre 1841: les négociations de nouveau rompues, et cette fois par mon fait, mon frère les renoue encore, et à cette occasion il m'écrit : « Il faut sur-le-champ trancher la difficulté d'un » coup d'épée. » Il m'engageait par ces paroles à lui constituer au contrat un apport réel de 10,000 francs, somme dont je ne voulais pas, par prudence, lui laisser la libre disposition, mais dont j'offrais de lui servir la rente. Est-ce là le langage d'un jeune homme qu'on veut marier contre son gré? Y a-t-il là de ma part le moindre signe de contrainte? C'est à moi qu'on force la main ; et, pour exercer sur moi une pression plus forte, mon frère en appelle à ma loyauté; il m'adresse des blâmes et se décerne à lui-même des éloges qu'il met adroitement dans la bouche d'autrui.

Il faut donc rayer cette première accusation des papiers de M. le promoteur.

J'ai eu tort sans doute, et il y a longtemps que j'en gémis, de seconder mon frère dans ses projets d'établissement, et de lui chercher une compagne digne, à tous égards, d'un meilleur sort ; j'ai cru alors que le mariage avec une personne grave et sensée calmerait ce jeune homme, et produirait dans sa conduite une de ces heureuses révolutions dont j'avais connu maint exemple. J'ai agi en père de famille, et si je me suis mépris, ceux qui auraient droit de me le reprocher sont les seuls qui me le pardonnent. Le respectable M. Tallard est mort dans mes bras en 1856. Nous avions toujours vécu ensemble, surtout depuis la séparation des époux, dans la plus douce intimité ; il assistait à mon installation dans l'église de Neuilly, et son intention, bien connue de ses amis, était de venir se fixer dans cette paroisse, auprès de ses petits enfants. On peut interroger madame Roy, la vraie et vivante victime. Quant à mon frère, il écrivait en 1843, parlant des mésintelligences de son ménage : « Non, je n'en accuse pas mon cher et

» pauvre frère ; il a agi avec l'intime conscience de me » faire du bien ; je reporte mes anathèmes sur d'autres qui » pouvaient, s'ils l'eussent voulu, m'éviter de grands maux » qui ne font que commencer.... »

Cette lettre, qui explique et justifie la part que j'ai eue à cette union malheureuse, sera mise avec les précédentes, à première réquisition, sous les yeux du conseil.

III

Deuxième allégation.

J'aurais, dit-on, sollicité pour mon frère, après son mariage, un emploi nocturne à l'administration des postes.

On est confondu d'étonnement d'avoir à réfuter de telles impostures. Jamais mon frère n'a eu d'emploi pareil à celui dont on parle. Il était bien facile de s'en convaincre auprès de l'administration des postes. J'ai, il est vrai, sollicité pour lui, et à sa prière, un déplacement, et ma correspondance à ce sujet doit se retrouver aux archives de cette administration ; qu'on la recherche et qu'on la publie : on y verra que j'ai, en 1846, demandé et obtenu pour mon frère l'emploi qu'il occupe encore aujourd'hui dans la comptabilité

Je puis, dès à présent, produire deux pièces concluantes :

1° Une lettre de mon frère, en date du 23 octobre 1846 : il s'y plaint à moi, avec amertume et colère, de ses chefs qui, à l'entendre, méconnaissent ses services; de l'obligation où il est, non pas de se coucher tard, mais, au contraire, *de se lever matin*, et cela, ajoute-t-il, « malgré

» tous vos efforts, je dois vous rendre cette justice, à m'arra-
» cher de la boue ».

2° La lettre par laquelle l'honorable M. Comte, alors directeur général des postes, m'annonce enfin le succès de mes démarches. Elle est du 3 décembre 1846 : il y est dit que mon frère va être nommé, à partir du 1er janvier suivant, *commis au bureau de la caisse*. Il y est encore.

Que reste-t-il de ces deux accusations? Rien, sinon la preuve d'une intention coupable de la part de ceux qui les ont forgées, et du trop d'empressement que d'autres ont mis à les accueillir, sans aucune vérification.

IV

Troisième et dernière allégation à moi connue.

Ce dernier grief serait la conséquence naturelle et très vraisemblable des deux autres, si les deux autres avaient le moindre fondement. Je n'ai pas vu le dossier, et pour cause; mais j'ai lieu de croire qu'il n'y est rien allégué de plus précis et de plus consistant que ce qu'on vient de lire. C'est sur ces bases vides et fragiles qu'est échafaudée la plus odieuse accusation qu'on puisse intenter à un honnête homme. On ne me demande pas pourquoi mon frère m'a quitté et pourquoi sa famille m'a suivi : à quoi bon? On se croit suffisamment informé. Marier un homme malgré lui! Demander pour lui un emploi nocturne! Cela éclaircit tout et dispense de toute explication. Malheureusement, comme on l'a vu, ces deux faits, dont on a tiré de si affreuses conséquences, sont matériellement faux. De plus, il n'est pas vrai que mon frère ait, à aucune époque, conçu le moindre doute sur la chasteté de son foyer.

La jalousie conjugale, même en ses égarements, est chose délicate et qui commande le respect : j'aurais été coupable de froisser ce sentiment de la façon la plus légère, en continuant à garder ma famille sous mon toit, si la plus fugitive impression de ce genre eût, un seul moment, obscurci le front de mon frère. Il n'en a rien été : les discordes de ce ménage ne viennent pas de là et n'ont jamais eu ce caractère. D'où viennent-elles ? Ce n'est pas à moi qu'il appartient d'en révéler sans nécessité les secrets : je me reprocherais toute accusation superflue et toute parole qui n'aurait pas un rapport immédiat à ma propre défense. Il me suffira de dire que je suis en mesure, si j'étais pressé là-dessus, de faire parler à ma place un témoin bien impartial, mon frère lui-même, dont j'ai conservé la correspondance.

Je ne fais d'ailleurs que lui rendre justice en protestant que, malgré ses faiblesses, il n'eût pas été homme à supporter treize ans, sans éclater, ne disons pas l'injure, mais seulement l'idée de certaine injure. Il n'est personne de plus ombrageux et de plus emporté : il sera établi, dans les chapitres suivants, qu'il a passé toute sa vie à se plaindre de griefs imaginaires, à offenser cruellement tous ses proches, et l'on peut être sûr que, si jamais soupçon pareil à celui dont on parle fût entré dans son esprit, l'univers entier ne l'eût pas empêché d'en faire esclandre. Aucun de ceux qui le connaissent ne me démentira.

A cette preuve négative de sa sécurité, bonne pour ceux qui le connaissent, joignons, pour édifier ceux qui ne le connaissent pas, des preuves positives.

Dans une lettre écrite peu avant son mariage, mon frère

s'était permis je ne sais quelle épigramme malséante contre les femmes de Paris ; cette lettre tomba, onze ans plus tard, en des mains étrangères ; on en parla à Tannay (Nièvre) devant sa femme, qui s'en émut. Que répondit mon frère? « C'est une idée collective et non particulière. » (*Lettre du 14 septembre* 1852.) « Il n'y a rien dans cette pièce qui » circule qui puisse porter atteinte soit à ta probité, soit à » ton honneur. Si quelque chose de semblable avait pu » m'échapper, je m'empresserais de te faire une réparation » convenable en pareille circonstance. Ce serait pour moi » un devoir de conscience auquel je m'estimerais tenu aux » yeux de Dieu. » (*Lettre du* 2 *septembre* 1852.)

Ainsi parlait mon frère, après onze ans de mariage. Mais comme, à cette époque, il vivait encore sous mon aile, on dira peut-être qu'il ne parlait ainsi que pour assurer la paix de son intérieur.

Voici donc des extraits de sa correspondance après notre séparation :

« Il est de mon devoir de déclarer qu'entre mon frère et » ma femme il n'y a rien contre les mœurs, c'est ma pro- » fonde conviction. » (8 *août* 1855.)

« Si on l'attaque sous le rapport de la conduite, ainsi » que sa belle-sœur, défends-les. » (3 *septembre* 1856.)

Ces deux lettres si explicites ont été écrites par l'époux dans sa solitude, sous les impressions les plus fâcheuses, et respirent, en tout le reste, le plus profond ressentiment. Et à qui, dira-t-on, sont-elles adressées? Cela est, en effet, digne de remarque : elles sont adressées à M. Roy, notre frère aîné, propriétaire à Tannay ; au chef même de notre famille, le confident le plus naturel et le plus intime de tous ses secrets.

Tous ces documents seront produits.

J'avais donc raison de le dire : la troisième et dernière accusation est, à tous égards, aussi fausse que les deux premières. Si quelque passion anime mon frère contre moi, ce n'est à aucun degré celle qu'on a supposée. Tout injuste qu'elle est, sa passion a un autre objet bien déterminé, et ne l'aveugle guère que dans ce qui a rapport à cet objet : il cherchera à faire partager aux autres ses préventions, parce qu'elles sont sincères ; mais il va au-devant des malentendus et ne veut donner le change à personne.

Il en était au moins ainsi avant le jour néfaste où M. l'abbé Véron entra en relation avec mon frère (1), incident sur lequel nous reviendrons bientôt avec de nouvelles lumières.

V

Révélations douloureuses, mais indispensables.

Je voudrais maintenant, sans le blesser, si faire se pouvait, expliquer peu à peu la passion qui domine et gouverne mon frère. Passion est ici peut-être un mot impropre ; à ce degré, du moins, toute passion est une maladie ; aussi mon frère est-il plus digne de pitié que de blâme. Il est d'autant plus digne de pitié qu'il ne se doute pas des sentiments qu'il inspire à tous ceux qui le connaissent (2). Je

(1) Voy. mon *Mémoire détaillé*, chap. IV, p. 38 et 39.

(2) Mon honorable avocat produira au Conseil de très nombreuses lettres signées de personnes dignes de foi et justement estimées, qui s'expriment à ce sujet sans détour. M. le promoteur pourra en prendre connaissance et les communiquer à mon frère.

me trouve pourtant, à cette heure, plus à plaindre que lui, car c'est, en pareille matière, le dernier degré du malheur que d'avoir à combattre, ou pour mieux dire, à désarmer un tel adversaire.

Et puis, quand j'y aurai réussi, chose trop facile, comment me réjouir de cette victoire ! Toute ma vie en sera attristée. Des pièces que j'ai à produire, pour ma défense, il résulte invinciblement de deux choses l'une, ou que mon frère a commis sciemment, avec préméditation, et dans des vues cupides, une dénonciation calomnieuse, ou qu'il ne sait plus ce qu'il fait. Je crois devoir, pour mon compte, me ranger à ce dernier avis, sans prétendre, néanmoins, influencer mes juges, et en leur laissant, lorsqu'ils m'auront entendu, la liberté du choix. Mais, encore une fois, fallait-il mêler mon frère à ce procès ? M. le promoteur m'avait donné, avant ce dernier coup, assez de sujets de larmes. Il devait lui suffire que j'eusse à me défendre contre lui et les étranges auxiliaires qu'il m'avait envoyés ; une justification est toujours chose pénible, tandis que rien n'est plus aisé que de ternir, quand on le veut, la réputation d'un honnête homme. Si l'on allait saper, dans l'ombre, les fondements du temple, il en rejaillirait de la poussière jusque sur les vases de l'autel.

VI

Le séminaire.

Mon frère aurait voulu, dans sa jeunesse, embrasser l'état ecclésiastique. Il entra au grand séminaire d'Issy, et malgré sa bonne conduite, ses maîtres jugèrent à propos de l'éloigner d'une carrière qui, à la vérité, pour être bien remplie, n'exige guère que des vertus, mais où le bon sens est quelquefois, là plus qu'ailleurs, une indispensable vertu.

Le vénérable abbé Gosselin, supérieur de cette maison, m'écrivait, à ce sujet, le 6 octobre 1836, une lettre qui sera produite, et de laquelle j'extrais le passage suivant : « Ce » jeune homme est sans doute plein de bonne volonté ; il est » d'ailleurs véritablement pieux et régulier. Mais sous le » rapport des talents, il laisse beaucoup à désirer. *Il annonce* » *peu de pénétration et de jugement, et sous ce rapport* » *il a été constamment le plus faible de sa classe. Je le* » *crois peu propre aux études de raisonnement.* »

Ce manque de jugement, signalé avec tant de sagacité par M. l'abbé Gosselin et par le respectable abbé Carbon, qui vit encore, va éclater bientôt dans tous les actes de la vie de mon pauvre frère.

VII

La préfecture de police.

Après un an ou deux de séjour en province, mon frère revint à Paris, entra dans une maison de librairie et s'y comporta fort bien ; mais il logeait loin de moi, et un beau jour, le 14 mai 1840, j'appris avec stupeur qu'il avait été arrêté dans son domicile et incarcéré à la préfecture de police. Une femme était mêlée à cette triste affaire, où il ne joua, pour sa part, qu'un rôle de dupe. Il fut bientôt, à ma diligence, remis en liberté. Mais la nature de la prévention qui l'avait conduit là m'imposait le devoir de le retirer chez moi, de veiller de près sur ses mœurs, et, si la chose était possible, de l'aider à se marier, afin que nous fussions deux à le protéger.

Son mariage, il n'est que trop vrai, n'a pas été heureux ; je n'en veux pas, je le répète, dévoiler ici toutes les causes : il en est qui ne touchent que madame Roy et qu'elle seule aurait le droit de mettre en lumière ; mais il en est qui ne touchent que moi et qu'il est indispensable de faire connaître.

VIII

Le testament de M. le curé de Saint-Paul-Saint-Louis.

Mon frère s'imagine qu'il aurait dû être l'héritier ou l'un des héritiers de M. l'abbé Roy, notre cousin, curé de Saint-Paul-Saint-Louis, décédé en janvier 1839. C'est chez lui une idée fixe, fort antérieure à son mariage, et qui l'a rendu insensible à tous les sacrifices que j'ai faits pour lui depuis son enfance.

Dès le 1er février 1839, écrivant à notre oncle en deuil de son vertueux fils, il lui donnait à entendre que j'avais *pillé la maison* du défunt. Trois mois plus tard, le 5 juin, il accusait, non pas moi, mais le défunt lui-même, d'avoir, par son testament, *violé les lois civiles et ecclésiastiques*, en léguant 10,000 fr. aux prêtres infirmes, c'est-à-dire pour aider à la fondation de l'hospice Marie-Thérèse. Il voulait attaquer cette disposition, prétendant que Mgr de Quélen, à qui j'avais remis ce dépôt, m'avait *corrompu*, en son absence. « Je crois, disait-il en parlant du feu curé de « Saint-Paul, qu'*il en a eu un remords de conscience...,* » *mais ce n'est pas la plus grande injustice de sa part; il* » *en est une autre qui ne s'effacera jamais...* »

Et à qui mon frère tenait-il ce langage, si irrévérentieux pour le saint archevêque et pour la mémoire d'un parent universellement vénéré? On ne le croirait pas. Au vieux père du curé de Saint-Paul!

La lettre sera produite.

IX

L'héritage paternel.

Pour édifier le conseil sur la valeur de ces accusations, je suis obligé de dire que le très modeste héritage de notre père commun a soulevé dans cet esprit malade, et au lit de mort du vieillard, plus de défiances et plus de colères que le testament du curé de Saint-Paul. Mais ce n'est pas sur moi cette fois, c'est sur notre frère aîné que l'orage a éclaté.

« *Il paraît,* lui écrivait-il le 31 octobre 1845, *que le* » *démon s'est emparé de toi, et qu'il t'agite en tout sens.* » *La rage de l'enfer te précipite avec une incroyable fu-* » *reur sur les restes encore vivants d'un pauvre vieillard* » *qui est sur le bord de la tombe. Misérable! tu la lui creuses* » *tous les jours! Je ne te souhaite aucun mal; mais...* » *un jour viendra où tu tendras ta langue : je serai du* » *nombre de ceux qui se riront de toi et te tourneront le* » *dos... Ta conduite te coûtera cher; ne m'appelle ja-* » *mais ton frère, si tu ne veux me faire rougir...* »

Je ne puis transcrire ici, à cause de sa longueur, une nouvelle lettre en date du 20 novembre 1858 : elle est empreinte du plus violent délire ; l'auteur y revient sur les captations d'héritage dont il se croit victime ; il compare notre bon vieux frère, à qui il écrit, à *Cartouche et à Mandrin*, parle de le *museler*, repousse avec hauteur les conseils qu'on lui donne, et ce tissu de visions et d'extravagances finit ainsi :

« Malgré les vexations qui me poursuivent, je n'ai ja-
» mais, crois-le bien, appelé la vengeance sur mes enne-
» mis. O mon Dieu ! Vous qui connaissez le secret des
» cœurs, vous savez que souvent je me suis offert en holo-
» causte, en invoquant votre miséricorde ; si pourtant,
» malgré mes supplications, le bras de votre justice s'appe-
» santissait un jour sur les auteurs de mes maux, je ne
» pourrais m'empêcher de m'écrier : Vous êtes juste, Sei-
» gneur, et vos jugements sont équitables : *justus es,*
» *Domine, et rectum judicium tuum.*

» P. S. Cette lettre renferme des choses qui peuvent
» être au-dessus *de ta portée*. Des personnes plus instruites
» que toi pourront t'en donner l'explication. Cette lettre
» est la dernière que tu recevras de moi. J'espère que tu
» sauras imiter ma réserve ; autrement je me verrais
» forcé de te retourner par la poste toutes celles que tu
» oserais m'adresser.

Ces deux pièces et d'autres du même genre seront produites.

X

Premières observations sur cette correspondance.

Il y aurait peut-être pour un médecin bien des remarques à faire sur cette bizarre et volumineuse correspondance.

1° On vient de voir que l'auteur avait rompu deux fois avec notre frère aîné, en l'accablant d'injures, d'abord en 1845, puis en 1858. Cela n'empêche pas qu'il n'ait continué à lui écrire, à le prendre pour confident de ses affaires quoiqu'il l'accuse de *perfidie*, et à lui donner procuration pour vente d'immeubles et maniement de fonds, quoiqu'il le mette au-dessous de *Cartouche*.

2° A l'indiscrétion la plus verbeuse il joint toujours des airs de mystère. On trouvera, dans presque toutes ses lettres, des phrases comme celles-ci : *garde le silence*, *n'en dis rien à personne*. Il semble que tout ce qu'il dit soit secret d'État.

3° Il tient pourtant à savoir ce que font les autres et ce qu'ils disent, notamment sa sœur ou son neveu, ou tel autre ennemi imaginaire. Il est sans cesse aux écoutes et veut que ses correspondants espionnent, pour l'en informer, tout ce qui se passe autour d'eux. On dirait un préfet de police donnant des instructions à ses agents.

4° Il se dit toujours très pressé.

Ce sont là des signes bien connus des médecins, il y en a d'autres; mais je ne veux pas m'y arrêter. Allons au vif.

On l'a vu : je ne suis pas seul en butte aux agressions maladives de mon frère. Morts et vivants, curés et archevêques, amis, parents, sœurs, frères, neveux et nièces personne n'y échappe. Le monde n'est composé, à ses yeux, que de brigands, et cela s'explique : mon frère a un sentiment très vif de la propriété ; mais ses idées là-dessus sont un peu vagues, et il discerne mal le droit d'autrui. Tout ce qu'on lui donne, il le tient pour dû, et ce qu'on ne lui donne pas, il se figure qu'on le lui prend. Dès qu'il se croit lésé, et il croit toujours l'être, il ne s'appartient plus ; il appartient, d'abord, à la revendication, puis à la haine, et sa haine est patiente, implacable, furieuse, car elle n'est en lui, j'aime à le croire, qu'un égarement de l'esprit de justice. Mais cet égarement va si loin qu'il peut avoir pour les autres et pour lui-même des conséquences terribles.

XI

La parcelle de pré.

L'an dernier, par exemple, M. le juge de paix de Tannay a eu toutes les peines du monde à empêcher mon frère d'intenter un procès à mon respectable ami, M. Perrot (1), et à moi-même, pour un lopin de pré où il prétendait 8 francs de rente.

Cette parcelle de pré qui lui faisait envie, mais que j'ai donnée à un de mes neveux, dans le bien duquel elle était enclavée, reviendra bientôt, dans la correspondance de mon frère, de la façon la plus tristement significative.

On ne le croirait pas, si je n'en apportais la preuve ;

(1) Parent de M. Perrot, juge au tribunal de la Seine, et lui-même fonctionnaire en retraite.

cette parcelle de pré, où un agneau trouverait à peine sa pâture, voilà, grâce à la prudente intervention de M. l'abbé Véron, l'origine des dénonciations calomnieuses, et le plus solide fondement du procès scandaleux qui m'amène, en suppliant, devant le conseil d'État.

Mais avant de mettre ce fait dans tout son jour, j'ai encore quelques points à éclaircir. Qu'il me soit permis de reprendre les choses d'un peu plus haut.

XII

Pourquoi mon frère a quitté sa famille.

On a pu entrevoir déjà, d'après ce qui précède, les causes principales qui ont déterminé mon frère à se séparer de sa famille en 1855. Il m'avait toujours considéré en secret comme un spoliateur de son héritage, c'est-à-dire de l'héritage que M. le curé de Saint-Paul n'avait pas cru devoir lui léguer; il me considérait, en outre, comme un tyran, parce que je n'entrais pas dans toutes ses passions, et m'efforçais de rectifier son jugement et d'éteindre ses haines.

En 1852, il voulait plaider contre un sien neveu; je m'y opposai, car, même en supposant que sa plainte fût fondée, il vivait près de moi dans une situation qui lui permettait de faire à la paix de notre famille et à la décence publique de plus grands sacrifices que celui dont il s'agissait. « Si j'avais à ma disposition, écrivait-il alors à sa femme, » une somme de 400 fr., nous ferions marcher l'affaire. » Mais que faire dans ma position, *quand on a les pieds et*

» *les mains liés ! Je ne puis faire que ce à quoi mon frère*
» *veut bien consentir, S'il voulait abandonner ses droits,*
» *à cause de sa soutane, ce n'était pas une raison pour*
» *que j'abandonnasse les miens. En conséquence de cela*
» *je ne veux pas volontairement continuer une position*
» *dont je sens aujourd'hui plus que jamais les graves*
» *inconvénients. Voilà ma détermination...* »

Ainsi, j'étais un tyran, à ses yeux, et il pensait déjà à me quitter, parce que je l'empêchais de plaider, pour une peccadille, contre notre neveu.

J'étais encore un tyran parce que je m'efforçais quelquefois de soustraire ses petits enfants, non à sa légitime autorité, mais à des violences sans excuse, qu'il prenait sérieusement pour des actes d'indispensable justice. Il pensait que mon intervention, si naturelle à tant de titres, était une offense à la dignité paternelle.

Sombre, inquiet, mécontent de cette salutaire dépendance, il jouissait de mes bienfaits sans reconnaissance, et son chagrin venait de n'en pouvoir jouir ailleurs et sans contrôle. Il nourrissait l'espoir de s'affranchir de ce prétendu joug, d'être son maître absolu, et de se faire loin de moi, mais avec mes propres ressources, cette position souveraine pour laquelle il se croit né, et dont la seule perspective épouvantait sa femme.

Ma nomination à Saint-Philippe du Roule lui fournit enfin l'occasion de rupture qu'il cherchait : il se refusa à me suivre sur cette nouvelle paroisse, se flattant de me contraindre, par sa résistance, à lui faire une pension pour lui et son ménage, et voulant aussi que je l'aidasse à contraindre sa femme, même par la famine, à demeurer près de lui. Mais eussé-je, en ce moment, abandonné à mon frère tout mon avoir, l'arrangement qu'il proposait n'eût pas été accepté.

Madame Roy, je l'ai dit, en était effrayée, et à bon droit, pour elle et ses enfants. Plus il rêvait l'indépendance, plus sa pauvre famille croyait avoir besoin de ma protection.

« Mon frère, écrivait-il à un de nos amis, le 17 juin 1854,
» ira prendre possession de sa place à Saint-Philippe du
» Roule; mais *des raisons de haute importance me font*
» *éprouver le vif regret de ne pouvoir l'y suivre.* La peine
» que j'en éprouve égale la sienne. Depuis longtemps
» j'éprouve le besoin d'être seul avec ma femme et mes
» enfants. C'est, du reste, la prérogative et le droit de tout
» père de famille, sous quelque latitude que ce soit. De
» grandes obligations me seront imposées, je le comprends,
» et j'espère, avec la grâce de Dieu et l'*aide de mon frère*,
» m'en acquitter en conscience. *Dès lors, je me chargerai*
» *de l'instruction et de l'éducation de mon plus jeune,*
» *abandonnant la fille à la mère....* Je veux instruire mon
» enfant au cabinet et *à la promenade. Le matin, les*
» *Champs-Elysées* (voisins de Saint-Philippe du Roule) *ne*
» *sont pas propres à cela. Les voitures et les chevaux qui*
» *font à son âge* (l'enfant avait six ans) *toute sa passion,*
» *lui donneraient des distractions. Le bois de Boulogne*
» *encore moins, car à l'heure où j'écris, je viens d'apprendre*
» *la nouvelle d'un suicide qui vient encore de s'y com-*
» *mettre. C'est un lieu où l'on ne saurait guère l'édifier.*
» *Il faut soustraire les enfants à toutes ces funestes impres-*
» *sions* (1). »

Telles sont *les raisons de haute importance* que mon frère invoqua, mais très sérieusement, à l'appui de sa résolution. On eut beau dire, il y persista. Que devais-je faire? Je consultai l'archevêché; on connaît la réponse qui me fut faite :

(1) La lettre sera produite.

« Emmenez la femme et les enfants, » me dit M. Buquet. Le vénérable archidiacre n'a pas à se repentir de ce conseil, car, d'une part, madame Roy était bien résolue à fuir, avec ses enfants, l'inquiétant tête-à-tête rêvé par le mari ; d'autre part, et l'on en peut déjà juger par tout ce qui précède, quel instituteur à laisser à ces pauvres enfants !

XIII

De la conduite de mon frère avant la visite de M. le promoteur.

Nous partîmes ; nous espérions encore que mon frère ne tarderait pas à nous rejoindre. Il resta à l'écart, et pour tout signe de vie, se borna à demander par écrit, en 1855, son extrait de naissance, sa commission d'employé des postes, son diplôme de bachelier, sa timbale d'argent, et quelques aunes de toile. Il demandait aussi, notez ce point, qu'on lui envoyât ses enfants une fois la semaine, à quoi on lui répondit, pour l'attirer, que la porte lui était et lui serait toujours ouverte. Il ne vint pas.

En ce temps-là, le 5 septembre 1855, il écrivait à notre frère aîné, qui l'engageait à se rapprocher de nous : « La » *ruption* vient de leur côté, et non du mien. » Il ajoutait en post-scriptum : « Ne parle de mes lettres à personne ; » il faut éviter de faire causer le public. *Je n'ai rien à espé-* » *rer de notre frère, puisque je sais d'une manière certaine* » que JE SUIS DÉSHÉRITÉ. *Toutes ses affaires sont arrangées* » CONTRE *moi.* » La lettre sera produite, car la pensée dominante, l'idée fixe de mon malheureux frère s'y reproduit à nu : ce n'est pas l'éloignement de sa femme et de ses enfants, c'est cet héritage qui le tourmente. A quoi bon rentrer sous le toit fraternel ? Que lui font les douceurs de cette vie commune? Il sait, dit-il, d'une manière certaine, qu'il ne disposera pas à son gré de ma succession ; à la vérité, il sait très bien aussi que sa famille n'y perdra rien ; mais qu'importe ! Il consentirait à être personnellement mon héritier, même de mon vivant, mais il ne voit qu'avec tristesse ces avantages qu'il convoite pour lui-même assurés à ses propres enfants.

Mon frère, cela n'est que trop évident, n'a nulle conscience de la gravité de cet état moral. Il est, je crois, l'esclave involontaire et malheureux de quelques appétits funestes, bizarrement associés en lui aux principes qu'il a puisés dans son éducation religieuse. « J'ai porté la sou-
» tane, écrivait-il le 20 novembre 1828, dans une lettre
» déjà citée et toute remplie d'injures et de malédictions
» contre ses deux frères ; j'ai porté la soutane *qui m'a tou-*
» *jours inspiré le respect pour les autres et pour moi-même ;*
» *c'est en me revêtant de ce saint habit que je prononçais*
» *tous les matins ces paroles : Seigneur, c'est vous qui me*
» *rendrez mon héritage.* »

Voilà sa prière accoutumée, celle où il est question d'héritage ; il veut prendre Dieu pour complice de ses convoitises, et n'y réussissant pas, il se tournera bientôt du côté de l'archevêché. Mais c'est un hommage à lui rendre, il ne pensait nullement à l'archevêché avant la visite de M. l'abbé Véron.

XIV

De la visite de M. l'abbé Véron.

Je m'en réfère, quant à cette démarche, à ce que j'en ai dit dans mon *Mémoire détaillé*, ch. IV, p. 38 et 39, et j'en puis faire confirmer les détails par le témoin infiniment respectable à qui mon frère les a rapportés. C'était en 1859, qu'on veuille bien le remarquer, car toutes les dates vont avoir désormais une grande importance ; M. Véron faisait alors sa prétendue enquête, à la suite de laquelle on m'obligea, sans jugement et sous menace de retrait de pouvoirs, d'éloigner ma famille du presbytère. Le témoin vénérable dont j'ai parlé, apprenant que mon frère avait figuré dans cette enquête, alla le voir, au mois de juin, et lui dit : « Vous avez donc fait des démarches contre votre frère ? — » Pas du tout, m'a-t-il répondu (je copie la lettre du témoin) ; » pas du tout ; *M. Véron est venu chez moi et il a paru* » *surpris de l'apparence chétive de mon logement et de ce* » *que mon frère me laissait dans une pareille pénurie* (1)... » *M. Véron m'a dit : Êtes-vous bien sûr que ces enfants* » *sont à vous ?* — Et en même temps (c'est le témoin qui » parle) l'œil de ce pauvre M. Roy s'animait du feu terne » qui caractérise les fous. — Et qu'avez-vous répondu à » M. Véron ? Il n'a su que me dire ; *il a encore répété que*

(1) Mon frère touche à l'administration des postes un traitement annuel de 2,400 francs. Il est, en outre, propriétaire à Tannay. Point de dettes. Aucune charge domestique. Il s'en est entièrement affranchi. Avec les goûts qu'on lui connaît, il doit avoir et j'affirme qu'il a des épargnes et les accroît chaque année.

» *M. Véron lui avait demandé s'il en était bien sûr*, et » là-dessus son regard s'animait du feu de la folie. — Mon » cher ami, ai-je répliqué, je suis singulièrement étonné » que M. Véron ait eu l'inconcevable idée de vous adresser » une pareille question; *je vois que vous avez été plus » sage que lui* (1)... »

Depuis ce jour, mon frère n'a plus eu de repos, non que les insinuations de M. le promoteur eussent tant soit peu troublé sa sécurité paternelle, mais uniquement parce qu'il avait vu ou cru voir dans les dispositions de l'archevêché un moyen de satisfaire sa cupidité. C'est cette arrière-pensée qui allumait dans ses yeux, lorsqu'il racontait son entretien avec M. Véron, *ce feu terne* dont parle le témoin. En effet, à cette époque, et plus tard encore, j'en appelle à M. Buquet, qui l'a mandé et interrogé dans son cabinet, il repoussait avec énergie les infâmes soupçons si légèrement accueillis et propagés par M. le promoteur. Mais, d'un autre côté, il prétendait, sans pouvoir l'établir, que je lui devais 10,000 francs, et voulait qu'on les lui fît rendre.

Il était assez difficile, on le conçoit, que M. Véron se fît une arme contre moi d'une pareille prétention; aussi les choses en sont-elles restées là, pendant près de deux ans encore. Au lieu de combattre les faiblesses de mon frère, on les caressait. « Les messieurs de l'archevêché, disait-il, m'ont » félicité de la douceur et de la modération dont j'ai fait » preuve dans l'exposé de mes griefs (2). » On ne se bor-

(1) Extrait d'une lettre de M. ***, en date du 24 juin 1859, cotée (pour mémoire) n° 7 des pièces justificatives. Non-seulement cette lettre sera produite, si on l'exige, mais l'auteur lui-même est prêt à comparaître devant qui de droit, pour raconter plus amplement, et sous la foi du serment, cet étrange entretien et l'impression qui lui en est restée.

(2) Lettre de M. ***, déjà citée, en date du 4 juin 1859.

nait pas à le féliciter de ses vertus, on lui apprenait, par l'exemple, à ne pas les pousser si loin: on remplissait son âme de toutes les calomnies ramassées par M. Véron dans son inqualifiable enquête, et pour le toucher au plus vif, on lui parlait du prétendu luxe de sa femme; on est allé jusqu'à lui dire que j'employais à cet usage l'argent que j'aurais dû consacrer aux pauvres, et que ce scandale était public (1). Remarquez bien qu'on ne me disait pas cela à moi-même : M. l'abbé Véron choisit ses confidents.

Les choses, néanmoins, traînèrent ainsi près de deux ans. Mon frère ne pensait qu'à l'argent, et M. Véron pensant à autre chose, on ne s'entendait pas. D'où il est aisé de conclure que l'enquête n'avait rien produit dont on osât faire usage, et que l'on n'était pas dupe des calomnies dont on se faisait l'écho. Si l'on eût cru à ces propos, je n'étais pas seulement, aux yeux de mes supérieurs, un prêtre indigne, j'étais, s'il est possible, quelque chose de pis; on m'eût par conséquent assigné à l'instant même, soit devant l'officialité, soit devant l'archevêque, pour me faire infliger la pénitence due à mes fautes; on ne m'eût pas laissé pendant deux ans dire la messe, prêcher, confesser, administrer le trésor des pauvres, scandaliser les familles, et commettre tous les jours tant de sacriléges. Cela n'est pas permis; la charité même le défend. Donc, on ne croyait pas un mot des abominations qu'on me prêtait. Pourquoi donc les répandre, si l'on n'y croyait pas?... On n'a pu à la fin invoquer contre moi que la contravention au monitoire du 8 août 1861, et l'on a hésité cinq mois à l'invoquer, tant le monitoire est excessif et la contravention excusable.

C'est au milieu de ces hésitations qu'éclata, au mois de

(1) *Ibid.*

novembre 1861, l'affaire du pré dont il a été parlé dans un chapitre précédent. Cet incident changea la face des choses.

XV

Lettre de M. Bezou, juge de paix, à mon frère.

Je ne voudrais pas ennuyer le conseil des détails d'une affaire qui, de risible qu'elle était, est devenue odieuse. Mais elle se rattache si intimement à la procédure de l'archevêché, et elle a eu des suites si imprévues et si terribles, qu'il est indispensable d'en donner, avant d'aller plus loin, une claire idée. Ce que j'en pourrais dire moi-même serait suspect; je vais donc laisser la parole à un magistrat.

Voici la lettre que M. Bezou, juge de paix de Tannay, écrivait à mon frère, le 18 décembre 1861 :

« Monsieur,

» J'ai effectivement engagé votre neveu, Hippolyte Roy, à » ne point exécuter l'ordre que vous lui donniez d'assigner » M. Perrot. Mon motif à cette exhortation était *le mal » fondé de vos prétentions, tout autant que le désir d'é- » viter le scandale d'un procès entre vous et votre frère,* » car M. Perrot n'est que le mandataire de votre frère, et il » n'a dans la question aucun intérêt personnel.

» J'espère grandement que vous changerez d'avis, et que » vous renoncerez à votre action, lorsque je vous aurai rap- » pelé les faits de votre affaire, *faits que vous me semblez » un peu perdre de vue.* Les voici :

» Le 20 novembre 1843, M. et madame Roy, vos père et » mère, font le partage anticipé de leurs biens immeubles » entre leurs quatre enfants. Dans ce partage, il vous est » attribué un pré, contenant environ 36 ares, situé aux » Chaumottes. Dans la désignation des aboutissants de ce » pré, *on commet une erreur :* on indique, au lieu de votre » tante, Marie-Anne, veuve de Guillaume Roy, un autre » voisin. *Vous induisez de là qu'il s'étend jusqu'au voisin » désigné, qu'il vous appartient tout entier*, et que la suc- » cession de votre tante n'a rien à y prétendre.

» Or, le pré en question ne contient pas seulement » 36 ares ; il est réputé contenir, suivant les mesures loca- » les, deux journaux (48 ares). Votre père en possédait les » trois quarts, un journal et demi (36 ares) ; votre tante » *un demi-journal* (12 *ares*) ; la *matrice cadastrale*, sur » laquelle la mutation n'a point encore été opérée pour la » succession de votre tante, *porte le pré des Chaumottes en » deux parcelles, l'une de 34 ares et des centiares* en votre » nom (c'est ce qui était antérieurement possédé par vos » père et mère) ; *l'autre de onze ares et des centiares*, au » nom de la veuve Guillaume Roy ; c'est celle qui dépend » de la succession de votre tante.

» Votre tante a constamment joui de son vivant de ces » onze ares. Elle est décédée le 10 octobre 1850, sept ans » après le partage des biens de vos père et mère ; elle n'a » point figuré à ce partage. *A qui ferez-vous comprendre » que ce qui lui appartenait a pu vous être attribué par » vos père et mère ?*

» *Votre frère a été appelé par testament à recueillir la » succession de votre tante ; il a fait, au bureau de l'enre- » gistrement, une déclaration dans laquelle il a compris » les onze ares du pré des Chaumottes ; il en acquitte*

» *depuis lors les impôts, comme votre tante les acquittait*
» *avant lui; il en a jusqu'à ce jour touché les fermages*
» (8 FRANCS !), *et vous viendriez aujourd'hui prétendre que*
» *ces 12 ares vous appartiennent*, PAR CELA SEUL QU'IL Y A,
» *dans le tenancement du partage, une indication erronée!*
» *En vérité, monsieur*, CETTE PRÉTENTION N'EST PAS SOUTE-
» NABLE : *je vous engage à l'abandonner.*

» Dans le cas, cependant, où vous y persisteriez, *il ne*
» *me semble pas convenable que votre neveu soit votre*
» *mandataire, qu'il plaide pour un de ses oncles contre*
» *un autre de ses oncles*, et je crois que vous ferez bien
» d'en choisir un autre.

» Si les explications que je vous donne, et que j'abrége,
» à défaut de temps, vous paraissaient insuffisantes, *faites*
» *lire ma lettre par un avocat, un avoué, un homme d'af-*
» *faires quelconque, et la personne à qui vous vous*
» *adresserez vous convaincra.* »

Copie de cette lettre m'a été transmise par l'honorable magistrat de qui elle émane et sera communiquée au conseil.

A présent que la lumière est faite sur ce point, reprenons les choses à leur origine, c'est-dire au 2 novembre, et suivons-en le cours.

XVI

La dénonciation. — Lettre de M. Buquet.

Le 2 novembre 1861, mon malheureux frère charge un de nos neveux de réclamer auprès de M. Perrot les arrérages qu'il prétend lui être dus sur la parcelle de pré de onze ares dont il est question dans la lettre précédente.

Le 7 novembre, nouvelle lettre : «... Ce sont, dit-il, en » parlant de moi et de M. Perrot, *des gens qui s'enten-* » *dent pour me dépouiller; ils pensent que je ne suis pas* » *assez petit, et ils voudraient m'écraser, s'ils le pou-* » *vaient. C'est le riche contre le pauvre; c'est le fort con-* » *tre le faible.... c'est une infamie. Il y a longtemps que* » *M. Perrot fait chorus avec M. de Neuilly, c'est à la* » *connaissance de tout le monde; cela ne fait pas hon-* » *neur à son caractère; dis-le-lui de ma part. En con-* » *séquence, mon cher ami, prends ma première lettre et* » *celle-ci, puis va trouver M. le juge de paix....* »

Le 18 novembre, autre lettre au même : « Aussitôt que » j'aurai reçu ta réponse, je t'enverrai ma procuration » pour citer devant le juge de paix M. Perrot, *le complice* » *de M. de Neuilly.* »

Le 28 du même mois, autre lettre : « Je t'envoie ma » procuration.... Conduis cette affaire rapidement. *J'exige* » que M. le juge de paix accorde le moins de délai possible » à M. Perrot, *car la somme est minime. Je veux savoir* » *si ce mauvais drôle de Neuilly a un titre....* »

Avant 1859, mon frère, dans ses plus grands égarements, n'avait jamais employé à mon égard de telles expressions. On sent déjà qui il fréquente.

Cette même lettre du 28 novembre contient un post-scriptum, que je recommande aux méditations de mes juges :

«... N'en dis rien, mais des choses fort graves sont à la » veille de se passer entre M. de Neuilly et moi. Surtout » du silence. IL SE REPENTIRA D'AVOIR VOULU TOUCHER A MON » PRÉ. JE FERAI TOUT CE QU'IL ME SERA POSSIBLE DE FAIRE,

» *attendu que c'est un gueux.* Nous devons gémir et rou-
» gir d'avoir dans notre famille un être aussi abominable
» et aussi exécrable ; il faut le renier pour notre honneur
» à tous. »

Qui donc a dit à mon frère qu'il se passerait des choses si graves? Où a-t-il puisé cette confiance que je ne tarderais pas à expier mes prétendus torts? Il n'a jamais passé pour prophète. D'un autre côté, je m'étonnerais que l'administration diocésaine lui eût fait part de ses projets, et je suis sûr que si mon frère, avant d'écrire, fût allé à l'archevêché, il en eût rapporté des sentiments plus équitables et surtout plus charitables. C'est un gueux, dit-il en parlant de moi ; *il se repentira d'avoir voulu toucher à mon pré!* Voilà son grief, et le seul, dans ses épanchements intimes. *Je ferai*, ajoute-t-il, *tout ce qu'il me sera possible de faire*, et il n'y a pas manqué, car, sans attendre la décision qu'il demandait au juge civil, il alla se plaindre à l'administration diocésaine. Si quelqu'un dut en être surpris, ce n'est pas M. Véron. On lui dit : Faites un mémoire ; il le fit et le porta.

M. Buquet voulut bien m'en informer le 9 décembre par une lettre tout officieuse et amicale. C'est dans ses mains que le mémoire avait été déposé, avec mise en demeure de le présenter au conseil archiépiscopal. Le vénérable archidiacre, effrayé de cette démarche, dont il ignorait les motifs, m'engageait paternellement, soit à me soumettre au monitoire du 8 août, soit à déterminer ma belle-sœur à quitter la commune de Neuilly. Il ne voyait pas assez clairement, selon moi, que ma soumission, en cette conjoncture, était moralement impossible : on l'eût attribuée aux terreurs d'une âme coupable, non au sentiment du devoir.

XVII

Suite de la correspondance de mon frère.

Je n'ai point vu ce mémoire, et j'ignore s'il contenait les calomnies que j'ai réfutées en commençant, sur le mariage forcé et le reste. Il se pourrait que non, car ce premier travail a dû subir, si l'on en croit les apparences, plus d'une modification. Ce qui est certain, c'est qu'il ne produisit pas tout d'abord l'effet que l'auteur en attendait. Il s'en plaignait, le 17 décembre, à notre frère aîné :

« Mes affaires avec M. de Neuilly, disait-il, ne sont pas » finies..... Il penserait à me faire rentrer chez lui ; mais » il n'y réussira jamais... Je lui réclame, en ce moment, » ma dot matrimoniale ; je suis allé plusieurs fois à l'ar- » chevêché. D'ici à une huitaine, je saurai à peu près à » quoi m'en tenir. »

Prenons acte, en passant, de cette déclaration du 17 décembre. On voit que mon frère se refuse à rentrer sous mon toit et ne réclame point sa famille ; il ne réclame, dit-il, que *sa dot ;* mais il va souvent à l'archevêché, et par cette raison ou par une autre, sa requête ne tardera pas à prendre un nouveau tour.

Le lendemain, 18 décembre, arrive à mon frère la lettre si lumineuse et si sage de l'honorable M. Bezou, juge de paix de Tannay, ci-devant reproduite.

Que répond mon frère à cette lettre? Il écrit, le 20, à son neveu : « Toute résistance de ma part serait inutile. » On croirait qu'il comprend son tort ; pas du tout : « M. de » Neuilly est un misérable. *Qu'il prenne garde de payer*

» *sa faute bien cher! D'ici à peu de temps, il est possible* » *que tu apprennes des choses déplorables.* »

Que se passe-t-il donc? Qu'est-ce qui se prépare? Quelque nouveau factum probablement et quelque nouvelle demande. Mon frère a pris un conseil judiciaire et continue ses visites à l'archevêché. On charge la mine; en attendant qu'elle éclate, étudions encore un moment cette instructive correspondance.

Le 1er janvier 1862, mon frère écrit à notre nièce, Marie Roy, un enfant qui se préparait à faire, dans l'année, sa première communion :

« Je suis bien sensible aux vœux que tu m'exprimes » dans ta lettre ; je te prie de croire à la sincérité des » miens pour toi, ta sœur, ton père et ta mère. Sois sage, » obéissante et bien gentille.

» Rends-toi digne de bien faire ta première communion, » *et prie Dieu pour moi, pour ton oncle indignement persécuté par un prêtre qui est sans entrailles et qui n'en* » *aura pas plus pour vous qu'il n'en a pour moi. Rappelle-toi bien ma prédiction et tu verras qu'elle se réalisera à la lettre.*

» Dis de ma part à ton père qu'il fasse couper le noyer » de la vigne; qu'il tâche de le vendre, *le plus cher possible, bien entendu, et il m'en enverra l'argent par un* » *bon sur la poste.* »

Que pense-t-on de ce langage à un enfant et de cette association d'idées? Cet *homme sans entrailles* l'a élevé et nourri; il élève et nourrit ses enfants; il est aimé et respecté de tous ses proches. Et pendant qu'il s'applique à faire le bien, dans la mesure de ses forces, on le calomnie de tous côtés, on le dénonce à ses supérieurs, on se réjouit d'avance du mal qu'on va lui faire, et c'est l'artisan de cette trame ténébreuse qui se dit le *persécuté*. De cette plainte mélancolique, on passe à la vente et à l'argent du noyer, car cela ne s'oublie point.

Le 6 janvier, nouvelles lamentations; mais c'est au neveu qu'il s'adresse, au neveu qui lui a renvoyé sa procuration : « C'est devant le riche, le fort, fût-il un intrus et un » mécréant, qu'on s'incline. Quant à l'innocent, *au persé-* » *cuté, auquel on enlève tout*, à quoi bon s'exposer pour » défendre sa cause? *Il vaut mieux ménager le riche de la* » *part de qui on peut attendre quelque chose pour soi ou* » *pour les siens.* »

Enfin, le 11 janvier, apprenant que le pré en litige a été donné à notre neveu, le *persécuté* écrit à notre frère aîné :

« M. de Neuilly a gagné Hippolyte... Il a voulu en faire » *mon adversaire*... Il ne se sert de sa fortune que *pour* » *nous désunir et assouvir sa haine contre sa famille. C'est* » *abominable de la part d'un prêtre. Je vais en faire* » *prochainement mon rapport à l'archevêché.* »

Je demande pardon au conseil de la longueur de ces citations. Je ne les multiplie pas en haine de mon frère, mais au contraire pour mettre en plein relief un état moral et intellectuel qui, bien constaté, atténuerait singulièrement les reproches qu'il mérite.

XVIII

Accord de M. le promoteur avec mon frère.

On a vu quelles étaient les dispositions de mon frère au 17 décembre : ce n'est pas, d'après son aveu, un rapprochement de famille qu'il désirait; c'est *sa dot*. M. le promoteur l'écoutait et ne bougeait pas. Aussi, au mois de janvier, on changea de batterie; on parla de réconciliation ; on mit la réconciliation à côté de la dot; il fallait donner à M. le promoteur le point d'appui moral qui lui manquait. On décida donc mon frère, non sans peine, à exprimer le vœu d'un rapprochement, non avec moi, mais avec sa malheureuse femme. Loin de m'opposer à cette tentative, je promis de la seconder, mais sans aucun espoir qu'elle pût aboutir. Aux griefs anciens, s'étaient ajoutés de nouveaux outrages. En 1859, par exemple, après la visite de M. Véron, mon frère, encore sous l'impression des discours de M. le promoteur, disait au témoin dont on a parlé : « Mes enfants ! si je » les avais sous ma tutelle, je les placerais dans un atelier; » voilà tout ce que me permet ma position ; et ma femme, » je lui dirais : Laissez là ces chapeaux, cette crinoline; » faites ma chambre et mon ménage, et ne croyez pas que » vous aurez jamais une bonne. Ah ! je lui tiendrais *la » corde serrée*... (1). » En 1862, rien n'annonçait de la part de l'époux des dispositions plus engageantes. Son jugement semblait plus obscurci que jamais, son caractère plus farouche, et il était bien évident que ce n'était pas un sentiment affectueux et un besoin du cœur qui lui dictaient ces propositions de rapprochement. Il les faisait par ministère d'avocat et dans des circonstances qui ne permettaient pas d'en méconnaître le véritable caractère. Il voulait 10,000 fr. et pour les avoir, il demandait sa famille par-dessus le marché.

Le 13 janvier, M. C....., avocat de mon frère, me renouvela par écrit les propositions qu'il m'avait faites de vive

(1) Lettre de M. ***, du 24 juin 1859.

voix. Sa lettre, qui sera produite, se terminait ainsi : « Je ne » puis vous dissimuler que le nœud de cette affaire est entiè- » rement dans vos mains, et que je crois que vous n'avez » qu'un mot à dire pour opérer *cette réconciliation si dési-* » *rable, si morale*, et qui, *dans la position actuelle des* » *choses, vous importe peut-être plus qu'à tout autre.* »

Je répondis le 15 à M. C..... : « ... Si mon frère a des » droits, des intérêts à faire valoir, qu'il agisse : je suis en » mesure de repousser ses injustes prétentions.

» Quant à la réconciliation, personne n'y a travaillé plus » activement que moi jusqu'au dernier moment de la sépa- » ration, témoins les deux époux, les enfants, notre bonne » Victoire et sa fille, ainsi qu'une lettre où mon frère me » rend toute justice. Mais l'incompatibilité des caractères, le » souvenir de faits graves reprochés au mari, des sévices » du père contre les enfants, ont rendu et rendent encore » aujourd'hui mes vœux et mes efforts inutiles. Aussi suis-je » résolu à ne plus entendre parler de cette affaire. Que ce » ménage s'arrange comme bon lui semblera et me donne » enfin la paix, soit dit tout en déplorant le malheur de la » mère et des enfants.

» Je ne sais ce que signifie cette phrase de votre lettre » *que dans la position actuelle des choses*, *la réconcilia-* » *tion m'importe peut-être plus qu'à tout autre* : si elle » renfermait une menace, sachez, monsieur, que les moyens » d'intimidation ne peuvent rien sur celui qui a pour soi le » témoignage d'une bonne conscience et celui des honnêtes » gens. »

Madame Roy, à qui j'avais fait parvenir les propositions de M. C..., pria cet avocat d'informer son mari qu'elle n'était point *un objet de spéculation*.

Huit jours après cette réponse, le 24 janvier, j'étais cité

à comparaître devant le tribunal de l'officialité. Cela est assez clair ; l'*affaire*, pour parler comme M. C..., avait été combinée de manière à contenter à la fois M. le promoteur et mon frère. Tant que mon frère n'avait demandé que de l'argent, l'administration diocésaine s'était bornée à le plaindre et à lui témoigner ses regrets de ne pouvoir le seconder ; pour trouver en elle un appui, il fallait un scandale ; mon frère, qui n'est pas très pénétrant, le comprit à la fin et se décida, à la dernière extrémité, à jouer le rôle d'un mari jaloux, redemandant la femme qu'on lui aurait enlevée.

Le 29 janvier, veille de ma comparution devant le tribunal, ce mari jaloux écrivait à Tannay, à notre frère aîné : « Il n'y a rien à espérer de M. de Neuilly... Il nie tout, » il a dit que si j'avais un titre, je pouvais le faire valoir et » l'attaquer devant les tribunaux, que ses affaires étaient » en règle, et *qu'il ne me devait rien. J'ai porté plainte à* » *l'archevêché ; nous attendons ce que l'archevêché va faire;* » *mais M. de Neuilly n'est pas dans de beaux draps.* » *Ainsi me voilà frustré de ma rente qui m'était due...* » *J'ai fait pour* 200 *francs de frais dont l'avocat a profité* » *et qui sont perdus pour moi. Nous verrons maintenant* » *ce que l'archevêché va faire. Ne parle de cela à per-* » *sonne ; il faut attendre, c'est un misérable...* » Suivent des détails sur une terre qu'il veut vendre 3,500 francs, puis des injures contre un fils de sa sœur et contre un des plus vénérables ecclésiastiques du Nivernais, M. l'abbé Pourcher, son parent, curé de la Chappelle-Saint-André (1). De sa femme, pas un mot.

(1) « En voilà encore un, dit-il, qui remplit drôlement son ministère? »

XIX

Mon procès devant l'officialité.

C'est dans ces circonstances que je comparus, le lendemain, 30 janvier, devant le tribunal ecclésiastique. J'ai raconté ailleurs les incidents (1) de ce procès. Je les résume : les pièces de l'enquête, les plaintes et demandes de mon frère, rien de tout cela ne fut communiqué ni à moi ni aux juges. On ne voulut pas que la lumière se fît sur le fond des choses, et pourtant on demandait contre moi la condamnation la plus grave pour une simple contravention au monitoire du 8 août. Le tribunal, inquiet de ce qu'on lui demandait, et trouvant, d'autre part, le monitoire excessif, m'engagea à faire un acte de soumission à monseigneur, avec prière d'adoucir les défenses. J'obéis. Ma prière fut rejetée par Son Éminence, et le 6 février, le tribunal, mis en demeure, prononça, sans autre informé, la sentence requise.

Je m'y soumis (2). Je signai l'acte dicté par monseigneur et, de son côté, Son Éminence voulut bien apostiller mon recours au Saint-Père.

Le 26 février mon pardon arriva de Rome.

(1) Voyez le *Mémoire détaillé*, chap. VII, p, 53 et suivantes.

(2) Voyez le *Mémoire détaillé*, chap. VIII, p. 61 et suiv.

XX

Le marché.

Le même jour, 26 février, je reçus de l'honorable M. Buquet, vicaire général, la lettre suivante :

« Il n'y a pas eu de conseil hier, et je n'ai pu voir mon-
» seigneur l'archevêque depuis votre dernière lettre, parce
» qu'il était en retard pour son mandement et qu'il s'était
» enfermé.

» D'après ce que m'a dit M. Langénieux, Son Éminence
» pense toujours que votre belle-sœur doit venir habiter
» Paris.

» *Il y aurait peut-être un moyen d'arranger tout.*

» J'ai vu M. C... (l'avocat de mon frère) qui m'a dit que
» votre frère était toujours animé.

» *Il pense, lui, que la meilleure solution serait, puis-*
» *qu'il ne paraît pas que les deux époux puissent se réunir,*
» *qu'ils signassent d'un commun accord un acte par lequel*
» *il serait convenu qu'ils veulent vivre séparés pour in-*
» *compatibilité d'humeur.*

» *M. C... dit que l'on pourrait arriver là moyennant*
» *une constitution de rente de* 500 *fr. Il me semble que*
» *ce ne serait pas* ACHETER LE REPOS *trop cher.*

» Je vous soumets cette idée, comme me l'a soumise
» M. C..., avec une bonne intention. »

Cette communication n'étant qu'officieuse, je priai M. C... de vouloir bien me transmettre ses propositions par écrit, ce qu'il fit le 6 mars. Mais il est à remarquer que dans l'intervalle, c'est-à-dire le 28 février, madame Roy, pour complaire à des exigences qu'il serait malaisé de justifier, avait quitté Neuilly avec ses enfants (1). Il est à remarquer encore que, malgré cet éloignement, le pardon du souverain Pontife était resté stérile entre les mains de l'archevêque, et que le 2 mars j'étais de nouveau, et sans débat, déclaré irrégulier, pour avoir donné la bénédiction à mes paroissiens (2). C'est donc le 6, quatre jours après cet incident, que m'arriva la réponse de M. C...

« Il ne m'a pas été possible, me dit cet avocat, de voir » M. Roy aussitôt que je l'aurais désiré, et c'est seulement » aujourd'hui qu'il m'est donné de répondre à la demande » contenue dans votre dernière lettre.

» M. Roy consent à réduire l'*affaire* qui vous divise à » une *affaire* purement civile. »

(Cela n'est pas très clair, mais tout va s'éclaircir.)

« En conséquence, il demande :

» 1° Acte de séparation volontaire pour cause d'incompatibilité d'humeur, signé de lui et de sa femme, et autorisant les deux époux à vivre séparés l'un de l'autre, » et comme ils l'entendent ;

» 2° La constitution du capital de sa dot sur la tête de » *ses enfants ;*

» 3° *Le payement de l'intérêt de ladite somme entre ses* » *mains à raison de cinq pour cent ;*

» 4° *Le rétablissement de la bonne harmonie entre lui* » *et ses enfants.*

(1) Voyez le *Mémoire détaillé*, chap. IX, p. 64.
(2) Voyez le *Mémoire détaillé*, chap. X, p. 66.

» *Tout cela fait et réglé, M. Roy donnera son désiste-*
» *ment.* »

C'est donc un marché, et rien de plus, que mon frère me proposait. Pour 500 francs de rente, il retirait sa plainte. Pour 500 francs de rente, il renonçait à revoir sa femme, car sa demande, sur ce chef, n'avait jamais été sérieuse ; ce n'était qu'un moyen de pression et de scandale. Mais, chose étrange et bien significative, il mettait une condition à ce marché : il voulait qu'on le réconciliât avec *ses enfants*, témoins des larmes de leur mère, et assez grands pour comprendre qui les faisait couler. Oui, ses enfants, M. le promoteur ! Il ne veut pas les désavouer, malgré les suggestions de M. l'abbé Véron. Il croit toujours à l'honneur de leur mère, et certes, on ne dira pas que c'est la tendresse conjugale qui l'aveugle, ni la tendresse fraternelle. C'est ici la nature même qui parle avec tous ses instincts bons et mauvais : donnez-lui 500 francs de rente, mais laissez-lui embrasser ses enfants, et sa plainte est anéantie.

Pourquoi, dira-t-on, refuser ce marché? Je réponds : parce que c'était un marché. J'aurais eu l'air, en y souscrivant, d'*acheter*, comme me le conseillait M. Buquet, la rétractation de mon frère et son silence. Si je fusse entré dans cette voie, non-seulement je me serais dégradé à mes propres yeux, mais j'aurais allumé, par cette concession, de nouvelles convoitises dans le cœur de mon frère. Et puis, que n'eût pas dit M. le promoteur d'un semblable marché ! Quelle arme entre les mains de M. l'archidiacre Véron ! Je m'y suis refusé et, avec un peu de réflexion, tout homme qui se respecte en eût fait autant à ma place.

Ai-je eu tort de ne pas ACHETER LA PAIX ? Je n'en sais rien.

Mais voici, en peu de mots, la suite et le dénoûment de cet étrange conflit.

XXI

Marche et couronnement de l'œuvre.

Le 10 mars, supplique au Saint-Père, apostillée par Son Éminence (1).

Le 2 avril, arrivée de l'absolution papale. Refus d'application par l'autorité diocésaine, sans motif à moi connu (2).

Le 16 avril, ordonnance archiépiscopale qui nomme M. Manoury administrateur spirituel et temporel de la paroisse de Neuilly. Transcription de ladite ordonnance sur les registre de la fabrique (3).

Le 17 avril, jeudi saint, publication en chaire de la susdite ordonnance et du considérant diffamatoire qui la précède (4).

Le 17 mai, pétition de mes paroissiens (5).

Le 23 mai, humble supplique à monseigneur, avec demande d'audience (6).

Le 25 mai, Son Éminence, pour toute réponse, me demande ma démission (7).

Le même jour, signification d'une ordonnance archiépis-

(1) Voyez le *Mémoire détaillé*, chap. X, p. 69.
(2) *Ibid.*
(3) *Ibid.*, chap. XI, p. 70.
(4) *Ibid.*, p. 72.
(5) *Ibid.* Pièces justificatives, p. 112.
(6) *Ibid.*, chap. XII, p. 77.
(7) *Ibid.*, p. 78.

copale datée du 15 mai, et portant ma déposition du titre de curé de Neuilly. Considérants erronés, captieux et diffamatoires de ladite ordonnance (1).

Le 7 juin, arrêté ministériel, rendu à la requête de l'autorité diocésaine, et tendant à mon éviction du presbytère, *pour cause de mauvaise conduite* (2).

J'ai peu de chose à ajouter aux douloureuses réflexions que j'ai faites sur ces divers documents dans mon *Mémoire détaillé*. Je n'avais pas alors entre les mains toute la correspondance de mon frère, et il ne m'était pas possible d'établir, comme je l'ai fait aujourd'hui, pièces sur table, jour par jour et heure par heure, l'étroite connexité des démarches de mon frère avec les actes si graves, si terribles et, par malheur, si précipités de l'administration diocésaine.

Il est incontestable, par tout ce qui précède, que c'est la dénonciation de mon frère qui m'a attiré le courroux de Mgr le cardinal. Il est également incontestable que monseigneur a été trompé, que cette dénonciation n'est pas sincère, qu'elle part d'un sentiment d'avarice déçue et de vengeance. Il n'est pas moins incontestable que cette dénonciation, dont il était si facile de découvrir le mobile et de vérifier l'inconsistance, a été accueillie et encouragée soit par M. le promoteur, soit par tout autre conseiller de l'administration diocésaine, intéressé sans doute à donner un air de vraisemblance aux calomnies recueillies, fomentées, répandues par M. Véron dans sa prétendue enquête de 1859. On a fait un corps de tout cela pour m'accabler en me fermant la bouche. De sorte qu'on

(1) *Ibid.*, chap. XIII, p. 81 et suiv.

(2) *Ibid.* — *Productions* : pièce n° 26, p. 120.

peut dire, la tristesse dans l'âme, que ce qui a manqué à toute cette procédure ecclésiastique, depuis son origine, en 1859, jusqu'à son dénoûment, en 1862, c'est l'esprit de justice, qui cherche la lumière, et l'esprit de charité, qui met la paix dans les familles, au lieu d'y souffler la discorde. Or, la justice et la miséricorde, dit Jésus-Christ dans l'Évangile, sont ce qu'il y a de plus important dans la loi; et la foi même ne vient, dans la bouche du divin Maître, qu'à la suite de ces deux vertus. (*Math.* XXIII, 23.)

Le conseil pourra faire, en lisant ce mémoire, une comparaison qui m'a frappé, et qui m'afflige.

Mon frère m'a traduit, presque en même temps, et à propos du même fait, devant deux juridictions. Il me dénonce d'abord au juge de paix; le juge de paix examine les faits, écoute mon mandataire, et après avoir mûrement étudié la question en ses plus minutieux détails, dit à mon frère : « Vous avez tort; vos prétentions sont mal fondées; ne plaidez pas contre votre frère; pas de scandale! surtout n'armez pas contre lui votre neveu qui est le sien. »

Inde iræ. Mon frère irrité se souvient alors de la visite de M. l'abbé Véron ; il espère trouver en lui un auxiliaire. Ah! dit-il en parlant de moi, *il se repentira d'avoir voulu toucher à mon pré. Je ferai tout ce qu'il me sera possible de faire*, et du même pas, il va me dénoncer à l'archevêché. Là, quiconque m'accuse est le bienvenu; on ne regarde pas à qui l'on a affaire; on n'examine scrupuleusement ni l'origine, ni le mobile, ni le bien fondé de la plainte; on se concerte avec le dénonciateur et son avocat; on me condamne, sans m'entendre; une fois condamné, on me diffame en chaire et auprès de l'autorité civile; on me dégrade en hâte; on me met si bas, si bas, qu'on espère que, du fond de cet abîme, ma voix ne sera désormais entendue de personne. Et si, par hasard, quelqu'un m'entendait, M. le promoteur est bien tranquille : il a contre moi les déclarations de mon frère....

Encore un mot, et je finis : ce sera la moralité du procès.

XXII

Dernière lettre de mon frère.

J'ai entre les mains une autre lettre de mon frère, adressée, à Tannay, à notre frère aîné. Elle est datée du 19 août 1862 ; tout était alors consommé, et j'étais déjà en instance auprès de S. Exc. M. le ministre des cultes, le conjurant de surseoir à l'exécution des mesures que l'administration diocésaine sollicitait contre moi *pour cause d'inconduite*. Voici donc, en ce moment si douloureux pour moi, ce qu'écrivait mon dénonciateur :

«... Je n'ai pas voulu t'écrire avant la fin de toutes nos » affaires. *La guerre entre mon* ENNEMI *et moi a duré six » ou sept mois*. Le malheureux est tombé, mais tombé *par » sa faute*. Il n'a voulu consentir à aucun arrangement (1). » Il a rejeté jusqu'au conseil de plusieurs de ses amis. *Au» jourd'hui il est bas. N'en dis rien à personne*. Ce n'est » pas à nous à le dire aux étrangers ; ils le sauront assez » tôt sans nous. *J'ai eu beaucoup d'argent à dépenser et, » dans ce moment, je m'occupe à recouvrer quelques fonds » pour payer mon avocat*.

(1) C'est-à-dire à aucun marché.

» *Je viens, en conséquence*, mon cher frère, *te prier de*
» *vendre en mon nom et au meilleur prix possible ma*
» *portion de la terre du buisson Reslut, située sous les*
» *bois*. Aussitôt que tu auras vendu ce quart du champ en
» question, M. Mirot ou toi vous m'enverrez ce peu d'ar-
» gent, *car j'ai hâte de me libérer le plus tôt possible vis-*
» *à-vis de mon avocat*.

» Tu ne saurais croire, mon cher frère, combien tout
» cela a été pénible pour moi. *Quel travail! Combien*
» *d'écritures! Combien de pas et de démarches!* Oh! le
» malheureux! C'est bien lui qui est cause de tout cela!
» LA PORTION DE PRÉ LUI COUTE CHER! Oui, tout
» cela est *sa faute*.

»... Nous ne devons pas nous réjouir d'une aussi grande
» ruine; nous ne pouvons que gémir. Voilà, mon cher
» frère, les sentiments qui doivent nous animer, et plai-
» gnons cet aveugle infortuné dans son malheur... »

Que de lumières dans cette triste correspondance! Quel jour inattendu sur les ténèbres de ce procès! Et quel avertissement aussi aux faiseurs d'enquêtes secrètes et aux téméraires promoteurs de la justice discrétionnaire! *Habemus confitentem reum;* il est là, le coupable, il l'avoue, il en rit... De sa femme et de ses enfants, il n'en est plus question. Le procès n'est pas là, et cette plainte du mari réclamant sa famille n'a été qu'un moyen dont on a leurré Son Éminence, une pieuse suggestion des alentours. En réalité, mon frère n'y a pas pensé un moment; il ne pensait qu'à *son pré*. Il n'y a, au fond de cette plainte, que soif d'argent et rancune de plaideur. Il l'avait annoncé et il a tenu parole : LA PORTION DE PRÉ LUI COUTE CHER. Toute la plainte est là, résumée en deux mots, et tout le procès, et ma condamnation et ses rigueurs, et l'injuste humiliation d'une famille et le scandale du diocèse.

Personne assurément ne sera dupe de cette fausse pitié et de ces prétendus gémissements, qui jurent avec le ton de vengeance satisfaite dont toute la lettre est pleine. Mon frère excelle, on l'a déjà vu, à mêler ces élans d'apparente piété au cri de la convoitise et de la haine ; le conseil en pensera ce qu'il voudra : pour moi, je demande à croire que ce malheureux ne sait pas ce qu'il fait. Il traite en *ennemi* son bienfaiteur et celui de tous les siens ; il fait *tout ce qu'il est possible de faire* contre lui pour le perdre, et il dit ensuite : *C'est sa faute! Il a touché à mon pré*. Les contradictions ne lui coûtent rien. Après avoir dit : C'est sa faute ! il raconte toute la peine qu'il s'est donnée pour le renverser : *Quel travail!* dit-il. *Combien d'écritures! Combien de pas et de démarches!* Le tout pendant huit mois, avec une patience infatigable. Il était temps pour lui que cela finît, car ce n'est pas assez de m'avoir détruit pour ce lambeau de pré de huit francs de rente, le malheureux était en train de se ruiner lui-même, et complétement, pour cette botte de foin, de laquelle il comptait tirer, à l'aide de l'archevêché, cinq cents francs de rente. Le beau service que M. Véron et « *les messieurs de l'archevêché* » comme il dit, lui ont rendu, en le *félicitant de sa modération!* Le voilà qui vend une part de son bien pour payer ses conseillers! Voilà un père qui entame l'héritage de ses enfants pour payer la ruine de son frère, c'est-à-dire, en fin de compte, pour ruiner des deux mains ces pauvres enfants, qui sont au nombre de mes héritiers naturels. Encore, s'il n'avait entrepris que de nous ruiner tous, cela n'est rien ; on s'en consolerait. On lui a fait faire pis, en l'alléchant par l'espoir d'une satisfaction pécuniaire; on l'a entraîné à mentir à ce qu'il y a de plus clair au fond de sa conscience, à déshonorer son frère, et avec son frère, sa malheureuse femme, et avec sa femme, ses enfants et lui-même, car ce n'est pas évidemment pour *la portion de pré*, ni pour la *dot*, que j'ai été déposé et publiquement flétri dans la chaire, c'est sous une prévention apparente de toute autre nature.

XXIII

Les autres délateurs.

Ma tâche est remplie : mon principal accusateur est connu : on voit qu'il a pris soin lui-même de démentir d'avance, dans une correspondance confidentielle, les charges odieuses qu'il fait peser sur moi, et de révéler les mobiles d'une mauvaise action qui n'est excusable qu'en lui.

Je ne veux pas discuter les autres délateurs, puisque l'administration diocésaine refuse de les nommer. Mais je les connais, et cette administration, qui les connaît aussi, leur a fait tout l'honneur qu'ils méritent, en attendant, pour me frapper, la déposition de mon frère... L'un d'eux, qui fut naguère mon vicaire, comparaissait l'autre jour en police correctionnelle, à Paris, sous prévention d'escroquerie; il a été acquitté, je le sais, faute de preuves suffisantes, et j'aime à le croire innocent de ce dernier délit. Mais, outre les calomnies qu'il répandait contre moi dans ma paroisse, j'avais à sa charge des griefs de la nature la plus délicate et la plus sérieuse, et dont j'offrais la preuve par témoins en face de cet homme lui-même (1). Pourquoi, malgré mes justes

(1) Voyez mon *Mémoire détaillé*, chap. III, p. 28 et 30; et chap. XIII, p. 83 et 84.

plaintes, m'a-t-on imposé pendant plus de six mois encore ce singulier auxiliaire? Et après lui un autre qui, deux ans avant le jugement de l'officialité, me calomniait en chaire et dans la sacristie et partout, et cela, disait-il, par ordre supérieur (1).

Je ne parlerai pas de deux ou trois laïques, plus ou moins abusés, qui ont fait chorus avec ces précédents et honorables personnages, mais avec la crainte qu'on les nomme, et sous promesse qu'on ne les nommerait pas. Tout se sait : je m'arrête. Qu'ils se démasquent, s'ils l'osent; qu'ils parlent tout haut, et l'on verra en un moment ce que deviendra leur témoignage.

Je crois en avoir assez dit pour démontrer le danger de ces procédures ténébreuses, et le peu de foi qu'elles méritent. Il me semble que la cause est déjà entendue. Je m'en remets, pour le surplus, avec une entière confiance, aux lumières et à la probité de mes juges.

(1) *Ibid.*, chap. III, p. 29 et 30; et chap. VI, p. 40.

Paris. — Imprimerie de L. MARTINET, rue Mignon, 2.

CONSEIL D'ÉTAT

RECOURS DE M. L'ABBÉ ROY

SUPPLÉMENT
AU MÉMOIRE DÉTAILLÉ

NOUVEAUX TÉMOIGNAGES

Paris. — Imprimerie de L. Martinet, rue Mignon, 2.

CONSEIL D'ÉTAT

RECOURS DE M. L'ABBÉ ROY

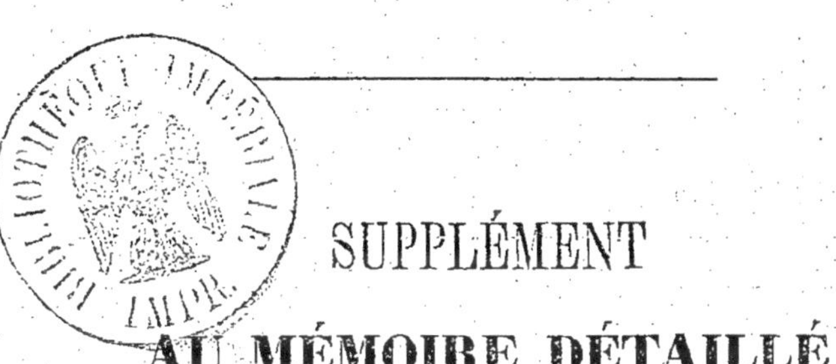

SUPPLÉMENT
AU MÉMOIRE DÉTAILLÉ

NOUVEAUX TÉMOIGNAGES

NÉCESSITÉ DE CE SUPPLÉMENT.

J'ai dit, dans le chapitre III de mon *Mémoire détaillé*, que j'avais été calomnié, pendant cinq ans, par trois personnes qui avaient rempli tour à tour auprès de moi les fonctions vicariales. J'ai même demandé l'autorisation de prouver ces faits par pièces concluantes, et ainsi que je l'ai annoncé, je tiens ces preuves à la disposition du Conseil.

Je ne viens pas aujourd'hui discuter ces questions réservées. Le peu que j'en ai dit ailleurs suffira à la clarté du présent opuscule.

L'administration diocésaine a, par sa conduite envers moi, implicitement donné raison à la dénonciation de l'abbé X..., reconnue et déclarée calomnieuse par le magistrat qui l'avait reçue; elle a donné raison aux libelles et aux menaces de l'abbé Y..., naguère accusé d'escroquerie en police correctionnelle ; elle a enfin donné raison aux inqualifiables sermons de l'abbé D... et aux injures qu'il m'adressa, avec impunité, pendant deux ans, par obéissance, disait-il, à ses supérieurs. Ma condamnation les justifie. Voilà, dans ce procès, les innocents ; c'est moi qui ai l'air du coupable.

J'ai déjà opposé à ces trois vicaires les déclarations individuelles ou collectives de mes notables paroissiens, au nombre de plus de deux cents. On a vu, parmi ces déclarations signées, celles de M. le juge de paix, de seize conseillers municipaux, y compris M. le premier adjoint du maire, de plusieurs fonctionnaires publics, de tous les médecins, de tous les instituteurs ou institutrices laïques de la commune. J'apparais malgré cela devant le Conseil d'État, séparé pour ainsi dire, non pas de mon troupeau, mais de tout mon clergé, ayant à mes côtés, il est vrai, une foule d'hommes respectables, mais pas un religieux et pas un prêtre. Or, convaincu, comme je le suis, que les ecclésiastiques doivent avoir et ont naturellement de la dignité, de la pureté, des convenances de la vie sacerdotale, un sentiment très vif et très exquis, j'ai intérêt à prévenir toute méprise; dans le procès qui m'est fait, ce sont mes accusateurs qui sont seuls; mon clergé est avec moi, ainsi que mon troupeau.

I

Témoignage du Clergé de Neuilly.

Je ne correspondais par écrit avec mes vicaires que pendant es courtes absences que ma chétive santé m'obligeait de faire, une fois l'an, dans la saison des eaux. Cependant mon portefeuille est plein des marques d'affection et de vénération qui m'ont été prodiguées, à chaque voyage, par tous mes collaborateurs. Je ne choisirai, dans cette volumineuse correspondance, que les dernières lettres de l'année 1861, et l'on comprendra bientôt la raison de ce choix et la gravité de ces témoignages à pareille date. J'étais à Vichy au mois de juin, et j'y reçus, non pour affaires de service, mais à l'occasion de ma fête, la lettre suivante, datée du 27 :

« *Vos vicaires n'ont pas besoin que votre présence leur* » *rappelle leurs devoirs envers vous, et il leur suffit* » *qu'une occasion se présente de manifester leurs senti-* » *ments. Aussi ne veulent-ils pas laisser passer votre fête* » *sans se réunir autour de vous par la pensée et la prière.* » Ils m'ont chargé d'être leur interprète, *fonction douce et* » *agréable que j'accepte de tout cœur.* Je viens donc, *au* » *nom du vénérable M. Bailly, de mes trois confrères* » (MM. Hennet, Boyer et de Sailly), *et de M.* (l'abbé) *Jacob,* » *de M.* (l'abbé) *Gonon et de M.* (l'abbé) *Dalbin*, vous offrir » nos vœux, et *vous assurer que, sentant bien notre im-* » *puissance, malgré notre bonne volonté, à vous rendre* » *vraiment heureux, nous sommes tous unis au fond du* » *cœur, et nous nous sommes réunis au pied du saint autel*

» *pour demander à Dieu qu'il lui plaise vous accorder la* » *santé* et toutes les grâces temporelles et spirituelles, dans » toute l'effusion de sa puissante bienveillance.

» Veuillez, monsieur le curé, *en attendant que nous* » *ayons le plaisir de vous revoir, agréer l'assurance de nos* » RESPECTS AFFECTUEUX. »

Cette première lettre, écrite au nom de tout le clergé de la commune, était signée de M. l'abbé Manoury, qui remplit aujourd'hui, à ma place, les fonctions de curé.

Le même jour, 27 juin, le vénérable M. Bailly, dont il est question dans cette lettre, envoyait à madame Roy, ma belle-sœur, un magnifique bouquet pour m'être remis à mon retour. Ce bouquet était accompagné du billet que voici :

« Madame,

» L'absence de M. le curé ne me permettant pas de lui » offrir le bouquet que je lui préparais *avec tant de bonheur* » pour sa fête, après une longue et dure épreuve, j'ose » vous prier, connaissant votre talent pour la conservation » des bouquets, de vouloir bien donner vos soins au mien, » *afin que M. le curé, à son prochain retour, le trouve en-* » *core dans sa première fraîcheur, et qu'ainsi il repré-* » *sente mieux* MES SENTIMENTS DE RESPECTUEUX DÉVOUEMENT » *et de reconnaissance pour M. le curé, qui sont et seront* » TOUJOURS *les mêmes*,

» *J'ai l'honneur d'être* AVEC RESPECT,

» Madame,

» Votre très humble serviteur,

» L'abbé BAILLY, anc. v. gén. »

Le même jour encore, M. l'abbé Hennet, mon second vicaire, m'écrivait personnellement en ces termes :

« Mon bon monsieur le curé,

» Je vous souhaite une bonne fête. Je forme les vœux les » plus sincères pour votre bonheur. *Le dévouement, la re-* » *connaissance et l'affection la plus respectueuse les inspi-* » *rent*. Voilà bientôt un an que j'ai l'honneur de travailler » sous votre sage direction au salut des âmes que le Sei- » gneur vous a confiées, *et que vous aimez tant;* je ne » pense pas vous avoir causé la moindre peine.... *S'il plaît* » *à Dieu de nous laisser encore longtemps ensemble*, » *comme je le désire de tout cœur*, je vous promets de faire » en tout et partout ce qui sera en mon pouvoir pour vous » rendre douce la grande tâche de pasteur, *et être toujours* » *digne de tous les bons sentiments dont vous voulez bien* » *m'honorer....* »

Le même jour, lettre semblable de M. l'abbé Boyer, mon troisième vicaire. Je ne la cite pas : ce jeune et excellent prêtre était, depuis six ans, comme un membre de ma famille.

Mais je citerai la lettre de M. l'abbé de Sailly, mon quatrième vicaire, ecclésiastique instruit, expérimenté, pieux, et d'âge mûr :

« Nous n'avons pas oublié, me dit-il, que la Saint-Pierre » approche. Il eût été plus consolant pour nous de pouvoir » vous exprimer nos sentiments de vive voix, car *il est cer-* » *tains mouvements de l'âme que la parole ne peut jamais* » *bien rendre... Si Vichy n'était pas si éloigné, nous se-* » *rions allés en corps vous porter nos vœux les plus sin-*

» *cères, les plus dévoués et les plus affectueux.* Mais ce
» désir n'est pas du nombre de ceux qu'on puisse réaliser...
» Vous recevrez une lettre collective écrite au nom de tous
» par M. le premier vicaire. Cependant je vous avoue que
» *je n'aurais pas été content de moi-même et il me semble*
» *qu'il m'aurait manqué quelque chose, si je ne vous avais*
» *donné* SÉPARÉMENT *signe de vie*... Revenez-nous avec une
» santé vigoureuse et parfaite : *alors* TOUT SERA BIEN ET NOS
» VOEUX SERONT COMBLÉS... »

Parmi toutes les lettres que le même courrier m'apporta à Vichy, il en est deux ou trois dont j'aurai à parler dans le chapitre suivant, où il sera question des sœurs de charité; mais il y en avait une autre que je demande à classer parmi celles de mes vicaires; elle est du respectable M. Durand, qui a été, en effet, pendant cinq ans, mon premier vicaire à Neuilly, où il a passé quatorze ans, et qui, depuis 1860, est le bien-aimé curé d'Arcueil. Voici cette lettre bien courte; elle m'arriva incluse dans celle de madame Roy :

« Mon cher monsieur le curé,

» Me trouvant à Neuilly, *et pouvant me joindre à madame*
» *Roy, à l'occasion de la Saint-Pierre*, je veux en profiter
» pour vous dire que *de tout cœur je partage les senti-*
» *ments de ceux qui vous sont le plus chers*, et qui ne vous
» oublient point en cette circonstance. — Votre tout
» dévoué. »

Toutes ces lettres, écrites spontanément, pendant mon absence, et unanimes dans leurs sentiments d'amitié et de respect, portent la date du 27 ou du 28 juin 1861; date mémorable, car c'est le 8 août suivant, quarante jours après cette manifestation si touchante et si peu suspecte de tout mon clergé, y compris M. l'abbé Manoury, que M. l'abbé Véron fulmina contre moi le monitoire par lequel il m'était interdit, à peine de suspense, *d'avoir aucune relation avec ma belle-sœur*, n'importe en quel lieu, attendu, dit le monitoire, qu'*il en résulte un grave scandale pour la paroisse de Neuilly et pour le diocèse.*

Je le demande à tout homme de bonne foi : est-il possible de concilier cette assertion du monitoire avec les témoignages alors si récents de tout le clergé de Neuilly? Le monitoire me présente comme étant, et depuis longtemps, dans la paroisse et dans le diocèse, un objet de scandale, et la veille, dix prêtres du diocèse, habitant la paroisse, plusieurs d'entre eux depuis longues années, m'entouraient, non pas à l'église et dans l'exercice de mes fonctions, mais au fond de mon obscure retraite, de leurs plus libres et plus volontaires hommages. M. l'abbé Manoury, mon remplaçant actuel, se chargeait d'être leur interprète, *fonction douce et agréable*, disait-il, *qu'il remplissait de tout cœur*; il parlait du *plaisir de me revoir* et m'assurait de ses *respects affectueux*. Evidemment ce n'est pas à un prêtre scandaleux qu'on écrit de la sorte; quels que fussent à mon égard les sentiments de tous ses collègues, M. l'abbé Manoury eût mis moins d'empressement à s'y associer, si, dans cette occasion, il lui eût fallu parler contre sa propre conscience. Mais ce qui donne plus de poids à cette lettre collective, ce sont les actes individuels qui la suivent. En effet, ce n'est plus au premier pasteur de la paroisse, c'est surtout à moi personnellement et à madame Roy, ma belle-sœur, que s'adressent ces actes tout individuels de respectueuse affection. Un vieillard de soixante-quinze ans, tel que M. l'abbé Bailly, ancien vicaire-général, ne m'aurait pas envoyé un bouquet, accompagné de protestations écrites d'estime et d'amitié pour ma belle-sœur et pour moi; il me l'eût encore moins envoyé par les mains de madame Roy, s'il nous eût crus, l'un et l'autre, indignes de ces délicates attentions, et un sujet de public scandale. M. l'abbé Bailly, qui habite la paroisse, nous honorait depuis plusieurs années des mêmes prévenances, et le conseil d'État trouvera, dans les documents réservés, s'il m'autorise à les produire, la preuve écrite de l'importance que M. l'abbé Bailly attache à la dignité de notre ministère et à la bonne renommée de ses collègues. Quant aux lettres de mon cher et ancien premier vicaire, M. le curé d'Arcueil, et de M. l'abbé Hennet, mon second vicaire, et de M. l'abbé de Sailly, elles n'ont pas besoin de commentaire. On sent assez que c'est là le cœur qui parle. Or, tous ces messieurs, sans exception, connaissaient les antécédents de ce funeste procès; tous, ils connaissaient la conduite et les propos de l'abbé X..., de l'abbé Y..., de l'abbé D... et l'enquête de M. Véron, et l'ordre qui s'en était suivi d'éloigner ma famille du presbytère, et l'effet réel que tout cela avait pu produire dans la commune. Personne, quant à ce dernier point surtout, n'était mieux informé qu'eux, puisqu'ils vivaient dans la commune; personne aussi n'a dû être plus étonné qu'eux, en entendant parler de ce *grave scandale* que le monitoire du 8 août leur a révélé comme à moi-même.

Il n'y a de *grave* ici que la contradiction manifeste qu'on remarque entre les assertions du monitoire et les faits. Mais ce qu'il y a de plus grave encore, c'est qu'on ait cru devoir, dans l'ordonnance du 15 mai, renchérir sur des assertions si visiblement erronées. Il est dit en effet, dans cette ordonnance, que *ma présence et ma conduite ne répandent dans ma paroisse que des influences préjudiciables*; que ladite paroisse *a eu beaucoup à souffrir, surtout dans le cours des quatre dernières années, sous les rapports les plus graves, de la présence au presbytère de Neuilly et de la manière d'être d'une personne, belle-sœur de M. le curé;* que cela *a produit dans le public des impressions du caractère le plus fâcheux, qui ont rejailli sur la personne du pasteur de la paroisse, au détriment toujours croissant de sa propre considération et de son ministère.*

Tout cela, on le voit, n'est qu'une amplification du monitoire. Mais si le monitoire n'est pas conforme à la vérité, l'ordonnance, qui l'amplifie, ne servira qu'à rendre l'erreur plus sensible et moins acceptable. Comment! depuis quatre ans je suis l'ennemi de mon troupeau; ma paroisse souffre de ma présence et de ma conduite; ma famille est suspecte; ma considération est perdue, mon ministère déshonoré! L'administration diocésaine sait cela, et mon clergé n'en sait rien! Quelqu'un pourtant a dû le lui dire; mais si quelqu'un le lui a dit, mon clergé, qui avait le droit de se croire mieux informé, ne l'a pas cru. Il a mieux fait : il a prouvé, par sa conduite, que cela n'était que songe : *Ægri somnia.*

J'ai eu pour moi, jusqu'au jour où ma suspense a été prononcée dans la chaire et mon étole mise au cou de M. l'abbé Manoury, j'ai eu pour moi le témoignage fidèle et l'amitié persévérante de tous mes autres coopérateurs. Avant le monitoire, une fois au moins la semaine, je les recevais tous à ma table avec ma famille, qu'ils entouraient alors, qu'ils entourent encore, au fond du cœur, de tous leurs respects. J'en appelle à M. le curé d'Arcueil, à M. l'abbé Lecointre, curé de Clichy, le pieux compagnon de ma jeunesse, qui, chaque année, depuis plus de vingt-cinq ans, a tant de fois honoré ma table et dormi sous mon toit; à M. l'abbé

Hennet ; à M. l'abbé de Sailly ; à M. l'abbé Boyer, qui se disait mon fils et ne donnait à madame Roy, ma belle-sœur, que le saint nom de mère ; j'en appelle au respectable abbé Jacob, à mon vieil ami l'abbé Paccioni, naguère habitué de ma paroisse, et à mon cher et vénéré maître l'abbé Falcimagne. Ce sont là mes témoins, les vrais témoins de ma vie intérieure et les garants de mon honneur.

S'il y avait eu l'ombre de fondement dans les bruits semés contre moi, ou même si ces bruits avaient eu dans la paroisse une dangereuse consistance, aurait-on vu jusqu'au dernier jour, autour de mon foyer, ces hommes honorables ? Auraient-ils consenti à couvrir de leur bonne renommée ou le mal véritable ou de coupables apparences ? Rien de tout cela n'existait ailleurs que dans l'esprit de M. le promoteur, puisqu'ils sont, je le répète, restés mes hôtes, jusqu'au jour où il m'a été interdit de recevoir ma famille, et qu'ils sont, en outre, restés mes amis et les amis de ma famille, jusqu'au jour où une sentence imprévue, tout à coup fulminée en chaire, nous a, contre toute justice, enveloppés, ma famille et moi, dans la même réprobation.

Depuis lors..., mais je dois, pour plusieurs raisons, garder le silence sur les temps postérieurs.

II

Témoignage des sœurs de charité.

Les prêtres de ma paroisse n'étaient pas seuls à me donner ces marques d'affection et de respect qu'aucun chrétien ne doit qu'à la seule vertu, et que toute âme honnête refuserait avec raison, en dehors des relations officielles et indispensables, à un curé scandaleux, tel que me représente l'ordonnance du 15 mai. Je n'entends pas rappeler ici, encore une fois, les témoignages si nombreux, si clairs, si éloquents, qui ont été rendus en ma faveur par les laïques les plus éminents de ma paroisse, ayant à leur tête leur vénérable doyen M. de Margerie, président, aujourd'hui démissionnaire, de notre conférence de Saint-Vincent de Paul. Mais, quand on parle de vertu, de décence, de vie exemplaire, et de la bonne ou mauvaise réputation d'un prêtre sous ce rapport, il serait peut-être difficile de trouver en ce monde des juges plus délicats et plus sûrs que les sœurs de charité. Elles ne vivent pas dans le cloître, mais au milieu du monde, en rapport continuel et nécessaire avec toutes les classes, excitant et aidant les riches à la bienfaisance, élevant les enfants, visitant et soignant les malades et les pauvres, recevant les mères de famille, connues, aimées, consultées et bénies de tous. Quelle était donc l'opinion des sœurs de Neuilly sur ce curé qui, selon le monitoire du 8 août et l'ordonnance du 15 mai suivant, donnait à la paroisse et au diocèse, depuis quatre ans, un si *grave scandale*, par suite de ses relations avec sa belle-sœur ?

Je vais encore citer ici des lettres qui, comme les précédentes, n'étaient pas destinées sans doute à la publicité, mais que ne désavoueront pas, j'en suis sûr, les saintes femmes qui les ont écrites, puisqu'elles doivent servir à la manifestation de la justice et de la vérité.

LETTRE DE LA SOEUR GOSSELET,

Ancienne supérieure de la communauté de Neuilly, maintenant supérieure dans une communauté de Toulouse.

(*On connaît déjà le nom de cette respectable religieuse ; c'est celle qui, interrogée, en 1859, par M. le promoteur, lui répondait :* « *Non ! non ! non ! vous allez* FAIRE DU SCANDALE (1). » *Elle quitta bientôt Neuilly, et peu de temps après, le* 25 *juin* 1859, *elle m'écrivait de Toulouse la lettre dont j'extrais le passage suivant :*)

« ..... Est-ce que vous pourriez me faire connaître à quoi » ont abouti *les tracasseries qui vous ont été suscitées ?* » J'ai bien pensé à cette affaire dans les sacrifices que j'ai » dû offrir à Dieu ; je serais heureuse d'en savoir des nou» velles...

» Voudriez-vous, monsieur, vous faire mon interprète » auprès de MM. les vicaires, en particulier de M. Durand » et de M. Boyer, pour réparer près d'eux le silence que » je leur ai gardé de mon départ. Priez-les d'excuser la » sensibilité d'un cœur trop dévoué à la paroisse de Neuilly » et de ses habitants, et qui ne s'est pas senti la force de » leur en faire part.

(1) Voyez *Mémoire détaillé*, ch. IV, p. 32, et aux *Pièces justificatives* les numéros 4 et 5.

» Veuillez, monsieur, leur faire agréer l'assurance de » mon profond respect et recevoir pour vous-même celui » avec lequel j'ai l'honneur d'être, etc.

» *Permettez-moi aussi d'offrir mes hommages à » madame Roy.* »

SECONDE LETTRE DE LA SOEUR GOSSELET.

« Toulouse, 30 juin 1859.

» .... J'ai à vous remercier du généreux concours avec » lequel vous avez toujours répondu aux besoins des pauvres » confiés à mes soins. *Jamais nous n'avions pu les secou- » rir comme nous l'avons fait ces dernières années.* Votre » libéralité ne savait pas se borner.

» Nos sœurs chargées des malades connaissaient votre » bon cœur et y avaient recours dans leurs détresses ; elles » ne s'y sont jamais adressées en vain. J'aime à vous rendre » ce témoignage....

» *Il est à désirer que vous puissiez continuer encore » pendant de longues années pour le bien de cette pa- » roisse....* »

Voilà le vœu que daignait former, loin de moi, en 1859, après l'enquête de M. le promoteur, la vénérable sœur Gosselet, qui m'avait précédé à Neuilly et y était restée, depuis mon installation, pendant quatre ans. Voyons maintenant si cette opinion a été plus tard partagée par la nouvelle supérieure appelée à la remplacer.

LETTRE DE LA SOEUR DUTOUR,

Supérieure de la communauté de Neuilly après la sœur Gosselet.

(*Les communications écrites de ce genre sont naturellement très rares et j'aurais pu certainement n'avoir pas aujourd'hui entre les mains un si précieux témoignage, ce qui eût affaibli ma défense sans rien changer au fond des choses. La Providence a permis qu'il en fût autrement. Pendant mon séjour à Vichy, en* 1861, *la vénérable sœur Dutour, qui était elle-même malade aux Pyrénées, daigna se souvenir de ma fête, et m'écrivit une lettre dont voici quelques extraits :*)

« Cauterets, 28 juin 1861.

« C'est du fond de mes montagnes que je viens vous » exprimer les vœux que j'adresse au ciel pour la conser- » vation de vos jours précieux ; *vous me connaissez assez » maintenant pour juger de leur sincérité et de leur éten- » due... Les sentiments que je vous ai voués sont aussi » ceux de mes bien-aimées compagnes. Je suis heureuse » de vous assurer que vous possédez* LEUR AFFECTION RES- » PECTUEUSE ET AUSSI TOUTE LEUR CONFIANCE.

» ... J'aime à me persuader, monsieur le curé, que ces » jours de tranquillité et de repos seront salutaires à votre » santé. *Je vous prie de penser à la mienne devant Dieu,* » si toutefois ce bon Maître la juge propre à quelque chose. » En attendant, je la soigne de façon à revenir dans notre » cher Neuilly en état de satisfaire aux œuvres que la

» divine Providence m'y a confiées, *sous votre paternelle* » *vigilance.*

» *Trouvez bon que j'offre, par votre intermédiaire,* » *l'hommage de mon meilleur souvenir à madame* » *Roy.* »

LETTRE ÉCRITE PAR LA COMMUNAUTÉ DE NEUILLY, EN L'ABSENCE DE MADAME LA SUPÉRIEURE.

(*Le même jour, à Vichy, à l'occasion de ma fête, j'eus la consolation de recevoir de Neuilly une lettre écrite au nom de* TOUTE LA COMMUNAUTÉ, *composée de quatorze sœurs. A cette lettre pleine des sentiments de la plus douce affection, était jointe une autre lettre des orphelines de la paroisse, où l'on peut dire que les sœurs parlent encore elles-mêmes, car on y lit :*)

« Sans cesse nos sœurs nous disent : Priez Dieu pour » M. le curé ; vous savez que c'est votre premier bienfai- » teur. S'il est bien triste de perdre un père, une mère, la » douleur est moins vive, quand, à la place d'un père, on » retrouve *un aussi bon pasteur.* »

EXTRAIT D'UNE AUTRE LETTRE DE LA SOEUR DUTOUR, SUPÉRIEURE DE LA COMMUNAUTÉ.

« Cauterets, le 19 juillet 1861.

» ... Je n'ai aucun mérite de faire quelque bien, *ayant le* » *bonheur d'avoir pour guide et pour soutien un pasteur* » *plein de sagesse et de prudence, doué d'un cœur qui* » *comprend le besoin du pauvre, et auquel je ne sache*

» *pas de plus douce jouissance que celle de le soulager...*
» ... *Veuillez, monsieur le curé, assurer madame Roy*
» *de ma tendre reconnaissance pour son bon souvenir.* »

Ainsi, après deux ans de séjour à Neuilly, l'intelligente, pieuse et vénérable sœur Dutour pense et parle comme sa sainte devancière parlait après quatre ans. C'est en d'autres termes la même affection et le même respect. Et à côté des supérieures, les maîtresses des orphelines, les visiteuses des pauvres et des malades, toute la communauté tient le même langage. La première lettre de la sœur Dutour et celle de la communauté sont du 27 juin 1861, et la dernière lettre de madame la supérieure est du 19 juillet suivant. Tout cela, par conséquent, est écrit à la veille du monitoire, qui est du 8 août. Or, voici un spectacle étrange : je serais dans Neuilly et même dans le diocèse, à en croire le monitoire, un sujet de *grave scandale ;* cela durerait depuis quatre ans, dit l'ordonnance du 15 mai, *au détriment toujours croissant de ma considération et de mon ministère.* Et justement il arrive que ces saintes femmes, qui vivent sur ma paroisse, en commerce continuel avec toutes les classes de la population, ne se doutent pas de cela ; elles ne s'en doutent pas plus que mes vicaires ; pas plus que tous mes paroissiens.

M. le promoteur l'avait pourtant bien dit à la sœur Gosselet ; la sœur Gosselet ne l'a pas cru ; elle lui a répondu : Non ! non ! non ! le scandale, c'est vous qui l'allez faire.

La sœur Dutour et ses compagnes ont peut-être aussi, de leur côté, entendu çà et là l'écho mourant des interrogatoires de M. le promoteur. Mais, dans ce cas, leur témoignage n'en a que plus de poids ; il ressemble à la réponse de la sœur Gosselet.

Les sœurs ignorent moins que personne combien la réputation d'un curé est nécessaire au gouvernement de la paroisse, à l'édification des âmes, à la fructification des bonnes œuvres, c'est-à-dire au succès de leur propre ministère. Qui donc osera supposer que si l'assertion du monitoire était fondée, et s'il pouvait y avoir dans les énonciations de l'ordonnance du 15 mai seulement matière au doute, ces chastes filles de Saint-Vincent de Paul m'auraient fait l'honneur de m'écrire, et de m'écrire dans les termes qu'on a lus, sans oublier jamais ma belle-sœur?

Il est donc évident, d'après tout ce qui précède, que le *grave scandale*, le scandale ancien et public, allégué contre moi le 8 août 1861, n'existait dans ma paroisse à aucun degré appréciable. Il n'existait pas aux yeux des paroissiens, puisqu'il a été, après le 8 août, explicitement nié par le Conseil de la fabrique, par la presque unanimité du Conseil municipal, par le premier adjoint, par M. le juge de paix, par le vénérable président de la société de Saint-Vincent de Paul, par tous les instituteurs et institutrices laïques, et par plus de cent cinquante propriétaires ou notables chefs de famille, habitant la commune. Il n'existait pas aux yeux des prêtres et des vierges du Seigneur, puisqu'il a été implicitement mais clairement nié, à la veille du 8 août, par les lettres les plus significatives et par tous les actes quotidiens de mon clergé et des sœurs de charité de ma paroisse, c'est-à-dire par toutes les personnes engagées comme moi, dans les liens sacrés de la discipline ecclésiastique.

Mais voici un nouveau document qui, par son origine et par les circonstances au milieu desquelles il s'est produit, se recommande d'une façon spéciale à l'attention de mes juges.

LETTRE DE MADAME LA SUPÉRIEURE GÉNÉRALE DES FILLES DE SAINT-VINCENT DE PAUL A M. LE CURÉ DE NEUILLY.

« Paris, 28 février 1862.

» Monsieur le curé,

» Si nous sommes obligées d'enlever à son poste notre » chère sœur Dutour, et *si j'éprouve le besoin de vous en* » *exprimer mes regrets*, ayant su apprécier votre bienveil- » lance toute paternelle pour elle, au moins *trouvé-je un* » *adoucissement à ma peine* en vous faisant présenter en » notre chère sœur Porte comme nouvelle supérieure de » notre maison de charité de Neuilly, une amie, une an- » cienne compagne de ma sœur Dutour. Nul doute, monsieur » le curé, que la nouvelle supérieure (laquelle vous est pré- » sentée par ma sœur Mège, l'une de mes précédentes conseil- » lères) ne s'inspire des pensées et de la manière de faire » de sa devancière. D'ailleurs, ma sœur Dutour, résidant » très près de nous (à l'hôpital de Versailles), conservera » toujours des relations de famille avec sa chère maison de » Neuilly, et sera à même de revoir quelquefois ses bonnes » compagnes avec lesquelles elle s'est trouvée si heureuse.

» *M'assurant que vous voudrez bien honorer ma sœur* » *Porte de la même bienveillance et du paternel appui* » *que vous avez accordés à ses devancières, c'est en récla-* » *mant pour elle votre paternelle bénédiction que je vous* » *prie d'agréer l'hommage du profond respect* avec lequel » j'ai l'honneur d'être, monsieur le curé, votre très humble » servante. »

La date de cette lettre et les circonstances au milieu desquelles elle a été écrite lui donnent, on l'avouera en tout lieu, une singulière importance. En effet, tout le monde sait quelle tendresse respectueuse et quelle intime confiance unissent à madame la supérieure générale des filles de Saint-Vincent de Paul toutes les communautés de l'ordre. Tout le monde sait aussi que les mutations qui surviennent dans la direction de chaque communauté s'accomplissent en silence, comme étant une affaire purement domestique, et que le pasteur du lieu n'en a le plus souvent connaissance qu'en recevant les adieux de la religieuse appelée à une autre destination. C'est ainsi que les choses s'étaient passées à Neuilly, en 1859, lors du départ de la respectable sœur Gosselet; c'est ainsi qu'elles se passent presque toujours; on comprend, en effet, que madame la supérieure générale, surchargée de tant de travaux et dont la surveillance s'étend sur presque tout le globe où son ordre est heureusement répandu, ne pourrait suffire à une correspondance personnelle avec MM. les curés, si elle était obligée de leur écrire à l'occasion de semblables événements. C'est donc un honneur exceptionnel et bien inattendu que madame la supérieure générale a daigné me faire, en m'annonçant avec tant de bonté l'éloignement de la sœur Dutour et son remplacement par la sœur Porte. Or, cette lettre, en tout temps, mais aujourd'hui surtout, si honorable et si précieuse pour moi, m'a été écrite le 28 février 1862, c'est-à-dire après ma condamnation par l'officialité diocésaine, condamnation, on le sait, uniquement motivée sur l'infraction au monitoire. Il y avait, quand je l'ai reçue, vingt-deux jours que j'étais en état de suspense, et que ce fait était connu de mon clergé et de la communauté de Neuilly.

Ce jour-là même, le 28, ma belle-sœur et ses enfants avaient quitté la commune comme des bannis, conformément aux exigences de l'administration diocésaine, et depuis deux jours déjà (depuis le 26), les lettres de pardon du souverain Pontife étaient arrivées à l'archevêché. Cette dernière circonstance, relativement récente, pouvait être ignorée de madame la supérieure générale ; elle devait à plus forte raison ignorer le départ de ma famille, qui n'avait eu lieu que le matin; mais ma suspense était un fait trop ancien et trop grave en lui-même pour qu'elle l'ignorât.

J'ai donc le droit de dire, cette lettre à la main, que ma bonne réputation, quoi qu'on eût fait pour l'ébranler, avait survécu dans l'esprit de madame la supérieure générale, comme dans la communauté de Neuilly, comme dans mon clergé et dans toute ma paroisse, non-seulement aux calomnies, non-seulement à l'enquête, non-seulement au monitoire, mais encore au jugement si rigoureux de l'officialité sur une question d'obéissance au moins controversable. Que l'on me dise que madame la supérieure générale pouvait, à la rigueur, ne pas savoir qu'elle écrivait à un prêtre suspens ; soit! je n'insisterai pas sur ce point, que j'abandonne à l'appréciation du juge; mais en revanche on m'accordera qu'elle était bien sûre d'écrire à un prêtre respectable et non à un prêtre scandaleux, et qu'elle n'eût pas fait une pareille démarche, si peu usitée et si peu nécessaire, si sa conscience n'eût été parfaitement éclairée à cet égard.

En résumé, il est donc strictement et absolument vrai, comme je le disais en commençant, que je ne me présente point isolé devant mes juges pour contredire le monitoire et les deux ordonnances épiscopales : les laïques les plus considérables et les plus compétents de ma commune protestent avec moi contre les assertions contenues dans ces trois documents; mon clergé et toutes les religieuses de ma paroisse ont déposé également pour moi dans le même sens, non par voie de contradiction et de protestation, mais par anticipation, et sous les formes les plus claires et les moins suspectes. Encore une fois, c'est l'Accusation qui est seule et sans témoins.

III

Témoignage de M. le maire de Neuilly.

Je me trompe : l'Accusation invoque en sa faveur M. le maire de Neuilly. Ce magistrat, ayant été informé de ma suspense, est allé personnellement à l'archevêché, pour s'opposer, au nom de la commune, à ma réintégration. Le fait est notoire ; c'est Monseigneur lui-même qui l'a ainsi déclaré à une députation de mes paroissiens, dans laquelle se trouvaient trois conseillers municipaux. L'honorable M. Ancelle, de son côté, n'en a point fait mystère.

Avant de m'expliquer sur cette étrange démarche, qu'il me soit permis de donner au Conseil quelques renseignements peut-être nécessaires sur les rapports qui existaient, avant mon arrivée à Neuilly, entre la fabrique et la commune.

Qu'il s'agît de mariages ou de convois, c'était alors à la mairie, et par M. le secrétaire, que tout était réglé, non-seulement l'acte civil, mais encore la cérémonie religieuse. C'est là qu'on taxait et que l'on percevait les honoraires de messes, que l'on touchait le prix des bans, qui est de trois francs, et qui se payait quatre francs. Il fallait, en outre, que les ecclésiastiques attendissent la fin du mois pour réclamer ce qui leur était dû, et dont ils devaient fournir, au préalable, un compte détaillé.

Ce n'est pas tout : en indemnité de ce service, M. le trésorier de la fabrique devait verser et versait mensuellement à la mairie la somme de 5 pour 100 sur sa recette brute.

Il me sembla que c'était là un abus ; mais, comme il était ancien, et avait été toléré par mon prédécesseur, je me bornai à signaler le fait à l'autorité ecclesiastique. Il me fut aussitôt enjoint de travailler à régulariser cette situation; malheureusement je rencontrai dans les bureaux de la mairie une très vive et très longue résistance. M. l'abbé Lequeux, alors vicaire-général, craignant sans doute que j'eusse négligé ses ordres, m'écrivit, le 6 novembre 1855, la lettre suivante :

« Dans les diverses questions que je vous ai adressées
» précédemment sur votre paroisse, je vous avais demandé
» comment se faisait le règlement des mariages et convois,
» et vous m'avez répondu que jusqu'à ce jour c'était à la
» mairie et par les soins de M. le secrétaire qu'étaient ré-
» glées les diverses parties de l'administration, non-seule-
» ment quant au civil, mais même quant à la cérémonie
» religieuse et spécialement quant au règlement des hono-
» raires. Je vous ai déjà fait observer que Monseigneur l'ar-
» chevêque désirait que cet état de choses ne subsistât
» point, et qu'il avait fait rentrer dans les mains de M. le
» curé ce règlement, par rapport à plusieurs paroisses im-
» portantes de la banlieue de Paris. Soyez assez bon pour
» me dire bientôt où en est cette affaire, et au cas où au-
» cun changement n'aurait eu lieu, à quel moment le désir

» de Monseigneur l'archevêque sera réalisé dans une paroisse » aussi importante que la vôtre. »

Ce juste désir de Monseigneur ne fut, malgré ma diligence, réalisé qu'un an plus tard. M. le secrétaire municipal de ce temps-là, pour qui je professe, d'ailleurs, une sincère estime, a pris depuis lors sa retraite. Cependant s'il y avait aujourd'hui près de M. le maire et dans ses bureaux, quelque influence qui me fût hostile, c'est en partie à ce vieil incident qu'il faudrait, je crois, l'attribuer.

D'un autre côté, avant ma promotion, c'est-à-dire avant de me connaître, M. le maire de Neuilly honorait de son amitié M. l'abbé X..., et bien avant que celui-ci ne déposât contre moi, chez un magistrat, une dénonciation qui fut reconnue calomnieuse, M. le maire l'avait présenté à l'archevêché comme un candidat qu'il jugeait très propre au gouvernement spirituel de la commune. Je tiens le fait de monseigneur Sibour et de M. l'archidiacre Buquet.

Il ne serait donc pas impossible que l'honorable M. Ancelle, à raison des circonstances que je viens d'indiquer, eût conçu contre moi, dès le début, des préventions que je suis le premier à excuser. Je sais quel est l'empire d'une ancienne amitié, lorsqu'on la croit bien placée ; je sais aussi quel est parfois l'empire des bureaux. Je n'étais pas, d'ailleurs, le curé qu'il désirait avoir, puisqu'il en avait désigné un autre au choix de l'archevêque.

Malgré cela, c'est une justice que j'aime à lui rendre, je n'ai eu longtemps avec M. le maire que des rapports agréables et infiniment affectueux. Il ne m'a jamais laissé apercevoir une ombre de défiance, et j'ose assurer que ses préventions, en supposant qu'il en ait eu, avaient promptement et complétement fait place à la plus flatteuse bienveillance. J'ai eu assez souvent l'honneur d'être son hôte ; il a parfois aussi été le mien, et par conséquent, celui de madame Roy, ma belle-sœur. Les attentions qu'il daignait avoir pour elle et pour moi suffiraient à prouver que *la présence de cette personne au presbytère* ne produisait pas sur lui, ni *dans le public*, ces *impressions du caractère le plus fâcheux* dont parle l'ordonnance du 15 mai. En effet, si nos relations privées ont cessé depuis environ deux ans, M. le maire ne me désavouera pas, quand je dirai que c'est moi-même qui, à tort ou à raison, les ai rompues dans ma propre maison, où il était venu me demander l'explication de mon refroidissement à son égard. Jusque-là, je le répète, ces relations s'étaient resserrées jusqu'à une espèce d'intimité.

C'est au point que ma belle-sœur et moi, nous lui avons rendu, en 1859, et à sa prière, certains bons offices, légers sans doute et nullement pécuniaires, mais de la nature de ceux qu'on n'accepte que des personnes qu'on estime le plus. Un sentiment de discrétion que M. le maire appréciera, ne me permet pas d'entrer dans le détail des faits, ni de publier les lettres qui s'y rapportent. Plus je les relis aujourd'hui, plus je m'étonne du langage de M. le maire à l'archevêché, dans un moment où mes ennemis eux-mêmes, et il n'a pas sujet d'être du nombre, auraient cru devoir s'abstenir. Je ne m'en plains pas; ses intentions étaient louables; il s'est persuadé qu'il accomplissait un devoir.

En effet, il s'apercevait chaque jour que certaine personne, qu'il honore d'une confiance particulière, n'était pas animée pour moi des sentiments que lui-même et sa famille m'avaient toujours témoignés. En second lieu, il avait reçu, en son temps, la visite de M. le promoteur, et l'on sait maintenant, par plusieurs exemples, comment M. le promoteur fait ses enquêtes, et sa manière d'interroger. Enfin il avait, a-t-il dit, reçu contre moi plusieurs dénonciations. Il s'est souvenu de tout cela, le jour de ma chute ; c'est dans l'ordre ; je ne critique point sa conduite.

Je me borne à dire que, si M. le maire de Neuilly a reçu des rapports contre moi, j'en ai, de mon côté, reçu contre lui, et ne suis point allé en entretenir M. le préfet de la Seine, ni M. le ministre de l'intérieur. J'ai brûlé ces rapports ; mais j'ai encore entre les mains deux lettres signées, et d'une nature assez délicate. Dans la première, on me demande des renseignements sur la moralité de M. le maire ; l'auteur de la seconde me demande si M. Ancelle, ancien notaire à Neuilly, vit encore, et s'il vit, où il demeure, ayant, dit-il, quelque intérêt à le savoir. Je produirai ces pièces, si on l'exige, et en même temps la loyale réponse que j'y ai faite. Mon unique intention, en citant ces faits, est de rappeler à l'honorable M. Ancelle que personne n'est à l'abri de la critique, ni du soupçon, ni de la calomnie ; que les gens un peu en vue y sont encore plus exposés que les autres, et qu'on les jugerait souvent fort mal, si l'on s'en rapportait, sur leur compte, aux chuchotements de la haine et de l'hypocrisie.

M. le maire de Neuilly ne peut, en effet, avoir oublié que j'ai, en certaine rencontre, garanti sa réputation et celle de sa famille, car il m'en a remercié par écrit :

« ... *Nous avons été touchés, ma femme et moi*, m'écri-
» vait-il le 8 décembre 1858, *de la délicatesse et de la*
» *bonté avec lesquelles vous avez* TÉMOIGNÉ *si favorable-*
» *ment sur nous et... nous vous sommes donc bien recon-*
» *naissants et vous prions d'agréer, mon cher monsieur le*
» *curé, nos sentiments les plus dévoués.* »

L'année suivante encore, le 15 juillet 1859, c'est-à-dire, qu'on le remarque bien, après l'enquête, après l'éloignement de ma famille du presbytère, en un mot après les actes administratifs, qui seuls ont nui et bien légèrement à ma réputation, M. le maire de Neuilly m'écrivait encore en ces termes :

« *Vous parlerez sur moi d'après les inspirations de votre* » *cœur et* DE VOS SENTIMENTS SI NOBLES. *Ce que vous direz* » *devra prévaloir sur* DES IMPRESSIONS VENUES PAR DES RAP- » PORTS DE MAUVAISE SOURCE, *et, quoi qu'il arrive*, JE VOUS » SERAI TRÈS RECONNAISSANT. »

On le voit : jusqu'à la veille du monitoire, M. le maire de Neuilly ne se doutait point lui-même du *grave scandale* allégué par M. le promoteur. Il avait de moi la même opinion que mon clergé et que les sœurs de charité, et l'exprimait avec la même chaleur. Il m'estimait assez, à cette époque, pour croire que ma seule parole devait prévaloir sur des préventions dont lui-même avait à souffrir.

Je n'en dirai pas davantage : je ne reproche point à M. le maire sa visite à l'archevêché, ni l'usage qu'il a cru devoir y faire de son crédit. Mais ses amis regretteront peut-être qu'il ne se soit point souvenu, avant de se mettre en route, de *ces impressions de mauvaise source* dont il se plaint dans sa lettre, et qui peuvent si aisément ternir la réputation d'un galant homme, de ces bons *témoignages* que j'avais rendus de lui et de la *reconnaissance* qu'il m'avait promise.

Au surplus, il résulte des pièces que j'ai antérieurement produites, que le conseil municipal de Neuilly n'avait nullement autorisé la démarche que M. le maire a cru devoir faire, au nom de la commune, auprès de Son Eminence. Cette démarche n'a donc pas véritablement l'importance qu'on a cru devoir y attacher, à raison *des fonctions* officielles de l'honorable visiteur. Elle en a d'autant moins que je puis opposer aux déclarations verbales et peut-être un peu hasardeuses de cet estimable magistrat, je ne dis pas seulement le témoignage de son conseil, celui de la commune, et celui de mon clergé, mais encore son propre témoignage, écrit et signé de sa main.

IV

Témoignage des œuvres.

« *Si non vultis mihi credere*, disait Notre-Seigneur » (*Év. de saint Jean*, ch. X, vers. 38), *operibus meis credite.* » Si vous ne voulez pas vous en rapporter à moi, croyez-en mes œuvres. Ainsi parlait aux hommes le Fils de Dieu. J'oserai, à mon tour, mais en toute humilité, offrir à mes juges un témoignage de la même nature.

Que dit le monitoire du 8 août 1861?

Ce monitoire dit que je suis, pour *ma paroisse* et pour le diocèse, un sujet de *grave scandale*.

Que dit ensuite l'ordonnance du 16 avril 1862?

Cette ordonnance donne à entendre que le fait allégué par le monitoire est *de notoriété publique*.

Que dit enfin l'ordonnance du 15 mai 1862?

Cette ordonnance, à l'appui du dispositif qui prononce ma déposition, dit « QUE LA PAROISSE DE NEUILLY, cure de » première classe, dont M. Roy a été pourvu, il y a environ » sept ans, A EU BEAUCOUP A SOUFFRIR, SURTOUT DANS LE » COURS DES QUATRE DERNIÈRES ANNÉES, SOUS LES RAPPORTS

» LES PLUS GRAVES, de la présence au presbytère de Neuilly » et de la manière d'être d'une personne, etc. »

Si tout cela est vrai, il y a un moyen bien facile de le constater. « Vous connaîtrez l'arbre à ses fruits, » dit l'Évangile, et c'est là, en effet, une vérité d'expérience. Le premier pasteur d'une paroisse aurait beau prêcher en chaire la morale la plus pure, si sa conduite personnelle n'est pas d'accord avec sa doctrine, s'il donne habituellement et publiquement des exemples de nature à détruire l'effet de ses leçons, s'il répand autour de lui, comme le dit encore l'ordonnance du 15 mai, *des influences préjudiciables*, s'il *scandalise*, en un mot, et pendant *quatre ans* surtout, ses paroissiens, cette action malfaisante se produira au dehors de la façon la plus irréfragable. La coupable conduite de ce curé sera comme le vent qui emporte le bon grain sur la voie publique où le passant la foulera aux pieds. On verra bientôt la foi diminuer dans cette malheureuse paroisse, et avec la foi les œuvres de la foi. L'église, pleine avant lui, sera bientôt déserte; les sources de la charité, naguère abondantes, vont tarir, et tout cela pourra se constater par des chiffres. Serait-il, par hasard, survenu quelque chose de pareil dans cette paroisse de Neuilly qui, à en croire l'ordonnance du 15 mai, a eu tant *à souffrir*, surtout depuis *quatre ans*?

Nullement. Les faits sont, au contraire, en opposition flagrante avec les allégations de l'ordonnance, et comme cela peut se prouver par des chiffres, nous allons produire des chiffres.

A mon arrivée à Neuilly, en 1855, le dernier budget de la paroisse s'élevait à 24 000 francs.

En 1862, au moment de ma déposition, ce même budget avait atteint le chiffre de 68 560 francs. Et il est à remarquer que les quatre dernières années, plus spécialement incriminées par l'ordonnance du 15 mai, ont été les plus productives, et dans un progrès toujours croissant.

Un seul détail du même budget, la taxe des chaises, a une signification indéniable. Le revenu qu'en tire la fabrique ne provient en effet ni de la pompe des convois ni du luxe déployé par les familles riches dans les cérémonies de mariage. Il est perçu d'une manière égale sur tous les fidèles qui assistent aux offices, et ne varie qu'avec le nombre des assistants.

A mon arrivée à Neuilly, le produit annuel des chaises était de 3000 francs. En 1862, au moment de ma déposition, ce même produit dépassait 10 000 francs.

Cependant il est à remarquer que le tarif est encore aujourd'hui ce qu'il était en 1854. J'ajoute que cette partie de l'administration n'est plus l'objet d'un trafic. La fabrique, par mon conseil, gère elle-même, en mère de famille, cette perception, avec ordre à ses employés de n'inquiéter personne, de se montrer polis, coulants et même, à l'occasion, charitables envers tous et chacun des fidèles, surtout envers les pauvres.

Grâce à cette augmentation de revenus, le personnel du clergé paroissial a augmenté. Au lieu de deux vicaires, le curé en a cinq, sans compter le prêtre habitué et le prêtre diacre. Le bas-chœur a été complété. Presque tout manquait dans cette église, ornements, chasubles, chappes, vases sacrés, jusqu'au linge : tout a été acquis ou réparé et mis dans l'état le plus convenable.

Il n'y avait, à mon arrivée à Neuilly, que cinq sœurs de charité : elles sont quatorze aujourd'hui, et ce n'est qu'à force de zèle qu'elles suffisent à leur tâche.

Ce n'est pas tout : il y a d'autres signes certains auxquels on peut reconnaître si un curé de paroisse remplit bien ou mal sa sainte mission. Regardez au produit des quêtes autorisées dans l'Église : ce sont là encore des chiffres, et des chiffres éloquents.

A mon arrivée à Neuilly, la collecte annuelle pour l'œuvre si chrétienne et si française de la propagation de la foi produisait de 100 à 150 francs; en 1861, elle a produit 1550 francs.

L'œuvre de la Sainte-Enfance, si française encore et si chrétienne, produisait de 150 à 200 francs; en 1861, elle a produit 1050 francs.

L'œuvre du denier de Saint-Pierre, si récente et si chère au cœur de Son Éminence et de tout le clergé, a produit, dans ma paroisse, de 1860 à 1862, 7862 francs 57 cent.

J'ai eu moi-même l'honneur et la joie de tendre la main pour cette quête, en 1862, le dimanche des Rameaux, à la grand'messe, après quarante-six jours de suspense, et j'ai recueilli, ce jour-là, au milieu d'une émotion qui allait jusqu'aux larmes, 1300 francs.

Ai-je tout dit? Non. Au lieu d'un seul catéchisme où tous les enfants se trouvaient réunis, j'ai établi dans ma paroisse quatre catéchismes : 1° le catéchisme des petits enfants; 2° le catéchisme pour la première communion ; 3° le catéchisme de persévérance pour les garçons; 4° le même catéchisme à l'usage des demoiselles.

Parlerai-je des pauvres? La pétition de mes paroissiens a répondu.

Parlerai-je des institutions dites paroissiales, telles que l'œuvre des orphelines, de la Crèche, de Saint-Vincent de Paul, etc.? Ce n'est pas à moi qu'il convient d'en parler : je m'en rapporte aux directeurs spéciaux de toutes ces œuvres charitables.

Enfin, il est un autre signe, et le premier et le plus clair de tous, des progrès constants de la foi et de la piété dans une paroisse, c'est le nombre toujours croissant des communiants ; dans les dernières années de mon administration, ce nombre s'est élevé, à Neuilly, en certaines solennités jusqu'à 2000 et a même dépassé ce chiffre.

Je demande si ce sont là les marques d'un prêtre scandaleux, déconsidéré, qui ne répandrait autour de lui, comme dit l'ordonnance du 15 mai, que des *influences préjudiciables.*

CONCLUSION.

J'ai donc pour moi tout à la fois, le témoignage des faits et le témoignage des hommes.

Si je n'avais que le témoignage des faits, et que celui des hommes me fût contraire, il y aurait peut-être matière au doute.

Si je n'avais que le témoignage des hommes, et que les faits parlassent en sens opposé, il y aurait peut-être encore matière au doute.

Mais quand les hommes les plus incorruptibles, et quand les faits que nul ne peut corrompre, rendent de ma personne, de ma vie et de mon administration, le même bon témoignage, ce n'est pas le monitoire et les actes qui l'ont suivi, qui affaibliront la clarté et la force de ces deux témoignages qui se vérifient l'un par l'autre.

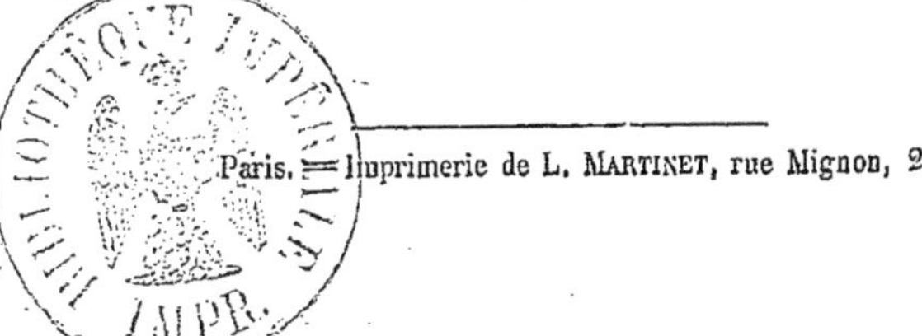

Paris. — Imprimerie de L. MARTINET, rue Mignon, 2.

www.ingramcontent.com/pod-product-compliance
Ingram Content Group UK Ltd.
Pitfield, Milton Keynes, MK11 3LW, UK
UKHW020105200726
13856UKWH00002B/384

9 782012 462984